福祉
教科書

EXAMPRESS

保育士
完全合格
ビジュアル
ノート

汐見稔幸（東京大学名誉教授）監修

JN111584

SE
SHOEISHA

本書内容に関するお問い合わせについて

このたびは翔泳社の書籍をお買い上げいただき、誠にありがとうございます。弊社では、読者の皆様からのお問い合わせに適切に対応させていただくため、以下のガイドラインへのご協力をお願い致しております。
下記項目をお読みいただき、手順に従ってお問い合わせください。

●ご質問される前に

弊社Webサイトの「正誤表」をご利用ください。

正誤表　https://www.shoeisha.co.jp/book/errata/

●ご質問方法

弊社Webサイトの「書籍に関するお問い合わせ」をご利用ください。
書籍に関するお問い合わせ　https://www.shoeisha.co.jp/book/qa/

インターネットをご利用でない場合は、FAXまたは郵便にて、下記"翔泳社 愛読者サービスセンター"までお問い合わせください。
電話でのご質問は、お受けしておりません。

●回答について

回答は、ご質問いただいた手段によってご返事申し上げます。ご質問の内容によっては、回答に数日ないしはそれ以上の期間を要する場合があります。

●ご質問に際してのご注意

本書の対象を越えるもの、記述個所を特定されないもの、また読者固有の環境に起因するご質問等にはお答えできませんので、予めご了承ください。

●郵便物送付先およびFAX番号

送付先住所　〒160-0006　東京都新宿区舟町5
FAX番号　　03-5362-3818
宛先　　　　（株）翔泳社 愛読者サービスセンター

●免責事項

はじめに

　この資料集は、保育士試験を受験して保育士資格を取ろうと願っている人の受験勉強のための新たな資料集的な参考書です。

　翔泳社からは、保育士試験受験者のためのテキストとして『福祉教科書 保育士 完全合格テキスト』上下巻がすでに発刊され、好評を得ていますが、あわせて、もう一冊、より受験生に生きた知識が身につくようなテキストがあればいい、ということがいわれてきました。そのため、これまで編集側で種々の模索がされて、ようやくある方向が浮かび出たのです。

　それは、受験のための知識を丸暗記的に記憶するのではなく、その知識をより生きた知識、応用のきく知識として理解するための参考書＝資料集を作成することです。記憶は丸暗記ではなく、その理解を踏まえたほうが確実に深く正確になるからです。

　そのための基本的な方策は、出題された問題のねらいをより深く、より的確に把握した上で解答するために、一つ一つの個別的知識を、その知識の周辺にある関連知識等と、年表や構造図などで関連づけながら理解できるように工夫することです。ひとつの法や主張が、どうした歴史の流れの中で生み出されたか、どうした諸関係、諸利害との関係でうまれてきたものか、それらがわかりやすく読み取れるような資料集であり参考書をつくることです。

　本書は、そうしたねらいを持って受験する人の知識をより確実により深くするための参考書であり資料集です。

　内容は、これまで出題された問題を参考にして作成されています。各項目のはじめには、その内容がどの受験科目と関係があるか示されています。科目ごとに整理するのではなく、科目を横断する形で各項目を解説しているため、この参考書で学習すると、個々の知識が他の必要な知識とどうつながっているかがわかり、その意味で頭の中で知識が体系化されるという構造になっています。

　本参考書＝資料集は、保育士養成校の学生たちにも重要な資料集となるように編集されていますので、養成校でもぜひ活用していただきたいと願っています。

　保育士の社会の中での必要性とその仕事の社会的意味はどんどん高くなっています。私たちは、みなさんにこの仕事に誇りを持って参加していただきたく思って、そのために、私たちが贈る書として作成しました。積極的な活用を願っています。

監修　汐見稔幸

第1章
社会の理解

第2章
子ども家庭福祉に関する法制度

第3章
保育・教育の理論と実践

1 . 教育の理論と実践

2 . 保育の理論と実践

第4章
子どもの理解

1．子どもの発達

2．子どもの健康

3．子どもの食と栄養

第5章
保育に関する技術（音楽、造形、言語）

巻末付録

本書は保育士試験の筆記試験用のテキストです。科目別ではなく、テーマごとに科目を横断してまとめているため、効率的に学習できます。

特定の科目に絞って勉強する際は「出題科目」の表示を参考に、勉強する項目を選んでください

■出題科目
どの科目で出題されたかが一目でわかるよう、過去の試験で出題された科目に色をつけて示しています。

1. 保育を取り巻く現状

保育原理	教育原理	社会的養護
子ども家庭福祉	社会福祉	保育の心理学
子どもの保健	子どもの食と栄養	保育実習理論

① 人口の推移と少子高齢化

■節タイトル／項目タイトル
この項目で取り扱うテーマを示しています。

◎ 日本の人口の推移 R3後、R4前、R4後

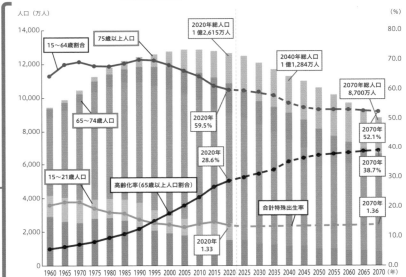

出所:厚生労働省「令和5年版厚生労働白書」より作成

■図
テーマの内容を視覚的に理解できます。詳細を暗記する前にこちらでテーマの全体像を把握しておくことが得点力UPのポイントです。

人口の推移	・日本の総人口は2008(平成20)年の1億2,808万人をピークに減少に転じており、2070(令和52)年には約30%減少し総人口が9,000万人を割り込むと推計されている
人口減少と高齢化	・日本の総人口の減少には、出生数の減少だけでなく、老年人口の増加に伴う死亡数の増加が影響を与えている ・高齢化率は2020(令和2)年の28.6%から2070(令和52)年には52.1%まで上昇すると推計されている ・日本では、昭和50年代後半から75歳以上の高齢者の死亡数が増加しており、2012(平成24)年からは全死亡数の7割を超えている

■表
実際に出題された内容を中心に、覚えておくべきことを表にまとめました。

過去には将来の総人口の推計も出題されています。現在の数値だけでなく、このグラフの2070年の数値も頭に入れておくとよいでしょう

■コメント
もっと詳しく知っておきたいこと、間違えて覚えやすいことなどを補足しています。

20

はじめて保育士試験の勉強をするときは、概要を理解するために出題頻度が高い項目に絞って学習してもよいでしょう

◎ 出生数と合計特殊出生率　R4前、R4後、R5前

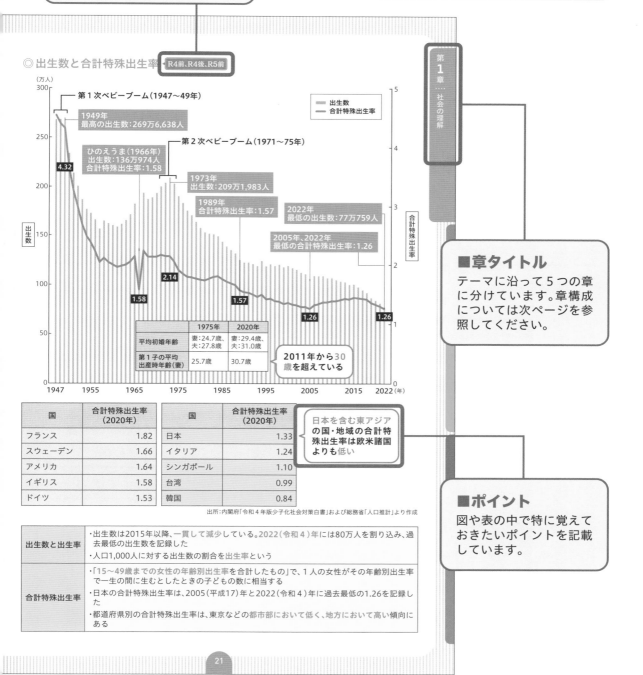

第1章.... 社会の理解

日本を含む東アジアの国・地域の合計特殊出生率は欧米諸国よりも低い

国	合計特殊出生率（2020年）
フランス	1.82
スウェーデン	1.66
アメリカ	1.64
イギリス	1.58
ドイツ	1.53

国	合計特殊出生率（2020年）
日本	1.33
イタリア	1.24
シンガポール	1.10
台湾	0.99
韓国	0.84

出所：内閣府「令和4年版少子化社会対策白書」および総務省「人口推計」より作成

出生数と出生率	・出生数は2015年以降、一貫して減少している。2022（令和4）年には80万人を割り込み、過去最低の出生数を記録した ・人口1,000人に対する出生数の割合を出生率という
合計特殊出生率	・「15〜49歳までの女性の年齢別出生率を合計したもの」で、1人の女性がその年齢別出生率で一生の間に生むとしたときの子どもの数に相当する ・日本の合計特殊出生率は、2005（平成17）年と2022（令和4）年に過去最低の1.26を記録した ・都道府県別の合計特殊出生率は、東京などの都市部において低く、地方において高い傾向にある

21

本書の構成

　本書は、テーマごとに分類して第1章～第5章で構成しています。掲載内容は2019（平成31）年前期～2023（令和5）年後期にかけて行われた9回の試験を分析したうえで作成しており、保育士試験の9つの科目で出題される内容について、科目横断的に学べるようになっています。

　学習に取りかかる前に、それぞれの章で取り扱う内容について見てみましょう。また、巻末付録では法律や人物に関してまとめています。

── 第1章　社会の理解 ──

保育原理	教育原理	社会的養護
子ども家庭福祉	社会福祉	保育の心理学
子どもの保健	子どもの食と栄養	保育実習理論

特に関連の深い科目：社会福祉

第1章では、人口や世帯の状況をはじめとした保育を取り巻く現状や、社会福祉法や生活保護といった社会福祉に関する法律や制度などをまとめています。第2章以降の内容の理解や、保育士の仕事をするうえでも土台となる内容ですので、しっかりと理解しておくことが大切です。

── 第2章　子ども家庭福祉に関する法制度 ──

保育原理	教育原理	社会的養護
子ども家庭福祉	社会福祉	保育の心理学
子どもの保健	子どもの食と栄養	保育実習理論

特に関連の深い科目：社会的養護、子ども家庭福祉、社会福祉

第2章は、主に子ども家庭福祉に関する法律や少子化対策、子育て支援について解説しています。子ども家庭福祉に関してはさまざまな法律、施策があり、保育士試験では年度順に並び替える問題が多く出題されています。46ページ、82ページではそれぞれ図や表を用いて紹介しているため、流れを把握しておくとよいでしょう。

── 第3章　保育・教育の理論と実践 ──

保育原理	教育原理	社会的養護
子ども家庭福祉	社会福祉	保育の心理学
子どもの保健	子どもの食と栄養	保育実習理論

特に関連の深い科目：保育原理、教育原理、子ども家庭福祉、社会福祉

第3章では、保育や教育の理論・実践について解説します。特に『保育所保育指針』は科目を問わず出題されるため、押さえておきたいポイントです。教育については、近年の動向や諸外国における制度などについても掲載しています。幅広く学習しておきましょう。また、ソーシャルワークについても触れています。

第 4 章 子どもの理解

保育原理	教育原理	社会的養護
子ども家庭福祉	社会福祉	保育の心理学
子どもの保健	子どもの食と栄養	保育実習理論

特に関連の深い科目：保育の心理学、子どもの保健、子どもの食と栄養

第 4 章は、子どもを心や体を理解するために大切な内容を取り扱っています。発達については、身体的なものや心理的なもの、さらに子どもに限らず“生涯発達”に関して出題されることもあります。保育所での対応については、子どもの体調不良時の対応や養育環境・衛生面における注意点などもよく確認しておきましょう。また、食や栄養については統計データから出題されていることも多く、朝食の欠食などの動向についてはグラフを見ながら学習してみてください。

第 5 章 保育に関する実技（音楽、造形、言語）

保育原理	教育原理	社会的養護
子ども家庭福祉	社会福祉	保育の心理学
子どもの保健	子どもの食と栄養	保育実習理論

特に関連の深い科目：保育実習理論

第 5 章は、音楽、造形、言語（読み聞かせ）などの保育実技に関する実践的な知識を取り扱っています。保育実習理論の問題はある程度出題パターンが決まっているため、この章で学んだ知識をもとに過去問を解いていけば、合格が見えてきます。

巻末付録①　日本における保育・福祉の歴史

法律名は複数の科目で幅広く出題される内容です。出来事の年代順を問われることも多いため、しっかりと整理しておきましょう。

巻末付録②　試験で出題される人物名

法律名と同様に、人物名やその人物の業績に関しても、科目を横断して問われる内容です。同じ試験の中で 2 ～ 3 科目にわたり出題されることもあります。実際に保育士試験で出題された人物を、外国と日本国内に分けて、それぞれ五十音順にまとめています。試験の前に目を通しておくとよいでしょう。

巻末付録③　児童福祉法の改正（2024（令和 6）年 4 月施行）

児童福祉法は複数の科目で出題される重要な法律ですが、2024（令和 6）年 4 月にいくつかの重要なポイントが改正となります。特に過去に保育士試験の受験をした人はこちらを見て変更点を理解しておくとよいでしょう。

資格・試験について

保育士について

●保育士とは

保育士とは、専門的知識と技術をもって子どもの保育を行うと同時に、子どもの保護者の育児の相談や援助を行うことを仕事としている人のことをいいます。保育士の資格は児童福祉法で定められた国家資格で、資格を持っていない人が保育士を名乗ることはできません。女性が社会進出するのが当たり前になり、また子どもを育てる社会の支え合いの慣行がなくなってきつつある今日、保育の仕事は、その必要性が急速に高まっており、毎年数万人の人が資格を取得しています。また、保育所などで働いている保育士は約64.5万人にもなります。

●保育士の職場

保育の仕事の場は圧倒的に保育所が多いのですが、保育所は一律ではなく、大きく認可保育所と認可外保育所があります。認可保育所は現在、約2万4,000カ所あります。認可保育所には公立と社会福祉法人立(私立)そして企業が経営しているものがあります。また病院や種々の福祉関係の施設でも保育士が働いています。法的には保育の対象は18歳までの子どもです。最近は保育ママとして家庭的な保育の場で働く人も増えています。また、幼保連携型の認定子ども園を増やしていくことが国の方針になっていますので、認定子ども園で保育士を募集するところが増える可能性があります。幼稚園教諭免許と併有が条件ですが、2015(平成27)年からの10年間は特例で保育士資格だけでも働けます。

保育士になるには

厚生労働省指定の学校などを卒業する	保育士試験に合格する

働きながら保育士を目指す場合は試験合格が有力!

●保育士試験による資格取得

保育士の資格を手にするには2つの方法があります。ひとつは厚生労働大臣の指定する保育士を養成する学校(短大、大学など)やその他の施設(指定保育士養成施設)を卒業する方法です。もうひとつは保育士試験に合格する方法です。働いていたりすると前者は難しく、後者が有力な方法になります。例年、4月と10月に筆記試験の実施が予定されています。受験する年度によって変更になる可能性もありますので、詳細は保育士養成協議会のホームページ(13ページ参照)を確認してください。地域限定保育士試験は保育士試験と同じ実施機関、同じレベルの試験ですが、資格取得後3年間は受験した自治体のみで働くことができ、4年目以降は全国で働くことができるようになる資格です。

●保育士試験の受験資格

保育士試験の受験資格は、受験しようとする人の最終学歴によって細かく規定されています。学歴だけでなく、年齢、職歴等も関係してきますので、受験しようとする人は全国保育士養成協議会のホームページをぜひ参照してください。

http://hoyokyo.or.jp/exam/

受験の際には、受験の申し込みをしなければなりません。受験申請書を取り寄せ、記入して郵送する必要がありますから、申請の締切日に注意してください。上記、保育士養成協議会のホームページを必ず参照してください。

試験の実施方法

●試験方法

試験は、筆記試験と実技試験があり、筆記試験に合格した人だけが実技試験を受けることができます。実技試験に合格すると保育士の資格を得ることができます。

●試験会場

〈保育士試験〉
47都道府県、全国に会場が設けられます。筆記試験、実技試験とも同一都道府県での受験となります。
〈地域限定保育士試験〉
実施する自治体のみに会場が設けられます。

●筆記試験の出題形式

マークシート方式です。選択肢の中から正解を一つ選ぶ方式です。「正しいもの（適切なもの）を一つ選ぶ」「誤っているもの（不適切なもの）を一つ選ぶ」「順番に並べた場合の正しいものを選ぶ」といった問われ方をします。

●合格基準

各科目において、満点の６割以上を得点した者が合格となります。
また、下記の免許や資格を所有している場合は、試験免除科目があります。
※幼稚園教諭免許所有者は、「保育の心理学」・「教育原理」・「実技試験」に加え、幼稚園等における実務経験により「保育実習理論」が試験免除科目になります。
※社会福祉士、介護福祉士、精神保健福祉士の資格所有者は、「社会的養護」「子ども家庭福祉」「社会福祉」が試験免除科目になります。

●過去の受験者数と合格者数

年度	受験者数	合格者数	合格率
平成30年	6万8,388名	1万3,500名	19.7%
平成31／令和元年	7万7,076名	1万8,330名	23.8%
令和2年	4万4,915名	1万890名	24.2%
令和3年	8万3,175名	1万6,600名	20.0%
令和4年	7万9,378名	2万3,758名	29.9%

※令和2年の前期試験については、新型コロナウイルス感染症の状況を踏まえ全都道府県において筆記試験が中止となったため、実技試験のみの実施状況となっている

令和4年は受験者の約3割が合格している

●試験日と試験科目、問題数、試験時間

〈筆記試験〉

試験日	科目	試験時間
4月、10月の2日間	保育原理	60分
	教育原理	30分
	社会的養護	30分
	子ども家庭福祉	60分
	社会福祉	60分
	保育の心理学	60分
	子どもの保健	60分
	子どもの食と栄養	60分
	保育実習理論	60分

「教育原理」と「社会的養護」が30分、それ以外は60分

〈実技試験〉

試験日	内容	備考
7月、12月	音楽に関する技術 造形に関する技術 言語に関する技術	・筆記試験全科目合格者のみ実施 ・幼稚園教諭免許所有者以外は、受験申請時に必ず2分野を選択する

受験する試験回によっては、ここで掲載している内容から変更となる可能性があります。試験の詳細は必ず全国保育士養成協議会のホームページを確認しておきましょう

（1）独学のメリットとデメリットを把握する

養成校に通わないでテキストで勉強し、保育士試験を受けて資格を取るという方法の最大のメリットは、自分の好きなときに好きなペースで勉強できるということです。毎日学校に通って勉強するよりはその意味で楽なのですが、このことが逆に自分を甘やかしてしまう最大の要因になりがちです。試験に向けて計画をしっかり立て、自分で自分を勇気づけて、サボらないで勉強し続けることが何よりも大事だということを、勉強を始める前に自分にしっかり言い聞かせましょう。計画性と意志の持続こそが試されます。

（2）将来の保育実務を想像しながら勉強する

9科目も専門の勉強を続けるのは正直たいへんです。ですが、どれも保育士に必要な知識であるから課されるわけで、それをしっかり覚えておくことがあとで生きてくると納得しておくことが必要です。たとえば子どもの病気と対応の仕方の知識があるかないかで、大げさに言えば子どもの命を救えたり救えなかったりします。歴史の知識なども、実際につとめてもっとよい保育をしたいと思い始めると、そうした知識のあるなしで発想がまったく異なってくることがわかります。試験の勉強をしながらも、興味を持ったことは自分でもっと勉強してみようというぐらいの姿勢で学ぶことが合格への近道です。

（3）自分に合った勉強方法を見つける

どういう勉強の仕方が自分に合っているかということは、人によって違うでしょう。しかし、保育士試験の大部分は内容を理解した上で覚えておくことが要求されます。このことを常に念頭に置いておきましょう。短期にたくさんの知識を覚えなければならないわけですから、そのためには、自分でノートやカードに知識を整理するなど、書く努力をいとわないことが大事です。書くことで知識が定着する可能性が飛躍します。そしてその際、知識を自分なりに整理することができれば、合格の可能性は一段と高くなるでしょう。

（4）頻出項目を確実に押さえる

似た内容が、別の科目でも何度も出てきます。本書での勉強とは別に、翔泳社刊『保育士 完全合格テキスト』や『保育士 完全合格問題集』などを使って、一度見たことでも別の科目で登場したら、何度も反復学習し、違う側面から記憶にとどめていくと真の力がつくでしょう。「保育所保育指針」は、ほとんどの科目が関係しています。

（5）保育の現場を知っておく

できれば、土曜日などに、実際の保育の現場を見せてもらったり、手伝わせてもらったりして、保育の実際についてのイメージを持つといいでしょう。保育士試験受験者が養成校で学ぶ人に比べて不十分になるのは、現場の体験が少ないということだからです。保育の現場で自分が保育士になったらということをイメージしながら、子どもや保育の実際、保育の環境などを観察させてもらえば、テキストに書かれている知識に別の意味が見えてきたりします。それが難しい場合は、せめて、保育や子育てに関するニュースを欠かさずにチェックしておくことが大切です。

保育所保育指針の改定について
～2018（平成30）年4月施行～

　　現在の保育所保育指針は2018（平成30）年に改定実施されたものですが、それ以前の保育所保育指針に比べて、次のような特徴を持っています。

---

① ３歳以上の保育の目標・内容・方法が、幼稚園、認定こども園とほぼ同じ内容で改定され、整合性が図られました。そのため、今回、保育所は「幼児教育を行う施設」という定義が文書に書き込まれました。保育所も幼稚園と異なるところがない、幼児教育施設であると認められるようになったということです。

---

② 同時に保育所は児童福祉施設でもあります。「福祉施設」ということを強調するために、今回「養護」機能を果たすことが重要であることが強調されました。養護というのは子どもたちの生命をていねいに保持することや、子どもたちの情緒の安定を図るために、保育士等が行う援助や働きかけのことです。わかりやすくいえば、どの子も自分は保育士等によって守られている、保護されている、愛されていると深く感じることができるような環境をつくり、日常的にそうした雰囲気のもとで保育を行うことです。そうした環境と配慮がある教育を行う施設が保育所であるということが強調されました。

---

③ ０歳児（乳児）の保育と３歳未満児の保育についての記述が充実しました。従来の保育所保育指針には、この０、１、２歳児の保育のねらいや内容は特段他の年齢と区別して書かれていなかったのですが、やはり４、５歳児等の保育とねらいや内容、方法が異なりますので、今回この部分が詳しく書かれました。このことは、幼い子の保育は、できるだけていねいに、温かく、受容的で応答的に行うべきであるという期待とセットになっています。

---

④ 「幼児教育を行う施設」としての保育所への期待が５領域の「ねらい」の変化に現れています。今回、小学校以降の教育でも採用された「資質・能力」を育てるという立場が幼児教育でも採用され、５領域の各ねらいはこの「資質・能力」の３つの柱が書かれることになりました。具体的には「知識及び技能の基礎」「思考力、判断力、表現力の基礎」「学びに向かう力、人間性等」の３つで、詳細は巻末に掲載されている保育所保育指針を参照してください。「これまで以上に、子どもたちの広義の知的スキルについての育ちを細かに評価することが課せられたといっていいでしょう。

---

⑤ ④と関連して、「幼児の終わりまでに育つことが期待される姿」というカテゴリーが新たに登場しました。これは、学習指導要領の改定の方針を決めた中教審の答申（2016（平成28）年12月21日）で強調された「これからの教育は『社会に開かれた教育課程』を重視し、子どもたちが活躍する将来の社会に必要な能力をていねいに吟味して、その上でその基礎を幼い頃から育てていこうとする立場で行う」とされたことの具体化ですが、合わせて、小学校の低学年の生活課等と保育所の年長児のカリキュラムをできれば合同で開発していく際に共通に理解できる言葉による目標群として考案されたものです。幼児教育で考えられた「将来必要な能力の基礎」は10項目あり、それが「姿」（10の姿）という形で示されています。詳細は巻末に掲載されている保育所保育指針を参照してください。

⑥ キャリアパスづくりが課せられます。キャリアパスというのは職場で一定以上の勤務経験を
つんだ人が定められた研修を受けた場合、たとえば○○主任という職位を与え給与も上げる
といった仕組みのことです。従来の保育所等でのキャリアパスは充実しているとはいえない
状況でしたが、これからはきちんとキャリアパスをつくって、それによって職員の質を上げ
るとともに、働く人たちのモラールの向上を図ることになります。

　以上のほかにも細かな変更点はありますが、最も大事なことは保育所が、幼稚園、
こども園と同じように日本の大事な幼児教育機関として本格的に期待されるように
なったことでしょう。2019（令和元）年10月から始まった幼児教育の無償化によって、
保育所の公的責務は一層大きくなりましたが、そのことを自覚した働き方が求められ
ます。
　なお、厚生労働省は、指針の告示を行ったあと、保育の質を向上させる検討会を開
いており、そこで話し合われた内容は、次のような報告書やガイドラインなどとして
公表されています。

１）保育所等における保育の質の確保・向上に関する検討会
　・「子どもを中心に保育の実践を考える〜保育所保育指針に基づく保育の質向上に向け
　　た実践事例集〜」
　・「保育士の自己評価ガイドライン」の改定、そしてそれをわかりやすく説明した「保
　　育をもっと楽しく 保育所における自己評価ガイドラインハンドブック」
２）保育の現場・職業の魅力向上検討会
　・厚生労働省のホームページで報告書が公表されています
３）地域における保育所・保育士等の在り方に関する検討会
　・子どもの絶対数が減ったあとの保育所経営の案等について提案されています。これ
　　も厚生労働省のホームページに掲載されています

　これらについても、検討会の名前や資料名をインターネット上で検索することで、
誰でも閲覧できますので、保育士試験を受ける人にぜひ目を通してほしいと考えてい
ます。

監修　汐見稔幸

［〈参考〉保育所保育指針の改定 ］

改定の歴史

1965（昭和40）年	8月：『保育所保育指針』策定（施行）
1990（平成2）年	3月：第1次改定（通知） 4月：第1次改定（施行）
1999（平成11）年	10月：第2次改定（通知）
2000（平成12）年	4月：第2次改定（施行）
2008（平成20）年	3月：第3次改定（告示）
2009（平成21）年	4月：第3次改定（施行）
2017（平成29）年	3月：第4次改定（告示）
2018（平成30）年	4月：第4次改定（施行）

2018年の改定は前回改定から**10年ぶり**

保育所保育指針は、これまでに4回改定されており、2018（平成30）年に施行されたものが、最新のものとなります

第1章
·········
社会の理解

人口や世帯、子育ての状況をはじめとした保育を取り巻く現状や、

社会福祉に関する法律や制度についてまとめています。

第2章以降の内容の理解や、保育士の仕事をするうえでも

土台となる内容ですので、しっかり学習しておきましょう。

1. 保育を取り巻く現状
　① 人口の推移と少子高齢化
　② 家族・世帯
　③ 家事・育児、保育の状況
2. 社会福祉に関する法律と制度
　④ 社会福祉の歩みと基本理念
　⑤ 社会福祉法
　⑥ 社会保障制度
　⑦ 生活保護と生活困窮者支援
　⑧ 障害福祉
　⑨ その他の社会福祉制度
　⑩ 社会福祉の実施体制
　⑪ 利用者保護にかかわる仕組み
　⑫ 日常生活自立支援事業、成年後見制度

① 人口の推移と少子高齢化

◎ 日本の人口の推移　R3後、R4前、R4後

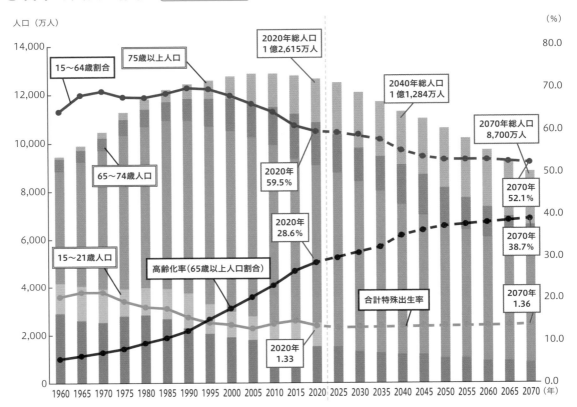

出所：厚生労働省「令和5年版厚生労働白書」より作成

人口の推移	・日本の総人口は2008（平成20）年の１億2,808万人をピークに減少に転じており、2070（令和52）年には約30％減少し総人口が9,000万人を割り込むと推計されている
人口減少と高齢化	・日本の総人口の減少には、出生数の減少だけでなく、老年人口の増加に伴う死亡数の増加が影響を与えている ・高齢化率は2020（令和２）年の28.6％から2070（令和52）年には52.1％まで上昇すると推計されている ・日本では、昭和50年代後半から75歳以上の高齢者の死亡数が増加しており、2012（平成24）年からは全死亡数の７割を超えている

過去には将来の総人口の推計も出題されています。現在の数値だけでなく、このグラフの2070年の数値も頭に入れておくとよいでしょう

◎ 出生数と合計特殊出生率　R4前、R4後、R5前

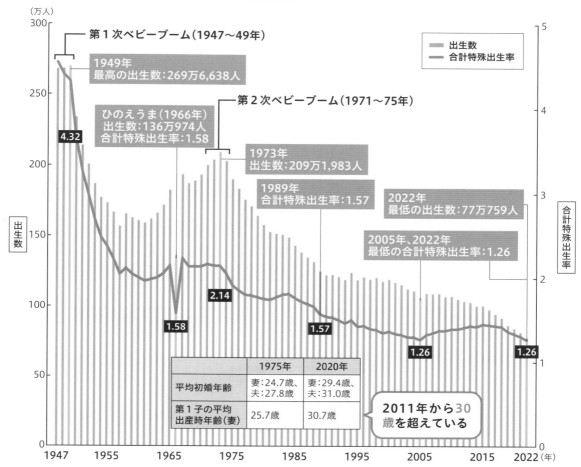

国	合計特殊出生率 （2020年）
フランス	1.82
スウェーデン	1.66
アメリカ	1.64
イギリス	1.58
ドイツ	1.53

国	合計特殊出生率 （2020年）
日本	1.33
イタリア	1.24
シンガポール	1.10
台湾	0.99
韓国	0.84

日本を含む東アジアの国・地域の合計特殊出生率は欧米諸国よりも低い

出所：内閣府「令和4年版少子化社会対策白書」および総務省「人口推計」より作成

出生数と出生率	・出生数は2015年以降、一貫して減少している。2022（令和4）年には80万人を割り込み、過去最低の出生数を記録した ・人口1,000人に対する出生数の割合を出生率という
合計特殊出生率	・「15～49歳までの女性の年齢別出生率を合計したもの」で、1人の女性がその年齢別出生率で一生の間に生むとしたときの子どもの数に相当する ・日本の合計特殊出生率は、2005（平成17）年と2022（令和4）年に過去最低の1.26を記録した ・都道府県別の合計特殊出生率は、東京などの都市部において低く、地方において高い傾向にある

② 家族・世帯

◎ 家族・世帯の状況 ・R5前、R5後

> 世帯構造別では単独世帯、類型別では高齢者世帯が増加傾向かつ最も多く、いずれも30％を超えている

世帯数の変化

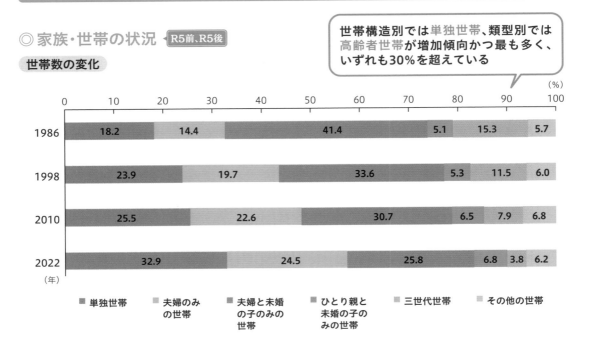

出所：厚生労働省「2022（令和4）年国民生活基礎調査の概況」より作成

各世帯の収入と生活意識

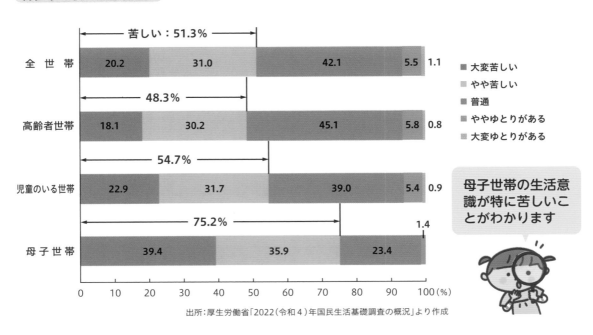

> 母子世帯の生活意識が特に苦しいことがわかります

出所：厚生労働省「2022（令和4）年国民生活基礎調査の概況」より作成

◎ ひとり親世帯の状況 ‹R3後、R5前

	母子世帯	父子世帯
世帯数	119.5万世帯	14.9万世帯
ひとり親になった理由	離婚：79.5% 死別：5.3%	離婚：69.7% 死別：21.3%
就業状況	86.3%	88.1%
就業者のうち正規の職員・従業員	48.8%	69.9%
就業者のうち自営業	5.0%	14.8%
就業者のうちパート・アルバイトなど	38.8%	4.9%
平均年間収入 （母または父自身の収入）	272万円	518万円
平均年間収入 （母または父自身の就労収入）	236万円	496万円
平均年間収入 （同居親族を含む世帯全員の収入）	373万円	606万円

母子世帯のほうが多い

母子世帯は正社員の割合が低い

母子世帯の収入は父子世帯の約2分の1である

出所：厚生労働省「令和3年度 全国ひとり親世帯等調査」より作成

ひとり親世帯になった理由	・ひとり親世帯になった理由は、母子世帯、父子世帯ともに離婚が最も多い
ひとり親世帯の状況	・ひとり親世帯の子どもについての悩みは、母子世帯、父子世帯ともに、教育・進学が最も多く、次いでしつけとなっている ・OECD加盟国のひとり親家庭の親の就業率に比べ、日本のひとり親家庭の親の就業率は高い

◎ 多様な家族のかたち ‹R4後、R5前、R5後

ヤングケアラー	・「ヤングケアラー」は、本来、大人が担うと想定されている家事や家族の世話などを日常的に行っている子どものことを示す言葉である ・年齢や成長の度合いに見合わない重い責任や負担を負うことで本人の育ちや教育に影響が出るといった問題がある ・世話をしている家族が「いる」と回答したのは小学生から大学生までで約4～6％で、小学生から高校生まではきょうだいの、大学生は母親のケアをしている割合が高い
外国籍や外国にルーツをもつ家庭	・日本語指導が必要な外国籍の児童生徒数は、2014（平成26）年度以降増加傾向にある ・日本語指導が必要な外国籍の児童生徒の在籍数が最も多いのは小学校である

2020（令和2）年に公布・施行された「埼玉県ケアラー支援条例」は、全国初のヤングケアラー支援に関する条例です

③ 家事・育児、保育の状況

◎ 共働き世帯数と専業主婦世帯数 `R4後、R5前`

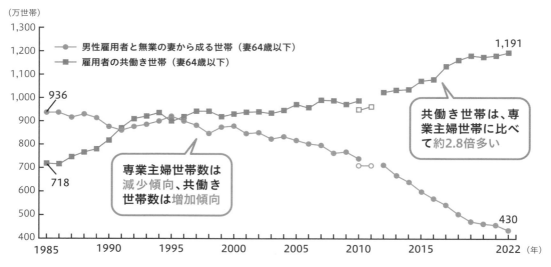

―●― 男性雇用者と無業の妻から成る世帯（妻64歳以下）
―■― 雇用者の共働き世帯（妻64歳以下）

936

718

専業主婦世帯数は**減少傾向**、共働き世帯数は**増加傾向**

共働き世帯は、専業主婦世帯に比べて**約2.8倍多い**

1,191

430

出所：内閣府「男女共同参画白書 令和5年版」

就業者の男女比	・我が国の就業者に占める女性の割合は、2022（令和4）年は45.0%であり、諸外国と比較して**大きな差はない**ものの、管理的職業従事者に占める女性の割合は、諸外国と比べて**低い水準**となっている
就業の継続	・2015（平成27）～2019（令和元）年の第1子出産後に女性が就業を継続した割合は**約7割**であった
母の就業率	・18歳未満の子どものいる世帯のうち、2021（令和3）年の時点で**75.9%**の世帯は母が仕事をしている

◎ 妻・夫の家事関連時間の推移（6歳未満の子どもを持つ場合） `R4後、R5前`

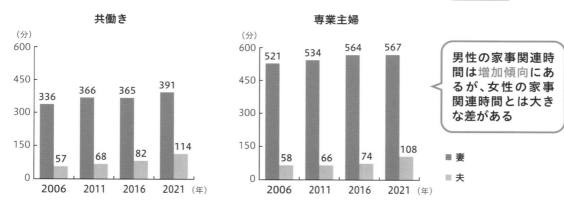

共働き

専業主婦

男性の家事関連時間は**増加傾向**にあるが、女性の家事関連時間とは大きな差がある

■ 妻
■ 夫

出所：内閣府「男女共同参画白書 令和5年版」

◎ 育児休業の取得状況 R5前

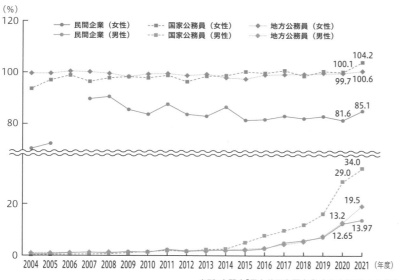

（%）

- 民間企業（女性）
- 民間企業（男性）
- 国家公務員（女性）
- 国家公務員（男性）
- 地方公務員（女性）
- 地方公務員（男性）

104.2
100.1 100.6
99.7
85.1
81.6

34.0
29.0
19.5
13.2
13.97
12.65

2004 2005 2006 2007 2008 2009 2010 2011 2012 2013 2014 2015 2016 2017 2018 2019 2020 2021 （年度）

2021（令和3）年の男性の育児休業取得率は過去最高となりましたが、まだまだ女性の取得率との差が大きいのが実情です

出所：内閣府「男女共同参画白書 令和5年版」より改変

育児休業取得率	・男性の育児休業取得率は2017（平成29）年度で **5.14%** で、その後、2022（令和4）年度は **17.13%** と大きく上昇を見せている
短時間勤務制度	・育児のための短時間勤務制度を導入している事業所の割合は、2021（令和3）年の時点で **68.9%** であった

◎ 保育に関する状況 R3後、R4前、R5前

保育施設数の推移

保育施設の全体数は増加傾向

待機児童数の推移

待機児童数は大きく減少

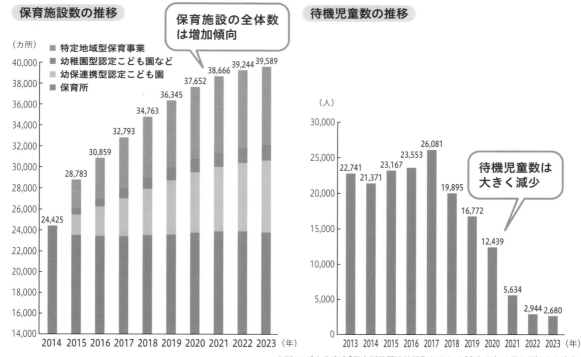

（カ所）
- 特定地域型保育事業
- 幼稚園型認定こども園など
- 幼保連携型認定こども園
- 保育所

24,425 28,783 30,859 32,793 34,763 36,345 37,652 38,666 39,244 39,589

2014 2015 2016 2017 2018 2019 2020 2021 2022 2023 （年）

（人）

22,741 21,371 23,167 23,553 26,081 19,895 16,772 12,439 5,634 2,944 2,680

2013 2014 2015 2016 2017 2018 2019 2020 2021 2022 2023 （年）

出所：こども家庭庁「保育所等関連状況取りまとめ（令和5年4月1日）」より改変

④ 社会福祉の歩みと基本理念

◎ 社会福祉の歩み（明治〜第二次世界大戦前）　R4前、R4後、R5後

| 明治時代 | 大正〜昭和時代（戦前） |

恤救規則（じゅっきゅうきそく）

貧困者の増加
・第一次世界大戦後の不況

→ **方面委員制度**

貧困者の増加
・関東大震災
・世界恐慌

→ **救護法**

・救済の対象が拡大し、65歳以上の重病者や妊産婦も対象となる

・日本初の公的救済制度
・救済の対象は無告の窮民（障害者、13歳以下の孤児、70歳以上の重病者）に限定

・現在の民生委員制度
・小河滋次郎の尽力により大阪で制度化

◎ 社会福祉の歩み（第二次世界大戦後〜）　R4前、R5前

戦後の緊急援護と基盤整備（いわゆる「救貧」）

高度成長後の生活課題への対応（「救貧」から「防貧」へ）

少子高齢化など多様化する社会福祉ニーズへの対応

| 昭和20年代 | 昭和30年代 | 平成10年 | 平成10年以降 |

- 日本国憲法
- 福祉三法
- 福祉六法
- 国民健康保険法 改正（国民皆保険）
- 国民年金法（国民皆年金）
- 社会福祉基礎構造改革について（中間まとめ）
- 社会福祉法（社会福祉事業法から改称）
- 介護保険法
- 障害者自立支援法（現：障害者総合支援法）
- 児童虐待防止法

・行政による処置から利用者がサービスを選択する利用者契約制度への転換
・福祉サービスの第三者評価の開始
・苦情解決制度の整備など

福祉三法

(旧)生活保護法 (新)生活保護法	1946(昭和21)年 1950(昭和25)年
児童福祉法	1947(昭和22)年
身体障害者福祉法	1949(昭和24)年

福祉六法 福祉三法＋下記の法律

精神薄弱者福祉法(現在の知的障害者福祉法)	1960(昭和35)年
老人福祉法	1963(昭和38)年
母子福祉法(現在の母子及び父子並びに寡婦福祉法)	1964(昭和39)年

法律の制定順が度々出題されますが、その背景にある流れを理解することで覚えやすくなります

◎ 日本国憲法

第11条 (基本的人権の保障)	国民は、すべての基本的人権の享有を妨げられない。この憲法が国民に保障する基本的人権は、侵すことのできない永久の権利として、現在及び将来の国民に与へられる。
第12条 (自由及び権利の保持義務と公共福祉性)	この憲法が国民に保障する自由及び権利は、国民の不断の努力によつて、これを保持しなければならない。又、国民は、これを濫用してはならないのであつて、常に公共の福祉のためにこれを利用する責任を負ふ。
第13条 (個人の尊重と生命、自由及び幸福追求権の尊重)	すべて国民は、個人として尊重される。生命、自由及び幸福追求に対する国民の権利については、公共の福祉に反しない限り、立法その他の国政の上で、最大の尊重を必要とする。
第25条 (国民の生存権と国の保障義務)	1．すべて国民は、健康で文化的な最低限度の生活を営む権利を有する。 2．国は、すべての生活部面について、社会福祉、社会保障及び公衆衛生の向上及び増進に努めなければならない。

◎ 社会福祉の理念に関連する用語 ◀R4後、R5後

ノーマライゼーション	・障害の有無にかかわらず、だれもが地域で普通に暮らせる社会を目指す理念 ・デンマークのバンク・ミケルセンによって提唱された ・障害者福祉分野に限らず日本の社会福祉分野全般の共通基礎理念として位置づけられている
ソーシャルインクルージョン	・社会的に排除されやすい人などを含むすべての人々を地域社会で支え合いながら暮らしていこうとする考え方。「社会的包摂」などと訳される
ウェルビーイング	・個人の権利や自己実現が保障され、その個人が身体的・精神的・社会的により良い状態にあることを意味する言葉
ナショナルミニマム	・国が国民に対して保障するべき最低限の生活水準のことで、日本国憲法第25条に規定されている
バリアフリー	・高齢者や障害をもつ人などが生活していく上で障壁(バリア)となるものを除去すること、あるいは、除去されたもの
ユニバーサルデザイン	・年齢、性別、文化の違い、障害の有無によらず、誰にとってもわかりやすく、使いやすい設計のこと

⑤ 社会福祉法

◎ 社会福祉の意義 ◀R3後、R5後

社会福祉法の位置づけ

障害者福祉				子ども家庭福祉		高齢者福祉		生活保護
身体障害者福祉法	知的障害者福祉法	精神障害者福祉法（精神保健及び精神障害者福祉に関する法律）	発達障害者支援法	児童福祉法	母子及び父子並びに寡婦福祉法	老人福祉法	介護保険法	生活保護法
障害者総合支援法						高齢者の医療の確保に関する法律		
社会福祉法								

□：「福祉六法」を構成する法律

社会福祉法は子ども家庭福祉や障害者福祉など、様々な福祉制度・法律の土台となります

社会福祉法で規定されている主な内容

社会福祉に関する理念 ・福祉サービスの理念、提供の原則 ・地域福祉の推進　など	**国・行政の役割** ・国や行政の責務 ・地域福祉計画　など	**地域福祉の推進** ・社会福祉協議会 ・共同募金　など
福祉事務所に関する規定 ・事務所設置、職員配置 ・社会福祉主事　など	**社会福祉事業に関する規定** ・第一種／第二種社会福祉事業 ・社会福祉事業の経営主体 ・社会福祉法人　など	**福祉サービスに関する規定** ・福祉サービスに関する情報の提供 ・苦情解決 ・運営適正化委員会　など

法律の目的（第1条）	この法律は、社会福祉を目的とする事業の全分野における共通的基本事項を定め、社会福祉を目的とする他の法律と相まって、福祉サービスの利用者の利益の保護及び地域における社会福祉（以下「地域福祉」という。）の推進を図るとともに、社会福祉事業の公明かつ適正な実施の確保及び社会福祉を目的とする事業の健全な発達を図り、もつて社会福祉の増進に資することを目的とする。
福祉サービスの基本的理念（第3条）	福祉サービスは、個人の尊厳の保持を旨とし、その内容は、福祉サービスの利用者が心身ともに健やかに育成され、又はその有する能力に応じ自立した日常生活を営むことができるように支援するものとして、良質かつ適切なものでなければならない。
地域福祉の推進（第4条）	地域福祉の推進は、地域住民が相互に人格と個性を尊重し合いながら、参加し、共生する地域社会の実現を目指して行われなければならない。（第1項のみ抜粋）
国及び地方公共団体の責務（第6条）	サービスの適切な利用の推進に関する施策その他の必要な各般の措置を講じなければならない。（第1項のみ抜粋）

◎ 社会福祉事業　R4後、R5後

> 利用者保護の必要性が高い入所サービスが中心

事業の種別	第一種社会福祉事業	第二種社会福祉事業
経営主体	原則として国、地方公共団体、社会福祉法人	特に規定はない
主な施設・事業	児童福祉法で規定されているもの：乳児院、母子生活支援施設、児童養護施設、障害児入所施設、児童心理治療施設、児童自立支援施設 その他：救護施設、更生施設、特別養護老人ホーム、障害者支援施設、婦人保護施設※、共同募金　など	児童福祉法で規定されているもの：保育所、助産施設、児童厚生施設、児童家庭支援センター、障害児通所支援事業　など その他：認定こども園、母子・父子福祉施設、老人居宅介護等事業、老人デイサービス事業　など

> 共同募金の種別は頻出

> 第一種社会福祉事業以外の施設・事業と考えると覚えやすい

> 共同募金の実施主体は、各都道府県の社会福祉法人である共同募金会です。配分委員会の承認を受け、配分されます

※2024（令和6）年4月より「女性自立支援施設」に名称変更

◎ 社会福祉協議会　R3後、R4後、R5前、R5後

目的	・地域福祉の推進　など
組織	・市区町村社会福祉協議会、都道府県・指定都市社会福祉協議会、全国社会福祉協議会があり、役割が異なっている ・行政機関ではなく、民間の組織である ・「福祉活動専門員」は、市町村社会福祉協議会に置くものとされている
利益や資金	・社会福祉法人であるため、公益事業や収益事業を行うことができる ・活動に要する資金については、会員からの会費、個人や企業などの寄付金といった民間財源のほか、共同募金の配分金、町からの補助金や事業委託金などが財源となっている ・介護保険（通所介護サービス）などの事業は、サービス事業者として、その事業収入で運営されている

> 行政からの資金で運営されているわけではない

主な業務	都道府県・指定都市社会福祉協議会	市町村社会福祉協議会
	・福祉サービス利用援助事業（日常生活自立支援事業）※ ・生活福祉資金貸付事業 ・運営適正化委員会 ・第一種社会福祉事業の経営に関する指導および助言 ・ボランティア活動の支援　など	・社会福祉に関する活動への住民の参加のための援助 ・社会福祉関係者との調査、普及、連携 ・在宅福祉サービス（ホームヘルプサービス、外出支援サービスなど） ・ボランティア活動の支援　など

※事業の一部を市町村社会福祉協議会等へ委託可能

◎ 地域福祉の推進　R4前、R5前

地域福祉計画	・市町村には市町村地域福祉計画の作成が努力義務として定められている ・都道府県には、市町村地域福祉計画を支援する都道府県地域福祉支援計画の策定が努力義務として定められている
地域福祉の推進	・地域福祉を推進するためには、ボランティアや住民など多様な民間団体の参加が不可欠 ・「保育所保育指針」の中で、保育所には、業務として地域の子育て家庭への支援に積極的に取り組むことが求められており、地域福祉推進の役割を担うものとされている

⑥ 社会保障制度

◎ 社会福祉制度の分類 R4後、R5後

	社会保険	公的扶助	社会福祉	公衆衛生
概要	病気、高齢、介護、失業などの人生の様々なリスクに備えて、人々があらかじめ保険料を出し合い、実際にリスクに遭遇した人に、必要なお金やサービスを支給する仕組み	憲法で定める「健康で文化的な最低限度の生活を営む権利」（生存権）を国が最終的に保障するための制度	子どもへの保育や、障害者などへの福祉サービスなどを社会的に提供することにより、生活の安定や自己実現を支援する制度	国民が健康的な生活を送れるようにするために行う保健事業
主な制度・施策	医療保険、年金保険、介護保険、雇用保険、労災保険	生活保護	児童福祉、高齢者福祉、障害者福祉	母子保健、感染症対策など
主な財源	保険料が中心（共助）	公費（税金など）が中心（公助）		

わが国の社会保障制度の機能には、①生活安定・向上機能、②所得再分配機能、③経済安定機能の３つがあります

◎ 社会保障の給付と負担の現状（2023年度 予算ベース） R3後

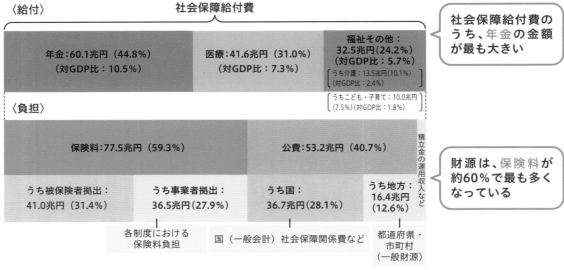

〈給付〉　社会保障給付費

年金：60.1兆円（44.8%）（対GDP比：10.5%）

医療：41.6兆円（31.0%）（対GDP比：7.3%）

福祉その他：32.5兆円（24.2%）（対GDP比：5.7%）

うち介護：13.5兆円（10.1%）（対GDP比：2.4%）

うちこども・子育て：10.0兆円（7.5%）（対GDP比：1.8%）

社会保障給付費のうち、年金の金額が最も大きい

〈負担〉

保険料：77.5兆円（59.3%）

公費：53.2兆円（40.7%）

積立金の運用収入など

うち被保険者拠出：41.0兆円（31.4%）

うち事業者拠出：36.5兆円（27.9%）

うち国：36.7兆円（28.1%）

うち地方：16.4兆円（12.6%）

各制度における保険料負担

国（一般会計）社会保障関係費など

都道府県・市町村（一般財源）

財源は、保険料が約60%で最も多くなっている

出所：厚生労働省HP「給付と負担について」より作成

社会保障給付費とは、法令に基づいて国、および企業などが行う社会保障に関する支出のことです。高齢者人口の増加により増加しており、今後も増加が見込まれます

◎ 年金保険制度 R4前、R5後

3階	個人型確定拠出年金 企業型確定拠出年金 厚生年金基金／企業年金／年金払い退職給付 付加年金、国民年金基金など
2階	**厚生年金**
1階	**国民年金**

> 3階部分の確定拠出型年金は私的年金と呼ばれ、民間が主体

> 2階部分は厚生年金で第2号被保険者が加入している

> 1階部分は国民年金で、20歳以上のすべての国民が強制的に加入となる

	第1号 被保険者	第2号 被保険者	第3号 被保険者
対象者	自営業者、 自営業者の配偶者、 無職の人、 学生など	会社員や公務員など	第2号被保険者に 扶養されている 配偶者
年齢	20歳以上 60歳未満	下限なし、原則70歳未満	20歳以上 60歳未満

> 第3号被保険者は、いわゆる主婦（主夫）が該当し、自身での保険料の負担はない

受給	・老齢基礎年金の支給開始年齢は**65歳**と規定されているが、60歳からの繰り上げ受給、および、75歳までの繰り下げ受給を選択することができる。なお、支給開始年齢が遅いほうが、年間の受給額が増額される ・障害者が障害年金を受給するためには、原則として事前の保険料納付を必要とするが、国民年金に加入する20歳以前に障害を持った場合はこの限りではない ・遺族基礎年金の対象者は「子のある配偶者」と「子」が対象
支払い期間	・国民年金については、満20歳（20歳の誕生月）から、満60歳になるまで（未払い期間がない場合は59歳11カ月まで）の40年間 ・20歳になれば、学生であっても被保険者となる ・20歳以上の学生は、本来は保険料を支払う義務を負うが、学生納付特例制度の学生申請により保険料の納付が猶予される

医療保険とは異なり、被保険者の種類にかかわらず保険者はすべて国となっています

◎ 公的医療保険 R5前

窓口で支払う
医療費

| | 後期高齢者医療制度
（原則75歳以上で加入） | | | | 1～3割負担
（所得に応じて変化） |

75歳

退職

国民健康保険 —— 2～3割負担
（所得に応じて変化）

健康保険 （健康保険組合）	協会けんぽ （全国健康保険協会）	共済保険 （共済組合）	国民健康保険 （市区町村・都道府県・国民健康保険組合）
主に大企業の従業員、従業員の扶養家族が加入	主に中小企業を中心とした従業員、従業員の扶養家族が加入	公務員・教職員など、その扶養家族が加入	自営業・無職、その扶養家族が加入

就労期
（自身の職域保険に加入）

3割負担

就学期・乳幼児期
（扶養家族の保険に加入）

小学校入学前まで
2割負担、
小学校入学後は
3割負担

0歳

被保険者の種類によって保険者が異なる
ことを覚えておきましょう

◎ 雇用保険と労災保険 R3後、R5前

雇用保険	・原則として業種の規模や正規・非正規職員の別などの雇用形態を問わず、労働者のすべてに適用される ・失業等給付を行うほか、雇用安定事業、能力開発事業を行っている ・失業等給付には、求職者給付、就職促進給付、教育訓練給付、雇用継続給付の4つがある ・求職者給付には、医療費の給付は含まれていない ・疾病または負傷のため求職活動ができない場合、求職者給付の一つとして傷病手当金制度がある ・介護休業給付金と育児休業給付金は、雇用保険による保険給付である ・雇用保険の保険料は事業主と労働者の折半であり、給料から天引きされるかたちで支払う
労働者災害補償保険 （労災保険）	・業務災害および通勤災害に関する保険給付、二次健康診断等給付、社会復帰促進等事業などを行っている ・業務上の事由により死亡した場合は、労働者災害補償保険における保険給付の対象となる ・通勤により負傷した場合も、労働者災害補償保険の保険給付の対象となる

雇用保険と労災保険の保険者はいずれも国です

◎ 介護保険 R3後、R4前、R5前、R5後

保険者	市町村および特別区		
対象者 （被保険者）	第1号被保険者	第2号被保険者	費用負担
	65歳以上	40～64歳までの 医療保険加入者	利用者負担は1割 （高所得者層は2割または3割）
サービス	居宅サービス	施設サービス	地域密着型サービス
	・訪問介護 ・通所介護 ・訪問看護 など	・介護老人保健施設 ・特別養護老人ホーム ・介護医療院	・定期巡回・随時対応型訪問介護看護 など
要介護認定	要介護認定の区分	要介護認定	要介護認定の仕組み
	・要支援1～2 ・要介護1～5	市町村・特別区が行う	申請→認定調査→一次判定→二次判定→要介護認定

※要支援・要介護の認定は市区町村の介護認定審査会が行う。認定の有効期間は新規申請は原則6カ月、更新申請は原則1年
※認定に不服があるときは、都道府県の介護保険審査会に審査請求をすることができる

> 第2号被保険者のサービス受給要件は、第1号被保険者よりも厳しくなっている

サービス受給の要件	・要介護・要支援認定された第1号被保険者 ・国が定める「特定疾病」により要介護・要支援認定された第2号被保険者
要介護認定・要支援認定	・要介護認定・要支援認定は、市町村・特別区が行う ・要介護度を審査・判定する「介護認定審査会」は、保健（保健師や看護師など）、医療（医師、歯科医師、薬剤師など）、福祉（社会福祉士、介護福祉士、介護支援専門員など）に関する学識経験者で構成される ・要介護認定・要支援認定には有効期間があり、初回（新規）は原則6カ月、2回目以降（更新申請）は原則1年である
介護保険法について	・「介護保険事業に係る保険給付の円滑な実施を確保するための基本的な指針」（基本指針）を厚生労働大臣が定めるものとすると規定している ・市町村は、基本指針に即して、市町村介護保険事業計画を定めるものとすると規定している ・介護サービス情報の報告および公表に関することが定められている ・2011年の「介護保険法」改正に伴って地域包括ケアシステムの実現に向けた取り組みが進められることになった ・高齢者と障害児者が同一事業所でサービスを受けやすくするため、共生型サービスが創設された
地域包括ケアシステム	・高齢者の尊厳の保持と自立生活の支援の目的のもとで、可能な限り住み慣れた地域で、自分らしい暮らしを人生の最期まで続けることができるような地域の包括的な支援・サービス提供体制 ・地域包括ケアセンターが中核を担い、医療および介護の関係機関・団体が相互の役割分担と連携を密にして、総合的な支援が行われる体制を確保する ・地域住民に認知症に対する正しい理解を促すため、認知症サポーターを養成し、認知症の人を地域で支える体制をつくる

> 介護保険の保険者は市町村および特別区です

⑦生活保護と生活困窮者支援

◎ 生活保護の基本原理と原則 R3後、R4後、R5後

基本原理

国家責任の原理	日本国憲法第25条に規定する理念に基づき、国家の責任によって生活に困窮するすべての国民に対し、必要な保護を行うことで、国民の最低限度の生活を保障し、国民の自立を助長するという原理
無差別平等の原理	要保護者が生活困窮に陥った原因を問わず、法による保護を無差別平等に受けることができるという原理
最低生活保障の原理	保障される最低限度の生活は、健康で文化的な生活水準を維持することができるものでなければならないという原理
保護の補足性の原理	要保護者が利用できる資産や能力その他あらゆるものを、その最低限度の生活の維持のために活用することを要件に保護が行われる。扶養義務者の扶養、他法による扶助は、生活保護に優先して行うという原理。ただし、急迫した状況下において行われる必要な保護を妨げるものではない

原則

申請保護の原則	保護は、要保護者、その扶養義務者またはその他の同居の親族の申請に基づいて開始する。ただし、要保護者が急迫した状況下にある場合は、申請なしに必要な保護を行うことができる。これを職権保護という
基準及び程度の原則	生活保護基準は、要保護者の年齢別、性別、世帯構成別、所在地域別などに応じて必要な事情を考慮した最低限度の生活の需要を満たすに十分なものであって、かつ、これを超えないものとしている
必要即応の原則	要保護者の年齢別、性別、健康状態等その個人または世帯の実際の必要性に対応して保護が行われる
世帯単位の原則	原則として保護は世帯を単位としているが、必要に応じて個人を単位として保護することもできる

◎ 生活保護の扶助 R3後

保護の種類	内容	支給方法（原則）
生活扶助	衣食その他日常生活の需要を満たすために必要なもの、移送にかかる費用	金銭給付
教育扶助	義務教育に伴って必要な教科書その他の学用品、通学用品、学校給食などにかかる費用	金銭給付
住宅扶助	住居（家賃）、補修その他住宅の維持のために必要なものにかかる費用	金銭給付
医療扶助	診察、薬剤または治療材料、医学的処置、移送などにかかる費用	現物給付
介護扶助	居宅介護（居宅介護支援計画に基づき行うものに限る）、福祉用具、住宅改修、施設介護、介護予防（介護予防支援計画に基づき行うものに限る）、介護予防福祉用具、介護予防住宅改修、介護予防・日常生活支援（介護予防支援計画または第一号介護予防支援事業による援助に相当する援助に基づき行うものに限る）、移送にかかる費用	現物給付
出産扶助	分娩の介助、分娩前後の処置、脱脂綿、ガーゼその他の衛生材料にかかる費用	金銭給付
生業扶助	生業に必要な資金、器具または資料、必要な技能の修得、就労のために必要なものにかかる費用。ただし、要保護者の収入を増加させ、またはその自立を助長することのできる見込のある場合に限られる	金銭給付
葬祭扶助	検案、死体の運搬、火葬または埋葬、納骨その他葬祭のために必要なものにかかる費用	金銭給付

◎ 生活保護法に基づく保護施設 `R3後、R4後、R5後`

宿所提供施設	・住居のない要保護者の世帯に住宅扶助を行うことを目的としている
医療保護施設	・医療を必要とする要保護者に対して、医療の給付を行うことを目的としている
救護施設	・身体や精神に障害があり、経済的な問題を含めて日常生活を送るのが困難な要保護者に生活扶助を行うことを目的としている
更生施設	・身体上または精神上の理由により養護および生活指導を必要とする要保護者を入所させて、生活扶助を行うことを目的としている
授産施設	・身体上および精神上の理由、または、世帯の事情により就業能力の限られている要保護者に対して、就労や技能修得の機会・便宜を与えて、その自立を助長することを目的としている

◎ 生活困窮者自立支援法

生活保護法との比較

	生活保護法	生活困窮者自立支援法
対象	生活に困窮するすべての国民	経済的に困窮し、最低限度の生活を維持することができなくなるおそれのある者（生活保護に至る前の第2のセーフティネット）
支援内容	生活扶助、住宅扶助などの現物・現金給付が中心	相談支援や就労準備支援など
目的	支援対象者の自立	

生活困窮者支援は、最後のセーフティネットである生活保護制度および生活保護にいたる前の段階での自立を支援するものです

法律に規定されている事業

福祉事務所設置自治体が必ず実施しなければならない必須事業という位置づけ

住居確保給付金	・住居がない、または、住居を失うおそれが高い人に対し、就職活動することを条件などに、一定期間、家賃相当額を支給する
自立相談支援事業	・生活困窮者および生活困窮者の家族や、関係者からの相談に応じ、アセスメントを実施して個々人の状態にあったプランを作成し、必要なサービスにつなげる ・社会福祉法人、一般社団法人、一般財団法人、特定非営利活動法人その他の適当と認める民間団体に、事業を委託することもできる
生活困窮者世帯の子どもの学習・生活支援	・「貧困の連鎖」を防止するため、学習支援、生活習慣・育成環境の改善に関する助言、進路選択（教育、就労など）に関する相談に対する情報提供、助言、関係機関との連携・調整を行う
その他	・就労準備支援、家計改善支援、就労訓練　など

生活困窮者を支援する仕組みとしては、ほかに都道府県社会福祉協議会が主体となって行われる生活福祉資金貸付制度があります

⑧ 障害福祉

◎ 障害者の権利に関する条約と日本の障害者関連法 R4前、R5前

2006年：「障害者の権利に関する条約」が国際連盟で採択
2007年：日本が条約に署名

2011年：障害者基本法の改正
2012年：障害者総合支援法の成立
2013年：障害者差別解消法の成立

2013年12月：締結が承認

> 障害者の人権や基本的自由の享受を確保し、障害者の固有の尊厳の尊重を促進するため、障害者の権利の実現のための措置などを規定した国際条約

> 条約締結に先立って、障害当事者の意見も踏まえつつ国内法令の整備を実施

◎ 障害に関する考え方

> ICIDHからICFへ考え方が変化した

国際障害分類（ICIDH）
疫病による帰結、つまり疫病によって最終的にもたらされる社会的不利に着目して障害を分類するモデル
➡疾病による社会的不利（マイナス面）のみに注目した視点

国際生活機能分類（ICF）
人間の生活機能と障害は健康状態と生活機能、背景因子の3つが相互的に影響し合っているととらえるモデル
➡社会参加や人的環境など幅広い視点からその人の状態を理解する視点

ICF モデル

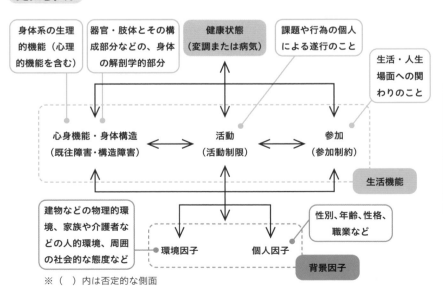

身体系の生理的機能（心理的機能を含む）

器官・肢体とその構成部分などの、身体の解剖学的部分

健康状態（変調または病気）

課題や行為の個人による遂行のこと

生活・人生場面への関わりのこと

心身機能・身体構造（既往障害・構造障害）

活動（活動制限）

参加（参加制約）

生活機能

建物などの物理的環境、家族や介護者などの人的環境、周囲の社会的な態度など

性別、年齢、性格、職業など

環境因子　個人因子

背景因子

> ICFでは、障害を社会によってつくられる問題ととらえ、社会環境の変化によって解消・軽減できるとしています

※（　）内は否定的な側面

障害の種類にかかわらず共通の理念や制度等について定めた法律		
障害者基本法		・日本の障害福祉の法制度についての基本的な理念や施策の基本事項をまとめている ・国に障害者基本計画、都道府県に都道府県障害者計画、市町村に市町村障害者計画の策定を定めている
	目的 （第1条）	全ての国民が、障害の有無にかかわらず、等しく基本的人権を享有するかけがえのない個人として尊重されるものであるとの理念にのっとり、全ての国民が、障害の有無によって分け隔てられることなく、相互に人格と個性を尊重し合いながら共生する社会を実現する
	障害者の定義 （第2条第1項）	身体障害、知的障害、精神障害（発達障害を含む）その他の心身の機能の障害がある者で、障害及び社会的障壁により継続的に日常生活又は社会生活に相当な制限を受ける状態にあるもの
	社会的障壁 （第2条第2項）	障害がある者にとって日常生活又は社会生活を営む上で障壁となるような社会における事物、制度、慣行、観念その他一切のもの
障害者総合支援法 （正式名称：障害者の日常生活及び社会生活を総合的に支援するための法律）		・障害福祉サービスを利用するための共通の仕組みを定めている ・障害者の障害福祉サービスについて定めている ・2013（平成25）年の改正では、障害者の定義に難病などを追加し、重度訪問介護の対象者の拡大、ケアホームのグループホームへの一元化などが実施された
障害者虐待防止法 （正式名称：障害者虐待の防止、障害者の養護者に対する支援等に関する法律）		・障害者に対する虐待の禁止などについて定めている ・虐待を発見した者に対して速やかな通報を義務づけている ・障害者虐待を行う者の対象範囲を養護者、障害者福祉施設従事者等、使用者の3つに分類している ・障害者に対する虐待を身体的虐待、心理的虐待、性的虐待、放棄・放任（ネグレクト）、経済的虐待の5つに分類している ・障害者福祉施設の設置者や障害福祉サービス事業者に対して、障害者虐待防止のための措置の実施を義務づけている
障害者差別解消法 （正式名称：障害を理由とする差別の解消の推進に関する法律）		・行政機関や事業者に対して、障害者に対する不当な差別的取り扱いを禁止するとともに、行政機関に対して障害者に対する合理的配慮を義務づけた。民間事業者は当初は努力義務であったが、2024（令和6）年4月1日から義務となる
障害の種類ごとに制度などを定めた法律		
身体障害者福祉法 （正式名称：障害を理由とする差別の解消の推進に関する法律）		・身体障害者の定義、自立と社会参加支援、身体障害者手帳などについて定めている ・身体障害者更生相談所を規定している
知的障害者福祉法		・知的障害者の自立と社会参加支援などについて定めている ・知的障害者更生相談所を規定している
精神保健及び精神障害者福祉に関する法律		・精神障害者の定義、自立と社会参加支援、精神障害者保健福祉手帳などについて定めている
発達障害者支援法		・発達障害者の発達支援、自立と社会参加支援などについて定めている
児童福祉法		・障害児の定義を規定している ・障害児入所支援サービス、障害児通所支援サービスについて定めている

障害者に関するほかの法律でも踏襲されている

⑨ その他の社会福祉制度

◎ 高齢者福祉に関する法制度

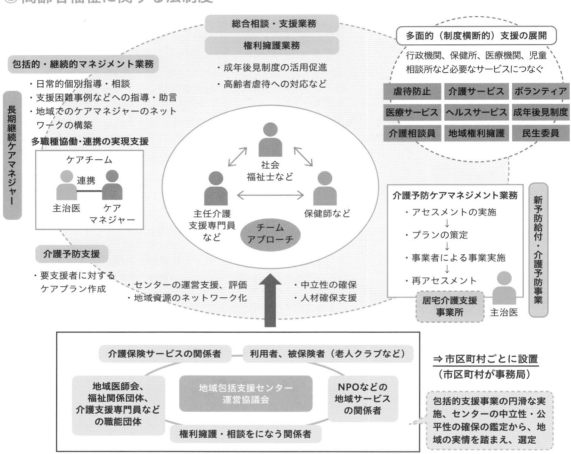

出所:厚生労働省ホームページ「地域包括支援センター(地域包括ケアシステム)のイメージ」

> 介護保険法は保険、つまり共助の視点が中心だが、老人福祉法は公助の視点から高齢者福祉について定めている

老人福祉法	・高齢者福祉を担当する機関や施設、事業に関するルールについて定めている ・都道府県と市町村にそれぞれ、都道府県老人福祉計画、市町村老人福祉計画の策定を義務づけている
高齢者虐待防止法	・高齢者に対する虐待の禁止などについて定めている ・高齢者に対する虐待を身体的虐待、心理的虐待、性的虐待、放棄・放任(ネグレクト)、経済的虐待の5つに分類している

◎ 困難を抱える女性支援に関する法制度 ◂R3後、R4前

母子及び父子並びに寡婦福祉法	・経済的・社会的に不安定なひとり親世帯の援助や支援を行う ・母子・父子福祉センター、母子・父子休養ホーム、母子・父子自立支援員などについて定めている
DV防止法（正式名称：配偶者からの暴力の防止及び被害者の保護等に関する法律）	・配偶者暴力相談支援センターにおいて、配偶者からの暴力にかかわる相談、自立支援などにかかわる援助を行っている ・婦人相談所には婦人相談員が配置されており、各種相談業務を行うとともに、配偶者から暴力を受けた被害者の一時保護業務を行っている ・婦人相談所は、元々は売春を行うおそれのある女子の相談、指導、一時保護などを行う施設であったが、DV防止法の制定により、配偶者暴力相談支援センターの機能を担う施設の一つとして位置づけられた
売春防止法	・売春を助長する行為の処罰、売春を行うおそれのある女子への補導処分などを定めている ・婦人保護施設は、元々は売春を行うおそれのある女子を収容保護する施設であったが、家庭環境の破綻や生活の困窮など様々な事情により社会生活を営むうえで困難な問題を抱えている女性も保護の対象としている

2024（令和6）年4月から、婦人相談所は女性相談支援センターに、婦人相談員は女性相談支援員に、婦人保護施設は女性自立支援施設に、その根拠法は売春防止法から困難な問題を抱える女性への支援に関する法律へと変わります

◎ 育児に関する法制度 ◂R3後

育休とは別に取得できる

	育児休業制度	産後パパ育休
対象期間・取得可能日数	原則子が1歳（最長2歳）まで	子の出産後8週間以内に4週間まで
申出期限	原則1カ月前まで	原則休業の2週間前まで
分割取得	分割して2回取得可能（取得の際にそれぞれ申出）	分割して2回取得可能（はじめにまとめて申し出ることが必要）
休業中の就業	原則就業不可	労使協定を締結している場合に限り労働者が合意した範囲で休業中に就業することが可能
1歳以降の延長	育休開始日を柔軟化	—
1歳以降の再取得	特別な事情がある場合に限り再取得可能	—

※令和4年10月から適用　　　　　　　出所：厚生労働省「育児・介護休業法 改正ポイントのご案内」より改変

短時間勤務などの措置	・3歳に達するまでの子を養育する労働者について、労働者が希望すれば利用できる短時間勤務の措置（1日原則6時間）を義務づけ
子の看護休暇制度	・小学校就学前までの子が1人であれば年5日、2人以上であれば年10日を限度として看護休暇の取得が可能。時間単位での取得も可能
育児休業給付金	・休業前の賃金の67%が支給される ・夫婦で育児休業を取得する場合、どちらにも支給される

⑩ 社会福祉の実施体制

◎ 実施体系　R4前、R5前

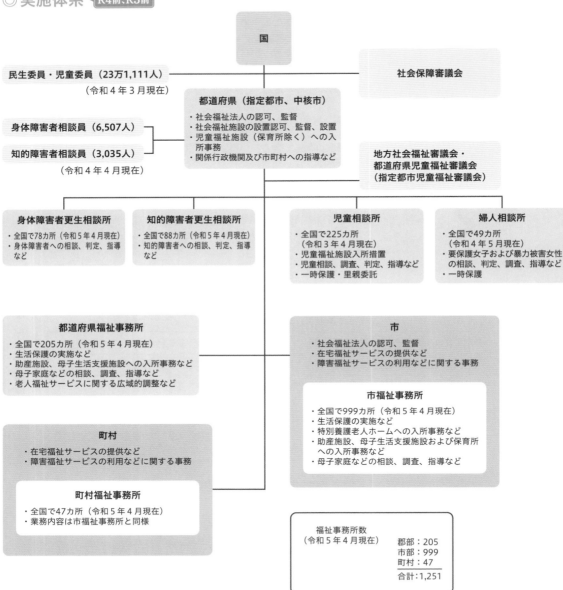

出所：厚生労働省「令和5年厚生労働白書 資料編」より作成

2024年4月から、婦人相談所は女性相談支援センターに、その根拠法は売春防止法から困難な問題を抱える女性への支援に関する法律へと変わります

◎ 職員の配置と根拠法　R3後、R4前

施設名	根拠法	職員配置
福祉事務所	社会福祉法	・所長、指導監督を行う所員、現業を行う所員、事務を行う所員 ➡指導監督を行う所員、現業を行う所員は社会福祉主事でなければならない ・老人福祉の業務に従事する社会福祉主事、知的障害者福祉司、身体障害者福祉司、家庭相談員、婦人相談員、嘱託医を配置する場合もある
児童相談所	児童福祉法	・所長、児童福祉司、児童心理司、心理療法担当職員、医師、保健師、弁護士など
婦人相談所	売春防止法	・所長、婦人相談員など
身体障害者更生相談所	身体障害者福祉法	・所長、事務職員、身体障害者福祉司など
知的障害者更生相談所	知的障害者福祉法	・所長、事務職員、知的障害者福祉司など

児童福祉施設とその職員配置については、
57 ～ 63ページを参照してください

◎ 民生委員と児童委員

職種	概要	任命・任期
民生委員	・それぞれの地域において、常に住民の立場に立って相談に応じ、必要な援助を行い、社会福祉の増進に努める ・児童福祉法の規定により児童委員を兼務する	・都道府県知事の推薦によって、厚生労働大臣が委嘱する ・任期は3年で無報酬
主任児童委員	・児童委員としての活動に特化した民生委員 ・特定の地域の担当には就かず、児童福祉に関する機関と各地域の児童委員との連絡調整や児童委員の活動のサポートを行う	・厚生労働大臣が児童委員の中から指名する ・任期は3年で無報酬

民生委員としての主な職務

- 社会福祉の増進に努める
- 住民の生活状況を必要に応じ適切に把握する
- 生活に関する相談に応じ、助言や援助を行う
- 福祉サービス利用のための情報提供や援助を行う
- 社会福祉事業者と連携し、その事業や活動を支援する

など

児童委員としての主な職務

- 児童や妊産婦の生活と取り巻く環境の状況を適切に把握する
- 児童や妊産婦に関する保護、保健その他福祉について、サービスを利用するための情報提供や支援を行う
- 児童や妊産婦に関する社会福祉事業者、児童の健やかな育成に関する活動を行う者と密接に連携し、その事業や活動を支援する

など

⑪ 利用者保護にかかわる仕組み

◎ 福祉に関する情報提供

> 社会福祉法における情報提供は努力義務

福祉サービスに関する情報提供（社会福祉法）

国及び地方公共団体	・福祉サービスを利用しようとする者が必要な情報を容易に得られるように、必要な措置を講ずるよう努めなければならない
社会福祉事業の経営者	・福祉サービス（社会福祉事業において提供されるものに限る）を利用しようとする者が、適切かつ円滑にこれを利用することができるように、その経営する社会福祉事業に関し情報の提供を行うよう努めなければならない

> 国と市町村は義務、保育所は努力義務

児童福祉に関する情報提供（児童福祉法）

国	・市町村及び都道府県の行うこの法律に基づく児童の福祉に関する業務が適正かつ円滑に行われるよう、児童が適切に養育される体制の確保に関する施策、市町村及び都道府県に対する助言及び情報の提供その他の必要な各般の措置を講じなければならない
市町村	・児童の福祉に関して、必要な情報提供を行わなければならない
保育所	・当該保育所が主として利用される地域の住民に対してその行う保育に関し情報の提供を行うよう努めなければならない

◎ サービス評価 R3後、R4前、R5前、R5後

> 保育所保育指針では保育所の自己評価の実施は努力義務となっている（119ページ参照）

	児童養護施設	乳児院	母子生活支援施設	児童心理治療施設	児童自立支援施設	ファミリーホーム	保育所
第三者評価の受審	義務（3年に1回）					努力義務	
自己評価の実施	義務（毎年）					努力義務	義務

> 児童福祉施設の設備及び運営に関する基準に定められた自らその行う業務の質の評価のこと

第三者評価	・当事者（事業者・利用者）以外の公正・中立な第三者評価機関が専門的・客観的立場から福祉サービスについて評価を行う仕組みのこと ・社会的養護関係施設（児童養護施設、乳児院、母子生活支援施設、児童心理治療施設、児童自立支援施設の5つ）については、福祉サービス第三者評価を受けることが義務づけられている ・福祉サービス第三者評価事業の普及促進などは、国の責務となっている ・福祉サービス第三者評価を受けた結果は、都道府県推進組織ホームページあるいはWAM NET（ワムネット）が公表することになっている

> WAM NETは福祉・保健・医療に関する情報サイト

◎ 苦情解決制度　R3後、R5前、R5後

苦情申出

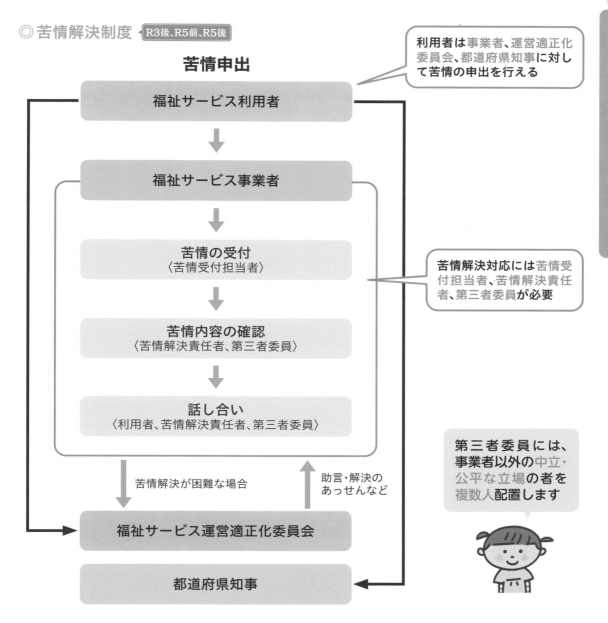

福祉サービス利用者

利用者は事業者、運営適正化委員会、都道府県知事に対して苦情の申出を行える

福祉サービス事業者

苦情の受付
〈苦情受付担当者〉

苦情解決対応には苦情受付担当者、苦情解決責任者、第三者委員が必要

苦情内容の確認
〈苦情解決責任者、第三者委員〉

話し合い
〈利用者、苦情解決責任者、第三者委員〉

苦情解決が困難な場合

助言・解決のあっせんなど

第三者委員には、事業者以外の中立・公平な立場の者を複数人配置します

福祉サービス運営適正化委員会

都道府県知事

苦情解決	・社会福祉法に基づき、福祉サービスに関する苦情の解決などを行う機関として、都道府県社会福祉協議会に運営適正化委員会が設置されている ・苦情受付担当者は事業者の職員の中から任命する ・苦情解決責任者は、責任の主体を明確にするため、施設長、理事長などとする ・第三者委員は、経営者の責任において選任されている ・苦情解決制度の解決結果については、個人情報に関するものを除き、事業報告書などに公表する

苦情を課題や問題点の改善のきっかけとしてとらえることも大切です

2. 社会福祉に関する法律と制度

⑫日常生活自立支援事業、成年後見制度

◎ 日常生活自立支援事業（福祉サービス利用者援助事業）　R4前、R4後、R5前、R5後

対象	・認知症がある高齢者、知的障害者、精神障害者などの十分な判断能力がなく、適切な福祉サービスを受けることができない者であって、日常生活自立支援事業の契約内容について判断し得る能力を有している者
援助までの流れ	・利用者が実施主体である都道府県・指定都市社会福祉協議会と契約を締結する ・専門員は初期相談から支援計画の策定、利用契約の締結業務を行う ・生活支援員は契約内容に基づき、具体的な援助を行う

援助の内容	生活支援	・要介護認定などの申請手続きの援助、サービス事業者との契約締結の援助など
	行政手続きの援助	・行政手続きの代行
	日常的金銭管理	・通帳・印鑑などの預かり、公共料金や家賃の支払、預貯金の引き出し　など
	書類などの預かり	・大切な書類などの保管　など
根拠法		・社会福祉法

> 法定後見人制度と異なり契約の代行や取り消しは行えない

> 日常生活自立支援事業は第二種社会福祉事業

◎ 成年後見制度　R4後、R5後

> 本人が契約できない状態でも利用可能

法定後見制度

対象	・認知症、知的障害、精神障害などにより、判断能力が不十分な者
援助までの流れ	・申し立ての書類を家庭裁判所に提出 ・家庭裁判所が申立人や本人などに面接や調査を実施 ・家庭裁判所が後見人を選定

法定後見制度でできること	補助	・本人の判断能力：不十分 ・家庭裁判所が定める特定の法律行為において、補助人が同意権・取消権などを代行できる
	保佐	・本人の判断能力：著しく不十分 ・法律で定められた一定の行為について、保佐人の同意を得ることが必要になる。保佐人の同意を得ない行為については、本人または保佐人が後から取り消すことができる
	後見	・本人の判断能力：常に判断能力が欠けている ・成年後見人が、本人の利益を考慮し、日常生活行為を除くすべての法律行為を代行できる。本人または成年後見人が、本人が行った不利益な法律行為を後から取り消すことができる
根拠法		・民法

任意後見制度

制度の趣旨	・判断能力が不十分になる前に、あらかじめ本人が後見人を選任しておく制度
根拠法	・民法、任意後見契約に関する法律

第**2**章
子ども家庭福祉に関する法制度

主に子ども家庭福祉に関する法律や少子化対策、子育て支援について解説しています。

覚えることが多く大変ですが、複数の科目で出題される項目ばかりですので、

年代順に項目を整理した表や法制度の概要を解説した図を活用して、

学習を進めましょう。

1. 子ども家庭福祉と社会的養護
　① 子ども家庭福祉の歩み
　② 児童の権利に関する条約
　③ 児童福祉法
　④ こども基本法とこども家庭庁
　⑤ こども大綱
　⑥ 児童福祉施設
　⑦ 社会的養護の理念と現状
　⑧ 里親制度・ファミリーホーム
　⑨ 児童虐待
　⑩ 障害児支援
　⑪ 少年非行
2. 少子化対策・子育て支援
　⑫ 少子化対策の歩み
　⑬ 子ども・子育て支援制度
　⑭ 児童に関する手当

① 子ども家庭福祉の歩み

◎ 子ども家庭福祉に関する法律や条約など

制定年	法律・条約などの名称
1874（明治7）年	「恤救規則」制定（日本で最初の福祉の法律）
1900（明治33）年	「感化法」制定（現在の少年法にあたる法律）
1924（大正13）年	「児童の権利に関するジュネーブ宣言」採択（国際連盟総会）
1929（昭和4）年	恤救規則にかわり「救護法」制定
1933（昭和8）年	感化法にかわり「少年救護法」制定
1933（昭和8）年	「児童虐待防止法」制定
第二次世界大戦	
1946（昭和21）年	「日本国憲法」制定
1947（昭和22）年	「児童福祉法」制定
1948（昭和23）年	「少年法」制定
	「世界人権宣言」採択（国際連合総会）
1951（昭和26）年	「児童憲章」制定
1951（昭和26）年	「社会福祉事業法」（現「社会福祉法」）制定
1959（昭和34）年	「児童の権利に関する宣言」採択（国際連合）
1961（昭和36）年	「児童扶養手当法」制定
1964（昭和39）年	「母子福祉法」（現「母子及び父子並びに寡婦福祉法」）制定
1965（昭和40）年	「母子保健法」制定
1966（昭和41）年	「国際人権規約」採択（国際連合総会）
1971（昭和46）年	「児童手当法」制定
1979（昭和54）年	「国際児童年」（国際連合）
1989（平成元）年	「児童の権利に関する条約」採択（国連総会）
1994（平成6）年	「児童の権利に関する条約」批准（日本）
2000（平成12）年	「児童虐待の防止等に関する法律」制定
2004（平成16）年	「発達障害者支援法」制定
2006（平成18）年	「就学前の子どもに関する教育、保育等の総合的な提供の推進に関する法律（認定こども園法）」制定
2009（平成21）年	「子ども・若者育成支援推進法」制定
	「児童の代替的養護に関する指針」（国際連合）
2011（平成23）年	「社会的養護の課題と将来像」公表
2013（平成25）年	「子どもの貧困対策の推進に関する法律」制定
2017（平成29）年	「新しい社会的養育ビジョン」公表
2022（令和4）年	「こども基本法」制定（2023（令和5）年4月施行）
2023（令和5）年	「こども大綱」策定

感化院（現在の児童自立支援施設）への入所などについて定めている

1947（昭和22）年の「児童福祉法」の制定により廃止されており、現在の「児童虐待の防止等に関する法律」とは別の法律となる

並び替え問題は毎年のように出題されるので、しっかり確認しましょう

◎ 子どもの権利についての歩み R3後、R4前、R5前

国際連合（国際連盟）	日本

国際連合（国際連盟）

1924年

児童の権利に関するジュネーブ宣言
・国際連盟による最初の子どもの人権宣言
・子どもは大人に育てられる存在として子どもの受動的権利について言及した

↓

1948年

世界人権宣言

↓

1959年

児童の権利に関する宣言
・世界人権宣言を受けて「ジュネーブ宣言」を拡張した

↓

1979年

国際児童年

↓

1989年

児童の権利に関する条約
・「児童の権利に関する宣言」から30年後に、法的拘束力のある条約へと発展したもの
・子ども（18歳未満の人）が守られる対象であるだけでなく、権利をもつ主体であることを明確し、子どもの能動的権利に言及した
・日本は条約の採択から5年後の1994（平成6）年に批准した

日本

1947年

児童福祉法
・日本国憲法のもと、児童の健全な育成についての国、地方公共団体、国民の責務などについて定めた

↓

1951年

児童憲章
・わが国最初の子どもの権利宣言

〈前文〉
児童は、人として尊ばれる。
児童は、社会の一員として重んぜられる。
児童は、よい環境の中で育てられる。

前文の内容もたびたび出題されている

↓

2016年

児童福祉法の改正
・「児童の権利に関する条約」の理念のもと、子どもの能動的権利（こどもが権利の主体であり、意見を尊重されることなど）について明確化された

↓

2022年

こども基本法
・子ども施策の基本理念を定め、国の責務などを明確にした

世界の動きと日本の動きをあわせて年代順を問う出題がありました。流れを通して理解しましょう

第2章‥‥子ども家庭福祉に関する法制度

保育原理	教育原理	社会的養護
子ども家庭福祉	社会福祉	保育の心理学
子どもの保健	子どもの食と栄養	保育実習理論

② 児童の権利に関する条約

◎ 条約の概要と主な条文(抜粋) R3後、R4前、R4後、R5前、R5後

4つの原則

| 命を守られ 成長できること | 子どもにとって 最もよいこと | 意見を表明し 参加できること | 差別のないこと |

出所:ユニセフ「子どもの権利条約について」をもとに作成

「子どもに関することが決められ、行われる時は、「その子どもにとって最もよいことは何か」を第一に考えます」と記載されている

子どもたちの権利

生きる権利
・生きるために必要な食べ物や住む場所がある
・ワクチン接種などの医療を受けられる

育つ権利
・勉強したり遊んだりできる
・生まれ持った能力を伸ばしながら成長できる

守られる権利
・紛争に巻き込まれない
・虐待や有害な労働環境から守られる

参加する権利
・本やテレビなどから様々な情報を知ることができる
・自由に自分の意見を表したり、団体をつくったりできる

出所:ユニセフ「子どもの権利条約について」をもとに作成

日本は1994(平成6)年に批准し、これらの原則や権利を反映するかたちで2016(平成28)年に児童福祉法が改正されました

第1条(子どもの定義)	この条約の適用上、児童とは、**18歳未満**のすべての者をいう。ただし、当該児童で、その者に適用される法律によりより早く成年に達したものを除く。
第2条(差別の禁止)	1　締約国は、その管轄の下にある児童に対し、児童又はその父母若しくは法定保護者の人種、皮膚の色、性、言語、宗教、政治的意見その他の意見、国民的、種族的若しくは社会的出身、財産、心身障害、出生又は他の地位にかかわらず、いかなる差別もなしにこの条約に定める権利を尊重し、及び確保する。 2　締約国は、児童がその父母、法定保護者又は家族の構成員の地位、活動、表明した意見又は信念によるあらゆる形態の差別又は処罰から保護されることを確保するためのすべての適当な措置をとる。

第3条（児童の最善の利益）	1	児童に関するすべての措置をとるに当たっては、公的若しくは私的な社会福祉施設、裁判所、行政当局又は立法機関のいずれによって行われるものであっても、児童の最善の利益が主として考慮されるものとする。
第9条（親と引き離されない権利）	1	締約国は、児童がその父母の意思に反してその父母から分離されないことを確保する。ただし、権限のある当局が司法の審査に従うことを条件として適用のある法律及び手続に従いその分離が児童の最善の利益のために必要であると決定する場合は、この限りでない。このような決定は、父母が児童を虐待し若しくは放置する場合又は父母が別居しており児童の居住地を決定しなければならない場合のような特定の場合において必要となることがある。
	3	締約国は、児童の最善の利益に反する場合を除くほか、父母の一方又は双方から分離されている児童が定期的に父母のいずれとも人的な関係及び直接の接触を維持する権利を尊重する。
第12条（意見表明権）	1	締約国は、自己の意見を形成する能力のある児童がその児童に影響を及ぼすすべての事項について自由に自己の意見を表明する権利を確保する。この場合において、児童の意見は、その児童の年齢及び成熟度に従って相応に考慮されるものとする。
	2	このため、児童は、特に、自己に影響を及ぼすあらゆる司法上及び行政上の手続において、国内法の手続規則に合致する方法により直接に又は代理人若しくは適当な団体を通じて聴取される機会を与えられる。
第13条（表現の自由）		児童は、表現の自由についての権利を有する。この権利には、口頭、手書き若しくは印刷、芸術の形態又は自ら選択する他の方法により、国境とのかかわりなく、あらゆる種類の情報及び考えを求め、受け及び伝える自由を含む。
第18条（保護者の責任）	1	締約国は、児童の養育及び発達について父母が共同の責任を有するという原則についての認識を確保するために最善の努力を払う。父母又は場合により法定保護者は、児童の養育及び発達についての第一義的な責任を有する。児童の最善の利益は、これらの者の基本的な関心事項となるものとする。
	2	締約国は、この条約に定める権利を保障し及び促進するため、父母及び法定保護者が児童の養育についての責任を遂行するに当たりこれらの者に対して適当な援助を与えるものとし、また、児童の養護のための施設、設備及び役務の提供の発展を確保する。
第23条（心身障害を有する児童に対する特別の養護及び援助）	1	締約国は、精神的又は身体的な障害を有する児童が、その尊厳を確保し、自立を促進し及び社会への積極的な参加を容易にする条件の下で十分かつ相応な生活を享受すべきであることを認める。
第31条（休暇・余暇に関する権利）	1	締約国は、休息及び余暇についての児童の権利並びに児童がその年齢に適した遊び及びレクリエーションの活動を行い並びに文化的な生活及び芸術に自由に参加する権利を認める。
	2	締約国は、児童が文化的及び芸術的な生活に十分に参加する権利を尊重しかつ促進するものとし、文化的及び芸術的な活動並びにレクリエーション及び余暇の活動のための適当かつ平等な機会の提供を奨励する。
第43条（児童の権利に関する委員会）	1	この条約において負う義務の履行の達成に関する締約国による進捗の状況を審査するため、児童の権利に関する委員会を設置する。委員会は、この部に定める任務を行う。

掲載している条文はすべて過去に出題されたものです。
最低でも赤字の部分は覚えるようにしましょう

③ 児童福祉法

◎ 児童福祉法の概要　R3後、R4後

児童福祉法の主な内容

児童福祉に関する理念
・子どもの権利
・国民、保護者、および、国・地方公共団体の責務
・児童福祉審議会に関する規定　など

児童福祉の実施機関に関する規定
・国、都道府県、市町村の業務
・児童相談所に関する規定
・児童福祉司に関する規定　など

児童福祉施設に関する規定
・児童福祉施設の定義
・児童福祉施設の設備及び運営に関する基準の策定について　など

社会的養護に関する規定
・より家庭に近い環境での養育の推進
・里親、ファミリーホームなどの規定　など

障害児、療育などに関する規定
・障害児の定義
・障害児入所支援、障害児通所支援の規定
・障害児福祉計画の規定、療育の指導　など

その他の事項
・子育て支援事業、児童自立生活援助事業、放課後児童健全育成事業などの規定
・要保護児童の保護措置　など

> 児童の権利に関する条約で定められた能動的権利についても言及されている

児童福祉の理念に関する条文

第1条	全て児童は、児童の権利に関する条約の精神にのつとり、適切に養育されること、その生活を保障されること、愛され、保護されること、その心身の健やかな成長及び発達並びにその自立が図られることその他の福祉を等しく保障される権利を有する。
第2条	1　全て国民は、児童が良好な環境において生まれ、かつ、社会のあらゆる分野において、児童の年齢及び発達の程度に応じて、その意見が尊重され、その最善の利益が優先して考慮され、心身ともに健やかに育成されるよう努めなければならない。 2　児童の保護者は、児童を心身ともに健やかに育成することについて第一義的責任を負う。 3　国及び地方公共団体は、児童の保護者とともに、児童を心身ともに健やかに育成する責任を負う。
第3条の2	国及び地方公共団体は、児童が家庭において心身ともに健やかに養育されるよう、児童の保護者を支援しなければならない。ただし、児童及びその保護者の心身の状況、これらの者の置かれている環境その他の状況を勘案し、児童を家庭において養育することが困難であり又は適当でない場合にあつては児童が家庭における養育環境と同様の養育環境において継続的に養育されるよう、児童を家庭及び当該養育環境において養育することが適当でない場合にあつては児童ができる限り良好な家庭的環境において養育されるよう、必要な措置を講じなければならない。

> 保護者やすべての国民の責務についても触れている

◎ 児童の定義

児童福祉法の年齢の定義

児童	満18歳に満たない者（18歳未満の者）
乳児	児童のうち、満1歳に満たない者
幼児	児童のうち、満1歳から、小学校就学の始期に達するまでの者
少年	小学校就学の始期から、満18歳に達するまでの者

「小学校に入学する前まで」という意味

児童の定義が18歳未満以外の法律

母子及び父子並びに寡婦福祉法	満20歳に満たない者
児童手当法	18歳に達する日以後の最初の3月31日までの間にある者
児童扶養手当法	18歳に達する日以後の最初の3月31日までの間にある者、または20歳未満で政令で定める程度の障害の状態にある者

高校は義務教育ではないが、わかりやすく言い換えると「一般的に高校に在籍する期間まで」といえる

◎ 保育所と保育士に関する規定（抜粋）

第18条の4	この法律で、保育士とは、第十八条の十八第一項の登録を受け、保育士の名称を用いて、専門的知識及び技術をもつて、児童の保育及び児童の保護者に対する保育に関する指導を行うことを業とする者をいう。
第39条	保育所は、保育を必要とする乳児・幼児を日々保護者の下から通わせて保育を行うことを目的とする施設（利用定員が二十人以上であるものに限り、幼保連携型認定こども園を除く。）とする。
第48条の4	保育所は、当該保育所が主として利用される地域の住民に対してその行う保育に関し情報の提供を行い、並びにその行う保育に支障がない限りにおいて、乳児、幼児等の保育に関する相談に応じ、及び助言を行うよう努めなければならない。

保育の必要性の認定は市町村が行う

保育士の欠格事由と義務

欠格事由

①心身の故障により保育士の業務を適正に行うことができない者として内閣府令で定める者
②禁錮以上の刑に処せられた者
③この法律の規定その他児童の福祉に関する法律の規定であつて政令で定めるものにより、罰金の刑に処せられ、その執行を終わり、又は執行を受けることがなくなつた日から起算して3年を経過しない者

信用失墜行為の禁止

保育士は、保育士の信用を傷つけるような行為をしてはならない

守秘義務

保育士は、正当な理由がなく、その業務に関して知り得た人の秘密を漏らしてはならない。保育士でなくなつた後においても、同様とする

名称の使用制限

保育士でない者は、保育士又はこれに紛らわしい名称を使用してはならない

④ こども基本法とこども家庭庁

◎ こども基本法

こども基本法の主な内容

総則
・法律の目的、基本理念
・「こども」の定義
・国、地方公共団体の責務
・国民、事業主の努力

こども大綱・こども計画
・国にこども大綱の策定が義務づけられた
・都道府県に都道府県こども計画の策定の努力義務が課された
・市町村に市町村こども計画の策定の努力義務が課された

こども政策推進会議
・こども家庭庁にこども政策推進会議の設置が義務づけられた
・こども政策推進会議では、こども大綱の案を作成する

こども施策に対するこどもなどの意見の反映
・国および地方公共団体は、こども施策の策定、実施、評価にあたって、こども施策の対象となるこどもや養育者などの意見を反映させるための措置を講ずるとした

こども基本法は、こども施策の基本理念などを明確にし、国や都道府県、市区町村など社会全体でこどもや若者に関する取組「こども施策」を進めていくことを目的に制定されました

こども基本法の主な条文

第1条（目的）	この法律は、日本国憲法及び児童の権利に関する条約の精神にのっとり、次代の社会を担う全てのこどもが、生涯にわたる人格形成の基礎を築き、自立した個人としてひとしく健やかに成長することができ、心身の状況、置かれている環境等にかかわらず、その権利の擁護が図られ、将来にわたって幸福な生活を送ることができる社会の実現を目指して、社会全体としてこども施策に取り組むことができるよう、こども施策に関し、基本理念を定め、国の責務等を明らかにし、及びこども施策の基本となる事項を定めるとともに、こども政策推進会議を設置すること等により、こども施策を総合的に推進することを目的とする。
第2条（定義）	1　この法律において「こども」とは、心身の発達の過程にある者をいう。 2　この法律において「こども施策」とは、次に掲げる施策その他のこどもに関する施策及びこれと一体的に講ずべき施策をいう。 一　新生児期、乳幼児期、学童期及び思春期の各段階を経て、おとなになるまでの心身の発達の過程を通じて切れ目なく行われるこどもの健やかな成長に対する支援 二　子育てに伴う喜びを実感できる社会の実現に資するため、就労、結婚、妊娠、出産、育児等の各段階に応じて行われる支援 三　家庭における養育環境その他のこどもの養育環境の整備

> 児童福祉法などの「児童」の定義とは異なるので注意

	こども施策は、次に掲げる事項を基本理念として行われなければならない。
	一　全てのこどもについて、個人として尊重され、その基本的人権が保障されるとともに、差別的取扱いを受けることがないようにすること。
	二　全てのこどもについて、適切に養育されること、その生活を保障されること、愛され保護されること、その健やかな成長及び発達並びにその自立が図られることその他の福祉に係る権利が等しく保障されるとともに、教育基本法の精神にのっとり教育を受ける機会が等しく与えられること。
第3条（基本理念）	三　全てのこどもについて、その年齢及び発達の程度に応じて、自己に直接関係する全ての事項に関して意見を表明する機会及び多様な社会的活動に参画する機会が確保されること。
児童の権利に関する条約や児童福祉法をふまえた内容になっていることがわかる	四　全てのこどもについて、その年齢及び発達の程度に応じて、その意見が尊重され、その最善の利益が優先して考慮されること。
	五　こどもの養育については、家庭を基本として行われ、父母その他の保護者が第一義的責任を有するとの認識の下、これらの者に対してこどもの養育に関し十分な支援を行うとともに、家庭での養育が困難なこどもにはできる限り家庭と同様の養育環境を確保することにより、こどもが心身ともに健やかに育成されるようにすること。
	六　家庭や子育てに夢を持ち、子育てに伴う喜びを実感できる社会環境を整備すること。

◎ こども家庭庁の概要

こども家庭庁設置前

厚生労働省
- 保育所
- 障害児支援
- ひとり親支援
- 虐待防止
- 母子保健

移管 →

内閣府
- 認定こども園
- 少子化対策
- 子どもの貧困対策
- 児童手当

移管 →

文部科学省
- 幼稚園
- いじめ、不登校

移管せずに連携

内閣総理大臣

こども政策担当大臣

こども家庭庁

　こども家庭審議会
　こども政策についての提言など

　こども政策推進会議
　こども大綱の案の作成

「こども家庭審議会」はこども家庭庁設置法、「こども政策推進会議」はこども基本法が根拠法

こども家庭庁はこどもまんなか社会をキーワードに掲げ、「こどもの視点で、こどもを取り巻くあらゆる環境を視野に入れ、こどもの権利を保障し、こどもを誰一人取り残さず、健やかな成長を社会全体で後押しする。そうしたこどもまんなか社会を目指す」としています

⑤ こども大綱

◎ こども大綱の概略

2023（令和5）年12月にはじめての「こども大綱」が閣議決定されました。今後の保育士試験での出題が予想されるほか、合格後に保育士として勤務していく上でもぜひおさえておくべき内容です。ここでは概略を示すので、右ページのQRコードから全文も確認しておくことをおすすめします

こども大綱が目指す「こどもまんなか社会」

全てのこども・若者が、日本国憲法、こども基本法及びこどもの権利条約の精神にのっとり、生涯にわたる人格形成の基礎を築き、自立した個人としてひとしく健やかに成長することができ、心身の状況、置かれている環境等にかかわらず、ひとしくその権利の擁護が図られ、身体的・精神的・社会的に将来にわたって幸せな状態（ウェルビーイング）で生活を送ることができる社会

こども施策に関する基本的な方針「6本の柱」

①こども・若者を権利の主体として認識し、その多様な人格・個性を尊重し、権利を保障し、こども・若者の今とこれからの最善の利益を図る

・「こどもとともに」という姿勢で、こどもや若者の自己選択・自己決定・自己実現を社会全体で後押しすることや、差別、虐待、いじめ、暴力等からこどもを守ることなどが記載されている

②こどもや若者、子育て当事者の視点を尊重し、その意見を聴き、対話しながら、ともに進めていく

・大人がこども・若者の意見を尊重することや、困難な状況に置かれたこども・若者や様々な状況にあって声を聴かれにくいこどもや若者などへの配慮について記載されている

③こどもや若者、子育て当事者のライフステージに応じて切れ目なく対応し、十分に支援する

・支援が特定の年齢で途切れずに行われることや、「子育て」がこどもの誕生前から大人になるまで続くものという認識のもと、子育て当事者を支えていくことなどが記載されている

④良好な成育環境を確保し、貧困と格差の解消を図り、全てのこども・若者が幸せな状態で成長できるようにする

・こどもの「居場所」の重要性、自己肯定感・自己有用感を持った成長の実現、誰一人取り残さず支援や合理的配慮を行うことなどが記載されている

⑤若い世代の生活の基盤の安定を図るとともに、多様な価値観・考え方を大前提として若い世代の視点に立って結婚、子育てに関する希望の形成と実現を阻む隘路の打破に取り組む

・若者がどのような選択をしても不利を被らないようにすること、その上で、出産後に仕事を続ける人を支えることや男性の家事・育児への参画の促進について記載されている

⑥施策の総合性を確保するとともに、関係省庁、地方公共団体、民間団体等との連携を重視する

こども大綱で掲げた具体的な施策については、毎年、こどもまんなか実行計画を策定して、各省庁の概算要求などに反映するとしています

こども施策に関する重要事項

①ライフステージを通じた重要事項
・こども・若者が権利の主体であることの社会全体での共有等
・多様な遊びや体験、活躍できる機会づくり
・こどもや若者への切れ目のない保健・医療の提供
・こどもの貧困対策
・障害児支援・医療的ケア児等への支援
・児童虐待防止対策と社会的養護の推進及びヤングケアラーへの支援
・こども・若者の自殺対策、犯罪などからこども・若者を守る取組

③子育て当事者への支援に関する重要事項
・子育てや教育に関する経済的負担の軽減
・地域子育て支援、家庭教育支援
・共働き・共育ての推進、男性の家事・子育てへの主体的な参画促進・拡大
・ひとり親家庭への支援

> こどもから子育て期までの切れ目のない包括的な支援がひとつのキーワードになっている

②ライフステージ別の重要事項
〈こどもの誕生期から幼児期まで〉
・妊娠前から妊娠期、出産、幼児期までの切れ目ない保健・医療の確保
・こどもの誕生前から幼児期までのこどもの成長の保障と遊びの充実

〈学童期・思春期〉
・こどもが安心して過ごし学ぶことのできる質の高い公教育の再生等
・居場所づくり
・小児医療体制、心身の健康等についての情報提供やこころのケアの充実
・成年年齢を迎える前に必要となる知識に関する情報提供や教育
・いじめ防止
・不登校のこどもへの支援
・校則の見直し
・体罰や不適切な指導の防止・高校中退の予防、高校中退後の支援

〈青年期〉
・高等教育の修学支援、高等教育の充実・就労支援、雇用と経済的基盤の安定
・結婚を希望する方への支援、結婚に伴う新生活への支援
・悩みや不安を抱える若者やその家族に対する相談体制の充実

こども施策を推進するために必要な事項

①こども・若者の社会参画・意見反映
・国の政策決定過程へのこども・若者の参画促進
・地方公共団体等における取組促進
・社会参画や意見表明の機会の充実
・多様な声を施策に反映せる工夫
・社会参画・意見反映を支える人材の育成
・若者が主体となって活動する団体等の活動を促進する環境整備
・こども・若者の社会参画や意見反映に関する調査研究

③施策の推進体制等
・国における推進体制
・数値目標と指標の設定
・自治体こども計画の策定促進、地方公共団体との連携
・国際的な連携・協力
・安定的な財源の確保
・こども基本法附則第2条に基づく検討

②こども施策の共通の基盤となる取組
・「こどもまんなか」の実現に向けたEBPM
・こども・若者、子育て当事者に関わる人材の確保・育成・支援
・地域における包括的な支援体制の構築・強化
・子育てに係る手続き・事務負担の軽減、必要な支援を必要な人に届けるための情報発信
・こども・若者、子育てにやさしい社会づくりのための意識改革

こども大綱の全文はこちらのQRコードから確認できます

⑥ 児童福祉施設

◎ 児童福祉施設の設備及び運営に関する基準（抜粋） R3後、R5前

児童福祉法（第45条）
- 都道府県は、児童福祉施設の設備及び運営について、条例で基準（最低基準）を定めなければならない。
- 都道府県が前項の条例を定めるに当たつては、次に掲げる事項については内閣府令で定める基準に従い定めるものとし、その他の事項については内閣府令で定める基準を参酌するものとする。

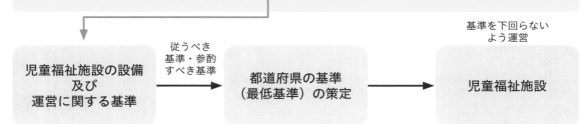

児童福祉施設の設備及び運営に関する基準 → 従うべき基準・参酌すべき基準 → 都道府県の基準（最低基準）の策定 → 基準を下回らないよう運営 → 児童福祉施設

第4条 〈最低基準と児童福祉施設〉	1	児童福祉施設は、最低基準を超えて、常に、その設備及び運営を向上させなければならない。
	2	最低基準を超えて、設備を有し、又は運営をしている児童福祉施設においては、最低基準を理由として、その設備又は運営を低下させてはならない。
第5条 〈児童福祉施設の一般原則〉	1	児童福祉施設は、入所している者の人権に十分配慮するとともに、一人一人の人格を尊重して、その運営を行わなければならない。
	2	児童福祉施設は、地域社会との交流及び連携を図り、児童の保護者及び地域社会に対し、当該児童福祉施設の運営の内容を適切に説明するよう努めなければならない。
	3	児童福祉施設は、その運営の内容について、自ら評価を行い、その結果を公表するよう努めなければならない。
第14条の3	1	児童福祉施設は、その行つた援助に関する入所している者又はその保護者等からの苦情に迅速かつ適切に対応するために、苦情を受け付けるための窓口を設置する等の必要な措置を講じなければならない。
	2	乳児院、児童養護施設、障害児入所施設、児童発達支援センター、児童心理治療施設及び児童自立支援施設は、前項の必要な措置として、苦情の公正な解決を図るために、苦情の解決に当たつて当該児童福祉施設の職員以外の者を関与させなければならない。
第35条		保育所における保育は、養護及び教育を一体的に行うことをその特性とし、その内容については、内閣総理大臣が定める指針に従う。

第35条の「指針」が保育所保育指針。つまり、保育所保育指針の根拠は児童福祉施設の設備及び運営に関する基準である

それぞれの児童福祉施設についての設備、職員配置などは次ページから解説します

◎ 児童福祉施設 R3後、R4後、R5前、R5後

覚えておくべき分類

第一種社会福祉事業

- ・母子生活支援施設
- ・児童養護施設（福祉型・医療型）
- ・障害児入所施設
- ・児童心理治療施設
- ・児童自立支援施設

社会的養護関係施設

- ・乳児院
- ・母子生活支援施設
- ・児童養護施設
- ・児童心理治療施設
- ・児童自立支援施設

その他の児童福祉施設は
第二種社会福祉事業

社会的養護関係施設は第三者評価の受審と自立支援計画の策定が義務づけられています

助産施設（対象・目的：児童福祉法第36条）

対象	・保健上必要があるにもかかわらず、経済的理由により、入院助産を受けることができない妊産婦
目的	・対象となる妊産婦を入所させて、助産を受けさせる
職員	・第1種：医療法による病院としての職員 ・第2種：医療法により職員のほかに専任または嘱託の助産師

乳児院（対象・目的：児童福祉法第37条）

対象	・保護を必要とする乳児（必要な場合は幼児も）
目的	・保護を必要とする乳児を入院させて、養育する ・あわせて退院した者について相談その他援助を行う
内容	・乳児を養育する
設備	・寝室と観察室、診察室、病室、ほふく室、相談室、調理室、浴室、便所
職員	・医師または嘱託医、看護師、家庭支援専門相談員、個別対応職員　など

児童養護施設（対象・目的：児童福祉法第41条）

対象	・保護者のない乳児を除く児童（特に必要のある場合は乳児を含む）、虐待されている児童、その他環境上養護を必要とする児童
目的	・対象児童を入所させて、養護する ・あわせて退所した者の相談その他の自立のための援助を行う
内容	・保護者のいない児童や虐待されている児童を養育する ・家庭関係の調整を行う
設備	・居室、便所、医務室および静養室（定員30人以上）、調理室、浴室、相談室、児童の年齢に応じ職業指導のできる設備
職員	・児童指導員、個別対応職員、家庭支援専門相談員、保育士　など

母子生活支援施設（対象・目的：児童福祉法第38条）

対象	・配偶者のない女子またはこれに準ずる事情にある女子およびその者の監護すべき児童
目的	・対象の女子と児童を入所させて、保護するとともに、自立の促進のために生活を支援する ・あわせて退所した者についての相談その他の援助を行う
内容	・母親に対して家庭生活・就労などのための支援を行う ・児童に対して養育支援を行う
設備	・母子室、集会・学習などを行う部屋、相談室、母子室には調理設備、浴室および便所 ※母子室は1世帯につき1室以上 ※乳幼児を入所させる施設は、保育所などが利用できない場合は保育所に準ずる設備、静養室、医務室（乳幼児30人以上）
職員	・母子支援員、少年指導員　など

福祉型 障害児入所施設（対象・目的：児童福祉法第42条）

対象	・障害児
目的	・障害児を入所させて、保護、日常生活の指導および独立自活に必要な知識技能を付与する
内容	・障害児の保護、生活指導をする
設備	・児童の居室、調理室、浴室、便所、医務室および静養室 ※児童30人未満を入所させる施設であって主として知的障害のある児童を入所させるものにあっては医務室を、主として盲児またはろうあ児を入所させるものにあっては医務室および静養室を設けないことができる ※児童の居室の1室の定員は4人以下 ※乳幼児のみの居室は定員6人以下
職員	・児童指導員、保育士、嘱託医、児童発達支援管理責任者　など

医療型 障害児入所施設（対象・目的：児童福祉法第42条）

対象	・医療を必要とする障害児
目的	・障害児を入所させて、保護、日常生活の指導および独立自活に必要な知識技能を付与および治療する
内容	・障害児の保護、生活指導をする
設備	・医療法に規定する病院設備、訓練室、浴室
職員	・病院として必要な職員、児童指導員、保育士、児童発達支援管理責任者　など

児童心理治療施設（対象・目的：児童福祉法第43条の2）

対象	・家庭環境、学校における交友関係その他の環境上の理由により社会生活への適応が困難となった児童
目的	・対象の児童を短期間入所させ、または保護者の下から通わせて、個々の児童の状況に応じて必要な指導を行い、その自立を支援する ・あわせて退所した者について相談その他援助を行う
内容	・軽い情緒障害児を入所または通所させ、社会的適応力の回復を図る ・家庭の状況に応じ、家庭関係の調整を行う
設備	・居室（1室の定員4人以下）、医務室、静養室、遊戯室、観察室、心理検査室、相談室、工作室、調理室、浴室、便所
職員	・心理療法担当職員、医師、児童指導員、保育士、個別対応職員、家庭支援専門相談員　など

児童自立支援施設（対象・目的：児童福祉法第44条）

対象	・不良行為をなし、またはなすおそれのある児童および家庭環境その他の環境上の理由により生活指導等を要する児童
目的	・対象の児童を入所させ、または保護者の下から通わせて、個々の児童の状況に応じて必要な指導を行い、自立を支援する ・あわせて退所した者について相談その他援助を行う
内容	・不良行為をする児童を入所または通所させて指導や自立支援をする ・家庭関係の調整を行う
設備	・学科指導に関する設備は、設置基準に関する学校教育法の規定を準用する。その他の設備については児童養護施設の規定を準用する
職員	・児童自立支援専門員、児童生活支援員、医師又は嘱託医、個別対応職員、家庭支援専門相談員など

保育所（対象・目的：児童福祉法第39条）

対象	・保育を必要とする乳児・幼児
目的	・保育を必要とする乳児・幼児を日々保護者の下から通わせて保育を行う
内容	・児童を保育する ※保育時間は原則1日3時間
設備	・乳児又は満2歳に満たない幼児を入所させる保育所：乳児室又はほふく室、医務室、調理室および便所 ・満2歳以上の幼児を入所させる保育所：保育室又は遊戯室、屋外遊戯場、調理室および便所
職員	・保育士、嘱託医、調理員 ※保育士は乳児3人につき1人以上、1歳以上3歳未満の幼児6人につき1人以上、3歳以上4歳未満の幼児20人につき1人以上、4歳以上の幼児30人につき1人以上 ※調理業務の全部を委託する施設では、調理員を置かなくてもよい

幼保連携型認定こども園（対象・目的：児童福祉法第39条の2）

対象	・乳児・幼児
目的	・3歳以上の幼児に対する教育および保育を必要とする乳児・幼児に対する保育を一体的に行いその心身の発達を助長する
設備	・職員室、乳児室又はほふく室、保育室、遊戯室、保健室、調理室、便所、飲料水用設備、手洗用設備および足洗用設備、園庭
職員	・保育教諭、事務職員、調理員

職員配置はよく出題されます。覚えるのが大変ですが、頑張って押さえておきましょう

児童厚生施設（対象・目的：児童福祉法第40条） ← 児童館や児童遊園が該当する

対象	・すべての児童（18歳未満）
目的	・児童に健全な遊びを与えて、その健康を増進し、情操をゆたかにする
内容	・児童に健全な遊びを与える
設備	・集会室、遊戯室、図書室、便所、広場、遊具
職員	・児童の遊びを指導する者

── 児童館ガイドライン ──

> 内容 ・児童館には日常の生活の支援や問題の発生予防・早期発見と対応、地域組織活動の育成など
> もその機能・役割として位置づけられている
> ・放課後児童健全育成事業は、放課後子ども総合プランにより、放課後子供教室との一体型の
> 実施が求められてきた
>
> 改正 ・2018（平成30）年10月の改正では、児童福祉法改正および児童の権利に関する条約の精神
> にのっとり、子どもの意見の尊重、子どもの最善の利益の優先などについて示された

福祉型 児童発達支援センター（対象・目的：児童福祉法第43条）

対象	・障害児
目的	・日々保護者の下から通わせて、日常生活における基本的動作の指導、独立自活に必要な知識技能を付与する ・集団生活への適応のための訓練を行う
内容	・障害児を保護者の下から通わせて生活指導や訓練をする
設備	・指導訓練室、遊戯室、屋外遊戯場、医務室、相談室、調理室、便所並びに児童発達支援の提供に必要な設備および備品
職員	・児童指導員、保育士、嘱託医、児童発達支援管理責任者　など

医療型 児童発達支援センター（対象・目的：児童福祉法第43条）

対象	・肢体不自由のある児童または重症心身障害児
目的	・日々保護者の下から通わせて、日常生活における基本的動作の指導、独立自活に必要な知識技能を付与する ・集団生活への適応のための訓練および治療を行う
内容	・障害児を保護者の下から通わせて生活指導や訓練をする
設備	・医療法に規定する診療所として必要な設備のほか、指導訓練室、屋外訓練場、相談室および調理室
職員	・診療所として必要な職員、児童指導員、保育士、理学療法士または作業療法士、児童発達支援管理責任者　など

2024（令和6）年4月から類型の一元化が行われ、児童発達支援センターは「福祉型」「医療型」の区分がなくなります

児童家庭支援センター（対象・目的：児童福祉法第44条の2）

対象	・児童の福祉の問題を抱える地域の児童と家庭
目的	・専門的な知識と技術をもって、地域の児童の福祉に関する様々の問題につき相談に応じ、必要な助言を行う ・関係機関との連絡調整を行って、援助を総合的に行う
内容	・地域の児童に関する相談に応じる
設備	・相談室
職員	・支援を担当する職員

里親支援センター（対象・目的：児童福祉法第44条の3）

対象	・里親、里親に養育される児童、里親になろうとする者
目的	・里親支援事業を行うほか、里親および里親に養育される児童並びに里親になろうとする者について相談その他の援助を行う
設備	・事務室、相談室など
職員	・里親制度等普及促進担当者、里親等支援員、里親研修等担当者

里親支援センターは2024（令和6）年4月から新しい児童福祉施設に位置づけられます

◎ 子ども家庭福祉にかかわる専門職 R3後、R4前、R4後、R5前

資格の分類

国家資格（名称独占）
・資格取得者以外がその名称を名乗ることを法令で禁止している資格のこと
例：保育士、栄養士など

国家資格（業務独占）
・特定の業務に対して、資格取得者以外にその業務を行うことが禁止されている資格のこと
例：医師、弁護士、薬剤師など

任用資格
・特定の職業や職位に任用されるための資格のこと
・任用資格を有して仕事に従事するための条件（3年以上の現場経験、教員資格など）が各専門職に付されている
例：児童指導員、社会福祉主事、母子支援員、児童福祉司、家庭相談員など

専門職によって資格の分類が異なります。次のページで確認していきましょう

子ども家庭福祉にかかわる主な専門職

専門職名	主に従事する機関、施設など	資格の分類	内容
保育士	保育所など児童福祉施設（助産所を除く）	国家資格（名称独占）	保育 保護者支援
保育教諭	幼保連携型認定こども園	保育士と幼稚園教諭免許（名称独占）	教育・保育 保護者支援
家庭的保育者	家庭的保育事業	自治体ごとの認定資格	保育
児童福祉司	児童相談所	任用資格	相談・指導
社会福祉士	児童相談所 福祉事務所 児童福祉施設　など	国家資格（名称独占）	施設長 相談・指導・生活支援　など
児童指導員	ほとんどの児童福祉施設（保育所を除く）	任用資格	児童の生活支援・指導
児童自立支援専門員	児童自立支援施設	任用資格	生活学習支援 職業指導
児童生活支援員	児童自立支援施設	任用資格	生活支援 自立支援
母子・父子自立支援員	福祉事務所	特になし	母子・父子家庭、寡婦などの相談・指導
家庭相談員	家庭児童相談室	任用資格	児童に関する相談・助言・指導
民生委員 児童委員 主任児童委員	児童相談所や福祉事務所などと連携	厚生労働大臣の委嘱	地域の子どもの見守り 子育て相談・助言など
家庭支援専門相談員	乳児院 児童養護施設 児童心理治療施設 児童自立支援施設	任用資格	保護者支援 子どもの早期家庭復帰支援 退所後の相談支援
個別対応職員	児童福祉施設（保育所を除く）	特になし	被虐待児童への個別対応・支援 保護者援助
心理療法担当職員	乳児院 児童養護施設 母子生活支援施設	任用資格	被虐待児童へのカウンセリングや心理治療
母子支援員	母子生活支援施設	任用資格	母親への就労支援 子育て相談・援助
児童発達支援管理責任者	放課後等デイサービス事業所 障害児施設 児童発達支援センター	研修後の認定資格	児童の療育指導 保護者の相談対応
里親支援専門相談員	児童養護施設 乳児院	任用資格	里親の支援 新規開拓 里親委託の推進
看護師	乳児院	国家資格（業務独占）	乳児の健康管理など

以下の資格については、詳細が問われていますので、しっかりと押さえておきましょう

児童福祉司

業務内容	・児童の保護や相談に応じ、必要な指導などを行う ・児童福祉司の主な業務内容の一つに、子どもや保護者などの置かれている環境、問題と環境の関連、社会資源の活用の可能性などを明らかにし、どのような援助が必要であるかを判断するために行う社会診断がある ・児童福祉司は、業務に支障がないときは、職務の共通するものについて、ほかの相談所などと兼務することも差し支えない
配置の義務	・都道府県・指定都市および児童相談所設置市は、その設置する児童相談所に、児童福祉司を置かなければならない ・児童福祉司については、各児童相談所の管轄区域の人口3万人に1人以上配置することを基本とし、人口1人当たりの児童虐待相談対応件数が全国平均より多い場合には、上乗せを行う
資格要件	・社会福祉士、精神保健福祉士、公認心理師、医師 ・大学で心理学、教育学、もしくは社会学を修めて卒業し、内閣府令で定める施設において1年以上相談援助業務に従事した者など

家庭支援専門相談員

業務内容	・対象児童の早期家庭復帰のための保護者などに対する相談援助 ・退所後の児童に対する継続的な相談援助 ・里親委託・養子縁組の推進 ・児童相談所などの関係機関との連絡・調整
資格要件	・社会福祉士または精神保健福祉士、施設で5年以上勤務した者、もしくは児童福祉司資格のある者
求められる技術	・親とのコミュニケーションにおいて、家庭支援専門相談員に求められる技術は、「受容」「共感」「傾聴」である。虐待を行ったため、否定されている親の持ついろいろな思いを「受容」や「共感」することで、親との信頼関係をつくり出されることが支援の大きな伴となる。親をエンパワメントするという姿勢も大切である。その前提としてそれぞれの親たちが持っている困難を乗り越える力を正しく評価し伝えるとともに、かかわりを通じて更に前向きな力に変容できるよう支援することが重要である。その支援において大切なことが積極的な「傾聴」である。

「社会的養護関係施設における親子関係再構築支援ガイドライン」(平成26年3月)の内容

里親支援専門相談員（里親支援ソーシャルワーカー）

業務内容	・児童養護施設や乳児院に配置され、里親の支援にかかわる ・里親の新規開拓や里親委託の推進などを行う ・委託後は、経過年数などに応じて定期的な訪問を行う
資格要件	・家庭支援専門相談員と同じ（社会福祉士または精神保健福祉士、施設で5年以上勤務した者、もしくは児童福祉司資格のある者）

⑦ 社会的養護の理念と現状

◎ 社会的養護の基本理念と原理 R3後、R4前、R4後、R5前

社会的養護の基本理念

①子どもの最善の利益のために	・児童福祉法第1条「全て児童は、児童の権利に関する条約の精神にのっとり、適切に養育されること、その生活を保障されること、愛され、保護されること、その心身の健やかな成長及び発達並びにその自立が図られることその他の福祉を等しく保障される権利を有する」 ・児童の権利に関する条約第3条「児童に関するすべての措置をとるに当たっては、(中略)児童の最善の利益が主として考慮されるものとする」
②社会全体で子どもを育む	・社会的養護は、保護者の適切な養育を受けられない子どもを、公的責任で社会的に保護養育するとともに、養育に困難を抱える家庭への支援を行うもの

社会的養護の原理

①家庭養育と個別化	・すべての子どもは、適切な養育環境で、安心して自分をゆだねられる養育者によって養育されるべき。「あたりまえの生活」を保障していくことが重要 ・社会的養護を地域から切り離して行ったり、子どもの生活の場を大規模な施設養護としてしまうのではなく、できるだけ家庭あるいは家庭的な環境で養育する「家庭的養護」と、個々の子どもの育みを丁寧にきめ細かく進めていく「個別化」が必要
②発達の保障と自立支援	・未来の人生をつくり出す基礎となるよう、子ども期の健全な心身の発達の保障を目指す ・子どもは、愛着関係や基本的な信頼関係を基盤にして、自分や他者の存在を受け入れていくことができるようになる。また、子どもは、様々な生活体験を通して、自立した社会生活に必要な基礎的な力を形成していく
③回復をめざした支援	・虐待や分離体験などによる悪影響からの癒しや回復をめざした専門的ケアや心理的ケアが必要。安心感を持てる場所で、大切にされる体験を積み重ね、信頼関係や自己肯定感(自尊心)を取り戻す
④家族との連携・協働	・親とともに、親を支えながら、あるいは親に代わって、子どもの発達や養育を保障していく取り組み
⑤継続的支援と連携アプローチ	・アフターケアまでの継続した支援と、できる限り特定の養育者による一貫性のある養育。様々な社会的養護の担い手の連携により、トータルなプロセスを確保する
⑥ライフサイクルを見通した支援	・入所や委託を終えた後も長くかかわりを持ち続ける。虐待や貧困の世代間連鎖を断ち切っていけるような支援

出所:こども家庭庁「社会的養育の推進に向けて(令和5年11月)」および、厚生労働省「児童養護施設運営指針(平成24年3月29日)」より作成

社会的養護とは、特別な事情をもつ子どもの保護・養育や、困難を抱える家庭への支援を行うことです

社会的養護の実施体制

| 住民 | 保護者 | 要保護児童 | 保育所・学校など |

相談・通報

児童相談所・市町村・社会福祉事務所

| 相談の受付 | 利用の申込 | 調査・診断 | 一時保護 |

| 家庭養育の継続
福祉司指導・観察・支援 | 施設利用・措置による入所・
里親委託 |

措置 　　委託 　　利用

| 乳　児　院 |
| 児童養護施設 |
| 児童自立支援施設 |
| 児童心理治療施設 |

里親

母子生活支援施設

◎ 社会的養護の養育環境 R4前、R5前

| | 良好な家庭的環境 | 家庭と同様の養育環境 | 家庭 |

| 施設 | 施設（小規模型） | 養子縁組（特別養子縁組を含む） | 実親による養育 |

小規模住居型
児童養育事業　　里親

| 児童養護施設
大舎（20人以上）
中舎（13～19人）
小舎（12人以下）
1歳～18歳未満
（必要な場合0歳～20歳未満） | 地域小規模児童養護施設
（グループホーム）
・本体施設の支援の下で地域の民間住宅などを活用して家庭的養護を行う
・1グループ4～6人 | 小規模住居型
児童養育事業
（ファミリーホーム）
・養育者の住居で養育を行う家庭養護
・定員5～6人 | 里親
・家庭における養育を里親に委託する家庭養護
・児童4人まで |
| 乳児院
乳児（0歳）
必要な場合幼児（小学校就学前） | 小規模グループケア（分園型）
・地域において、小規模なグループで家庭的養護を行う
・1グループ4～6人 | | |

出所：こども家庭庁「社会的養護の推進に向けて（令和5年11月）」より作成

「家庭と同様の養育環境」は養子縁組、里親、ファミリーホームでの養育で、「良好な家庭的環境」はグループホーム、小規模グループケアでの養育です

◎ 社会的養護の現状 R3後、R4後、R5前

> 里親委託数は増加傾向ではあるが、現状では児童養護施設委託数＞里親委託数となっている

施設数

里 親	家庭における養育を里親に委託		登録里親数	委託里親数	委託児童数	ファミリーホーム	養育者の住居において家庭養護を行う（定員5～6名）	
			15,607 世帯	4,844 世帯	6,080 人			
	区分 （里親は重複登録あり）	養育里親	12,934 世帯	3,888 世帯	4,709 人	ホ ー ム 数		446 カ所
		専門里親	728 世帯	168 世帯	204 人			
		養子縁組里親	6,291 世帯	314 世帯	348 人	委託児童数		1,718 人
		親族里親	631 世帯	569 世帯	819 人			

施 設	乳 児 院	児童養護施設	児童心理治療施設	児童自立支援施設	母子生活支援施設	自 立 援 助 ホ ー ム
対象児童	乳児（特に必要な場合は、幼児を含む）	保護者のない児童、虐待されている児童その他環境上養護を要する児童（特に必要な場合は、乳児を含む）	家庭環境、学校における交友関係その他の環境上の理由により社会生活への適応が困難となった児童	不良行為をなし、又はなすおそれのある児童及び家庭環境その他の環境上の理由により生活指導などを要する児童	配偶者のない女子又はこれに準ずる事情にある女子及びその者の監護すべき児童	義務教育を終了した児童であって、児童養護施設などを退所した児童など
施 設 数	145 カ所	610 カ所	53 カ所	58 カ所	215 カ所	266 カ所
定 員	3,827 人	30,140 人	2,016 人	3,400 人	4,441 世帯	1,719 人
現 員	2,351 人	23,008 人	1,343 人	1,099 人	3,135 世帯 （児童 5,293 人）	977 人
職員総数	5,555 人	20,639 人	1,522 人	1,839 人	2,073 人	1,047 人

（出典）
※里親数、FHホーム数、委託児童数、乳児院・児童養護施設・児童心理治療施設・母子生活支援施設の施設数・定員・現員は福祉行政報告例（令和4年3月末現在）
※児童自立支援施設の施設数・定員・現員、自立援助ホームの施設数、小規模グループケア、地域小規模児童養護施設のカ所数は家庭福祉課調べ（令和4年10月1日現在）
※職員数（自立援助ホームを除く）は、社会福祉施設等調査報告（令和4年10月1日現在）
※自立援助ホームの定員、現員（令和4年3月31日現在）及び職員数（令和3年10月1日現在）は家庭福祉課調べ
※児童自立支援施設は、国立2施設を含む

出所：こども家庭庁「社会的養育の推進に向けて（令和5年11月）」より作成

小規模グループケア	2,318 カ所
地域小規模児童養護施設	581 カ所

> おおまかな施設数（委託里親数）を覚えておきましょう

入所児童の状況

	里親	児童養護施設	児童心理治療施設	児童自立支援施設	乳児院	母子生活支援施設	ファミリーホーム	自立支援ホーム
被虐待経験あり	38.4%	65.6%	78.1%	64.5%	40.9%	57.7%	53.0%	71.6%
障害などのある子ども	24.9%	36.7%	85.7%	61.8%	30.2%	24.4%	46.5%	46.3%

出所：厚生労働省「児童養護施設入所児童等調査の結果（平成30年2月1日現在）」

> 社会的養護を必要とする子どもにおいては、全体的に障害などのある子どもが増加傾向にあります

入所の理由

里親委託児

養育拒否	母の精神疾患等	母の放任・怠惰	母の死亡	その他	母の行方不明	破産等の経済的理由
15.3%	12.5%	11.9%	10.8%	7.6%	6.7%	6.3%

児童養護施設児

母の放任・怠惰	母の精神疾患等	母の虐待・酷使	父の虐待・酷使	その他	養育拒否
15.0%	14.8%	13.1%	9.4%	9.2%	5.4%

児童心理治療施設児

児童の問題による監護困難	母の虐待・酷使	父の虐待・酷使	母の放任・怠惰	母の精神疾患等	その他
38.6%	16.7%	10.8%	8.2%	6.9%	6.0%

児童自立支援施設児

児童の問題による監護困難	父の虐待・酷使	母の放任・怠惰	母の虐待・酷使	母の精神疾患等	その他
68.2%	5.9%	5.0%	3.9%	2.9%	2.9%

乳児院児

母の精神疾患等	その他	母の放任・怠惰	破産等の経済的理由	母の虐待・酷使	養育拒否	父の虐待・酷使
23.2%	16.6%	15.7%	6.6%	6.2%	5.4%	4.0%

出所：厚生労働省「児童養護施設入所児童等調査の結果（平成30年2月1日現在）」

入所理由の、放任・怠惰、虐待・酷使、棄児、養育拒否を合わせた虐待児童数の割合は、里親委託児39.3%、児童養護施設児45.2%、児童心理治療施設児39.6%、児童自立支援施設児19.4%、乳児院児32.6%となっています

◎ 施設委託と親権 R5前

親権に関する様々な規定	・親権者などは、児童相談所長や児童福祉施設の施設長、里親などによる監護措置を、不当に妨げてはならない ・家庭裁判所は、父または母による親権の行使が困難または不適当であることにより子の利益を害するときに、2年以内の期間を定めて親権停止の審判をすることができる ・子の親族および検察官のほか、子、未成年後見人および未成年後見監督人、児童相談所長も、親権の喪失などについて、家庭裁判所への請求権を有する ・児童福祉施設入所児童で親権のない子どもや、一時保護中の児童で親権を行う者がいない子ども、里親に委託された子どもの場合の親権は児童相談所長が行う

◎ 新しい社会的養育ビジョン R4後、R5前

社会的養育の考え方	・社会的養育の対象はすべての子どもであり、家庭で暮らす子どもから代替養育を受けている子ども、その胎児期から自立までが対象となる ・子どもの権利、子どものニーズを優先に、家庭のニーズも考慮して行われなければならない ・子どもにとって高度に専門的な治療的ケアが必要な場合は一時的に施設ケアが必要になる場合もあるが、その場合でも、個別のケアが行われる必要があり、生活の場は「できるだけ家庭的な養育環境」であることが必要である ・そのすべての局面において、子ども・家族の参加と支援者との協働を原則とする

◎ 児童養護施設運営指針 R4後、R5前、R5後

児童の養育	・社会的養護のもとで養育される子どもにとって、その子にまつわる事実は、その多くが重く、困難を伴うものである。しかし、子どもが未来に向かって歩んでいくためには、自身の過去を受け入れ、自己の物語を形成することが極めて重要な課題である
児童の背景	・子どもの入所理由の背景は単純ではなく、複雑・重層化している。ひとつの虐待の背景をみても、経済的困難、両親の不仲、精神疾患、養育能力の欠如など多くの要因が絡み合っている。そのため、入所に至った直接の要因が改善されても、別の課題が明らかになることも多い。こうしたことを踏まえ、子どもの背景を十分に把握した上で、必要な心のケアも含めて養育を行っていくとともに、家庭環境の調整も丁寧に行う必要がある
心理ケア	・心理的な支援を必要とする子どもは、自立支援計画に基づきその解決に向けた心理支援プログラムを策定する。施設における他の専門職種との多職種連携を強化するなどにより、心理的支援に施設全体で有効に取り組む ・治療的な援助の方法について施設内で研修を実施する
権利擁護	・子ども自身の出生や生い立ち、家族の状況については、子どもに適切に伝える ・入所時においては、子どものそれまでの生活とのつながりを重視し、そこから分離されることに伴う不安を理解し受けとめ、不安の解消を図る ・子どもが相談したり意見を述べたりしたい時に、相談方法や相談相手を選択できる環境を整備し、子どもに伝えるための取り組みを行う ・いかなる場合においても、体罰や子どもの人格を辱めるような行為を行わないよう徹底する ・様々な生活体験や多くの人たちとのふれあいを通して、他者への心づかいや他者の立場に配慮する心が育まれるよう支援する
養育・支援	・子ども自身が自分たちの生活について主体的に考えて、自主的に改善していくことができるような活動（施設内の子ども会、ミーティングなど）を行うことができるよう支援する ・中学生以上は個室が望ましいが、相部屋であっても個人の空間を確保する ・子どもが基本的な信頼感を獲得し、良好な人間関係を築くために、職員と子どもが個別的にふれあう時間を確保する ・成長の記録（アルバム）が整理され、成長の過程を振り返ることができるようにする

入所している児童の生活の質を考慮して、できるだけ家庭的な雰囲気の中で育つことが望ましいとされています

◎ 児童養護施設運営ハンドブック R4前

子どもに関する記録	・記録は、子どもや家族の状況がそこに反映するのみならず、職員のその子どものとらえ方や家族に対しての思いも表現される。客観的にとらえ記録していくよう心がけても、そこにはその職員の価値観が反映されてくる。そうした記録の内容を振り返ることにより、子どもの理解の仕方や自分の価値観、こだわりがどこにあるのかを知り、子どもへのかかわりに活かすことが求められる ・その一方で、記録は養育を引き継いでいくための重要な資料である。子どもの問題行動についての記述も大切だが、子どもの変化への気づきや成長を感じたエピソードなども重要な情報であることも忘れてはならない
自立支援計画の策定	・自立支援計画は、子どもを取り巻く大人がその子に関する理解を共有し、連携して計画的に支援を行っていくためにつくられる ・自立支援計画では、施設内での支援と、家庭環境調整に関する支援について明示されなければならない
権利についての説明	・施設職員は、権利ノートや支援マニュアルなどを活用し、「あなたは、ここで守られている」と子ども自身が納得できる説明をすることが必要である ・人間として生を受け、生きていることそのものが受け入れられ、価値が認められる意識を持ち、意欲的に生活ができる環境を整えていくことを心がける

◎ 児童福祉施設の運営指針

乳児院運営指針	・乳児院における養育の基本は、子どもが養育者とともに、時と場所を共有し、共感し、応答性のある環境の中で、生理的・心理的・社会的に要求が充足されることである。家族、地域社会と連携を密にし、豊かな人間関係を培い社会の一員として参画できる基礎づくりを行っていくべきである
情緒障害児短期治療施設運営指針	・子どもへの治療は、医学的、心理学的、社会学的アセスメントに基づき、個別のニーズに沿って、説明と同意のもとに行われる ・治療目標は子どもの状況に応じて子ども、保護者および児童相談所などの関係者と相談しながら決めていく ・治療は、子どもの同意のみならず、保護者を治療協力者ととらえ、保護者に児童の状態および能力を説明し治療方針の同意を得ながら進めていく ・心理療法は個人療法、集団療法など様々な技法から保護者の意向に合わせて組み合わされるほか、心理教育や性教育プログラムなど特別なプログラムも必要に応じて行われる

情緒障害児短期治療施設は、平成28年の「児童福祉法」改正により児童心理治療施設と改称されています

⑧ 里親制度・ファミリーホーム

◎ 里親制度 R3後

里親の種類

養育里親
- 要保護児童の里親として都道府県知事から認定を受けた者
- 里親手当が1人につき9万円支給される

養子縁組里親
- 養子縁組によって養親となることを希望し、里子を養子として養育する里親
- 一定期間、里子の養育を経た上で適切と判断されれば養子縁組が成立する
- 里親手当は支給されない

専門里親
- 養育里親であること
- 被虐待児、非行児、障害児など、特に心のケアや専門的な養育が必要な児童を養育する者で、以下の要件を満たす者

①3年以上の養育里親経験、児童福祉事業経験、それらと同等以上の経験があること
②専門里親研修の修了
③児童の養育に専念できる

- 2年以内の期間を定めて2名以内の里子を受託できる
- 登録期間は2年間で更新には研修を受ける必要がある
- 里親手当が1人につき14万1,000円支給される

親族里親
- 要保護児童の三親等内の親族が里親としての認定を受け養育する里親。経済的に困窮していないという里親の要件は適用されない。児童の養育費が支給される
- おじ・おばは養育里親制度を利用して手当の支給を受けることができる

里親の種類やそれぞれの特徴について、区別して覚えておきましょう

◎ ファミリーホーム（小規模住居型児童養育事業） R3後

対象	・保護者のない児童、保護者に監護させることが不適当であると認められる児童（要保護児童）
目的	・養育者の家庭に児童を迎え入れ養育を行う。児童間の相互作用を活かしつつ、児童の自主性を尊重し、基本的な生活習慣を確立するとともに、豊かな人間性および社会性を養い、児童の自立を支援すること
設備	・委託児童、養育者およびその家族が、健康で安全な日常生活を営む上で必要な設備を設けなければならない
職員	・2人の養育者（夫婦）と1人以上の補助者、または、1人の養育者と2人以上の補助者
定員	・委託児童の定員は5人、または6人
根拠法	児童福祉法第6条の3

ファミリーホームは第二種社会福祉事業

◎ 社会的養護自立支援事業

目的	・里親などへの委託や、児童養護施設などへの入所措置を受けており年齢により退所した者に対して、原則22歳になった年の年度末まで、必要な支援を継続し、将来の自立に結び付けること
概要	・この事業を行う際には、生活相談支援担当職員を配置することとされている ・継続支援計画は、原則措置解除前に作成することとされている
実施主体	・都道府県、指定都市、児童相談所設置市

◎ 里親・ファミリーホームに関する規定 R3後、R4前、R4後

	里親・ファミリーホームの理念
里親及びファミリーホーム 養育指針 (一部抜粋)	・里親及びファミリーホームは、社会的養護を必要とする子どもを、養育者の家庭に迎え入れて養育する「家庭養護」である ・また、社会的養護の担い手として、社会的な責任に基づいて提供される養育の場である ・社会的養護の養育は、家庭内の養育者が単独で担えるものではなく、家庭外の協力者なくして成立し得ない。また、家庭内における養育上の課題や問題を解決し或いは予防するためにも、養育者は協力者を活用し、養育のありかたをできるだけ「ひらく」必要がある
	対象児童
	・里親及びファミリーホームに委託される子どもは、新生児から年齢の高い子どもまで、すべての子どもが対象となる ・里親及びファミリーホームは、18歳に至るまでの子どもを対象としており、必要がある場合は20歳に達するまでの措置延長をとることができる
	家庭養護のあり方の基本（5つの要件）
	①一貫かつ継続した特定の養育者の確保 ②特定の養育者との生活基盤の共有 ③同居する人たちとの生活の共有 ④生活の柔軟性 ⑤地域社会に存在
里親養育包括支援（フォスタリング）事業実施要綱 (一部抜粋)	フォスタリング業務
	・里親などへの委託を推進するため、里親のリクルート及びアセスメント、里親登録前後及び委託後における里親に対する研修、子どもと里親のマッチング、子どもの里親委託中における里親養育への支援、里親委託措置解除後における支援に至るまでの一貫した里親支援

2024（令和6）年度から、フォスタリング業務をになうフォスタリング機関が里親支援センターとして児童福祉法に位置づけられます。それにより家庭養育の推進が期待されます

⑨ 児童虐待

◎ 児童虐待の定義と現状 R4後、R5前

児童虐待の定義

身体的虐待

児童の身体に外傷が生じ、または生じるおそれのある暴行を加えること

ネグレクト

児童の心身の正常な発達を妨げるような著しい減食または長時間の放置、保護者以外の同居人による身体的虐待や性的虐待の放置その他の保護者としての監護を著しく怠ること

性的虐待

児童にわいせつな行為をすることまたは児童をしてわいせつな行為をさせること

心理的虐待

児童に対する著しい暴言または著しく拒絶的な対応、児童が同居する家庭における配偶者に対する暴力、その他の児童に著しい心理的外傷を与える言動を行うこと

児童虐待の兆候

― 子どもに見られるサイン ―

・説明できない不自然なあざや火傷のあとがある
・衣服や身体がいつも汚れている
・表情が乏しい
・落ち着きがなく、乱暴
・家に帰りたがらない
・拒食、過食、むさぼるように食べるなどの異常な食行動　　など

学校や幼稚園、保育所などで、教師や保育士によって虐待が発見されることもあります

児童虐待の現状

	2017 （平成29） 年度	2018 （平成30） 年度	2019 （令和元） 年度	2020 （令和２） 年度	2021 （令和３） 年度
総数（件）	13万3,778	15万9,383	19万3,780	20万5,044	20万7,660

児童虐待相談の対応件数は増加傾向にある

身体的虐待	ネグレクト	性的虐待	心理的虐待
4万9,241（23.7％） （前年比：−794）	3万1,448（15.1％） （前年比：＋18）	2,247（1.1％） （前年比：＋2）	12万4,724（60.1％） （前年比：＋3,390）

心理的虐待＞身体的虐待
＞ネグレクト＞性的虐待
の順に相談数が多い

出所：厚生労働省『令和３年度福祉行政報告例の概況』

児童虐待相談における主な虐待者別構成割合の年次推移

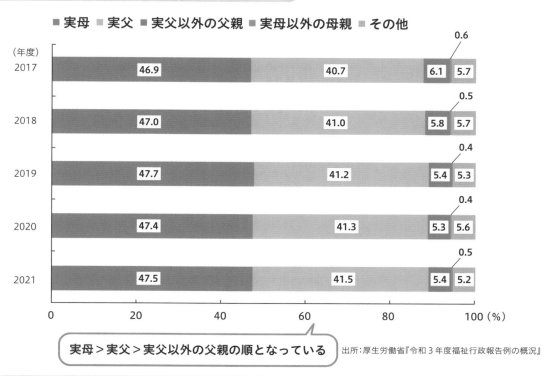

■ 実母　■ 実父　■ 実父以外の父親　■ 実母以外の母親　■ その他

（年度）

年度	実母	実父	実父以外の父親	その他	実母以外の母親
2017	46.9	40.7	6.1	5.7	0.6
2018	47.0	41.0	5.8	5.7	0.5
2019	47.7	41.2	5.4	5.3	0.4
2020	47.4	41.3	5.3	5.6	0.4
2021	47.5	41.5	5.4	5.2	0.5

0　　　20　　　40　　　60　　　80　　　100（％）

実母 ＞ 実父 ＞ 実父以外の父親の順となっている

出所：厚生労働省『令和3年度福祉行政報告例の概況』

児童相談所における児童虐待相談の経路別対応件数

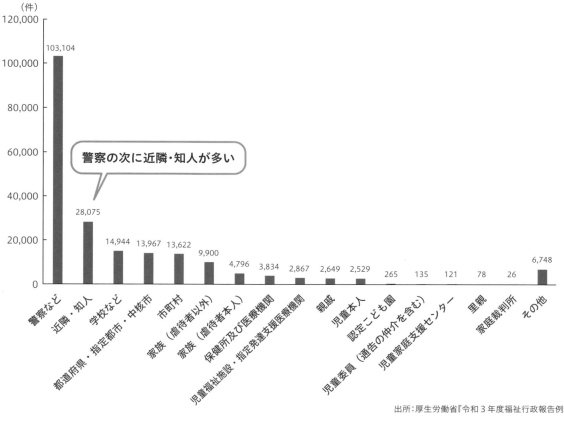

（件）

警察の次に近隣・知人が多い

経路	件数
警察など	103,104
近隣・知人	28,075
学校など	14,944
都道府県・指定都市・中核市	13,967
市町村	13,622
家族（虐待者以外）	9,900
家族（虐待者本人）	4,796
保健所及び医療機関	3,834
児童福祉施設・指定発達支援医療機関	2,867
親戚	2,649
児童本人	2,529
認定こども園	265
児童委員（通告の仲介を含む）	135
児童家庭支援センター	121
里親	78
家庭裁判所	26
その他	6,748

出所：厚生労働省『令和3年度福祉行政報告例』

◎ 児童虐待防止法（正式名称：児童虐待の防止等に関する法律） R3後、R5前

第5条 （児童虐待の早期発見等）	1	学校、児童福祉施設、病院、都道府県警察、婦人相談所※1、教育委員会、配偶者暴力相談支援センターその他児童の福祉に業務上関係のある団体及び学校の教職員、児童福祉施設の職員、医師、歯科医師、保健師、助産師、看護師、弁護士、警察官、婦人相談員※2その他児童の福祉に職務上関係のある者は、児童虐待を発見しやすい立場にあることを自覚し、児童虐待の早期発見に努めなければならない。
		保育士も児童虐待の早期発見について努力義務を負う
	3	第一項に規定する者は、正当な理由がなく、その職務に関して知り得た児童虐待を受けたと思われる児童に関する秘密を漏らしてはならない。
		児童虐待の通告はすべての国民の義務といえる
	5	学校及び児童福祉施設は、児童及び保護者に対して、児童虐待の防止のための教育又は啓発に努めなければならない。
第6条 （児童虐待に係わる通告） **児童虐待の通告にあたっては、保育士の守秘義務も妨げにはならない**	1	児童虐待を受けたと思われる児童を発見した者は、速やかに、これを市町村、都道府県の設置する福祉事務所若しくは児童相談所又は児童委員を介して市町村、都道府県の設置する福祉事務所若しくは児童相談所に通告しなければならない。
	3	刑法の秘密漏示罪の規定その他の守秘義務に関する法律の規定は、第一項の規定による通告をする義務の遵守を妨げるものと解釈してはならない。
第14条 （児童の人格の尊重等）	1	児童の親権を行う者は、児童のしつけに際して、児童の人格を尊重するとともに、その年齢及び発達の程度に配慮しなければならず、かつ、体罰その他の児童の心身の健全な発達に有害な影響を及ぼす言動をしてはならない。
		親権者の体罰も明確に禁止されている
	2	児童の親権を行う者は、児童虐待に係る暴行罪、傷害罪その他の犯罪について、当該児童の親権を行う者であることを理由として、その責めを免れることはない。

※1　2024（令和6）年4月より「女性相談支援センター」に名称変更
※2　2024（令和6）年4月より「女性相談支援員」に名称変更

民法における懲戒権

親権を行う者は、第八百二十条の規定による監護及び教育に必要な範囲内でその子を懲戒することができる

児童虐待の防止等に関する法律

「児童のしつけに際して、監護及び教育に必要な範囲を超える行為により当該児童を懲戒してはならず、当該児童の親権の適切な行使に配慮しなければならない」という文言が変更となった

2022（令和4）年に削除

2022（令和4）年に施行

変更前の条文では、「しつけ」と称して児童虐待をする者もいたことから、民法の懲戒権自体の規定が削除され、児童虐待の防止等に関する法律の第14条の文言も変更となりました

虐待の通告から一時保護までの流れ（児童虐待防止法）

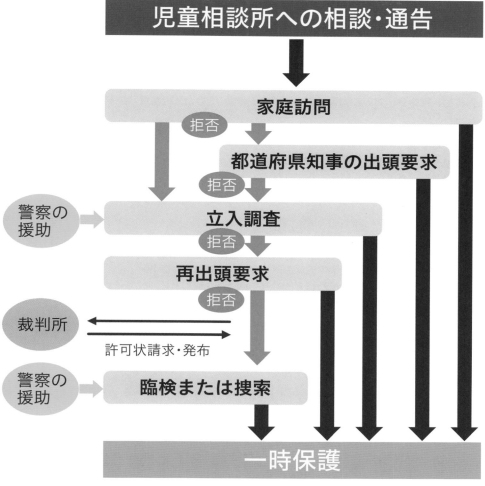

児童相談所への相談・通告

↓

家庭訪問

（拒否）

都道府県知事の出頭要求

（拒否）

警察の援助 → **立入調査**

（拒否）

再出頭要求

（拒否）

裁判所

許可状請求・発布

警察の援助 → **臨検または捜索**

一時保護

児童虐待の防止等に関する法律では、児童虐待が行われているおそれがあると認められた場合の家庭訪問、出頭要求、立ち入り調査なども定めています

◎ 要保護児童対策地域協議会（子どもを守る地域ネットワーク） R3後

内容	・地域の関係機関と連携し、ネットワークを構築することにより、要保護児童の早期発見や迅速かつ適切な保護および支援を行い、児童虐待・非行などの防止を図る ・保護者の養育支援が必要な場合は、協議の対象に対象児童とその保護者を含む
構成員	市町村、児童相談所、福祉事務所、保育所などの児童福祉施設、幼稚園、小学校、民生委員・児童委員、社会福祉協議会、医療機関、警察、弁護士、NPOなど
設置主体	地方公共団体（複数の市町村による共同設置が可能）
根拠法	児童福祉法第25条の2

設置は努力義務ではあるが、全国の市町村の99％以上が設置済み

◎ 児童虐待防止対策の強化を図るための児童福祉法等の一部を 改正する法律（令和元年法律第46号） R4後、R5前

概要	・2019（令和元）年6月19日に成立 ・都道府県（児童相談所）の業務として、児童の安全確保が明文化された
内容	・学校、教育委員会、児童福祉施設などの職員は、正当な理由なく、その職務上知り得た児童に関する秘密を漏らしてはならないとされた ・児童福祉審議会において児童に意見聴取する場合、その児童の状況・環境などに配慮することとされた ・都道府県は、一時保護などの介入的対応を行う職員と保護者支援を行う職員を分けるなどの措置を講ずることとされた ・要保護児童対策地域協議会から情報提供などの求めがあった関係機関などは、これに応ずるよう努めなければならないこととされた

◎ 児童虐待の防止に関する活動など R3後、R5前

虐待防止に関する活動	・毎年11月を「児童虐待防止推進月間」と位置づけ、関係府省庁や、地方公共団体、関係団体などが連携した集中的な広報・啓発活動を実施している ・児童虐待を受けたと思われる子どもを見つけた時などに、ためらわずに児童相談所に通告・相談ができるように、児童相談所全国共通ダイヤル番号「189（いちはやく）」を運用している
児童養護施設入所児童が職員から虐待を受けた場合の児童の権利	・虐待を受けた児童は、「社会福祉法」に苦情の解決に関する規定により、苦情を申し立てることができる ・虐待を受けた児童は、都道府県社会福祉協議会に設置された運営適正化委員会に申し立てることができる ・虐待を受けた児童は、その旨を児童相談所、都道府県の行政機関または都道府県児童福祉審議会に届け出ることができる

◎ 体罰等によらない子育てのために〜みんなで育児を支える社会に〜 R4前

概要	・2019（令和元）年6月に「児童虐待防止対策の強化を図るための児童福祉法などの一部を改正する法律」が成立し、体罰が許されないものであることが法定化され、2020（令和2）年4月1日から施行された ・上記の法改正を受けて、①体罰禁止に関する考え方などを普及、②社会全体で体罰等によらない子育てについて考える機会の提供、③保護者が子育てに悩んだときに適切な支援につながることを目的として作成された
内容	・体罰のない社会を実現していくためには、一人一人が意識を変えていくとともに、子育て中の保護者に対する支援も含めて社会全体で取り組んでいかなくてはならない ・しつけのためだと親が思っても、身体に何らかの苦痛を引き起こす場合は、どんなに軽いものであっても体罰に該当する ・子どもを保護するための行為（道に飛び出しそうな子どもの手をつかむなど）や、第三者に被害を及ぼすような行為を制止する行為（他の子どもに暴力を振るうのを制止するなど）などは、体罰には該当しない

「体罰等によらない子育てのために〜みんなで育児を支える社会に〜」では、どのような行為が体罰に該当するか、具体例を挙げて説明しています。事例問題で出題される可能性もあるので、目を通しておくとよいでしょう

◎ 児童買春・児童ポルノ事件の現状と関連する法律・条約 【R3後】

被害の現状	・児童ポルノ事件の検挙件数は、2011（平成23）年から2018（平成30）年まで増加し続けたが、それ以降は横ばいとなっている ・警視庁の調査によると、2022（令和4）年中に新たに特定された児童ポルノ事件の被害児童は、中学生・高校生で約8割を占める
児童買春、児童ポルノに係る行為等の規制及び処罰並びに児童の保護等に関する法律	・児童買春をした者は、5年以下の懲役又は300万円以下の罰金に処することが定められている ・この法律で定められる「児童」とは、18歳未満の者を指す
条約	・日本は、「児童の売買、児童買春及び児童ポルノに関する児童の権利に関する条約の選択議定書」に批准している

児童ポルノ事犯にかかる検挙件数・検挙人員・被害児童の推移

出所：警視庁生活安全局人身安全・少年課「子供の性被害の現状と取組について」

2022（令和4）年の検挙件数・検挙人員・被害児童数は、それぞれ前年よりも増加しています

⑩ 障害児支援

◎ 障害者および障害児の定義

> 障害児の定義は障害者総合支援法ではなく児童福祉法であることに注意

障害者総合支援法（第4条第1項）

この法律において「障害者」とは、身体障害者福祉法第四条に規定する身体障害者、知的障害者福祉法にいう知的障害者のうち十八歳以上である者及び精神保健及び精神障害者福祉に関する法律第五条第一項に規定する精神障害者（発達障害者支援法に規定する発達障害者を含み、知的障害者福祉法にいう知的障害者を除く）のうち十八歳以上である者並びに治療方法が確立していない疾病その他の特殊の疾病であって政令で定めるものによる障害の程度が主務大臣が定める程度である者であって十八歳以上であるものをいう。

児童福祉法（第4条第2項）

障害児とは、身体に障害のある児童、知的障害のある児童、精神に障害のある児童又は治療方法が確立していない疾病その他の特殊の疾病であつて障害者の日常生活及び社会生活を総合的に支援するための法律（障害者総合支援法）第四条第一項の政令で定めるものによる障害の程度が同項の主務大臣が定める程度である児童をいう。

◎ 障害福祉サービスの体系（障害児支援・相談支援に関する給付）

根拠法：児童福祉法

障害児通所系
児童発達支援	児
医療型児童発達支援	児
放課後等デイサービス	児

障害児訪問系
| 居宅訪問型児童発達支援 | 児 |
| 保育所等訪問支援 | 児 |

障害児入所系
| 福祉型障害児入所施設 | 児 |
| 医療型障害児入所施設 | 児 |

相談支援系
| 障害児相談支援 | 児 |

根拠法：障害者総合支援法

相談支援系
計画相談支援	者 児
地域移行支援	者
地域定着支援	者

※障害児支援は、個別に利用の要否を判断（支援区分を認定するしくみとなっていない）

※相談支援は、支援区分によらず利用の要否を判断（支援区分を利用要件としていない）

※表中の「者」は「障害者」、「児」は「障害児」であり、利用できるサービスにマークを付している

出所：厚生労働省資料「障害福祉サービス等について」より一部改変して作成

児童発達支援	・日常生活における基本的な動作の指導、知識技能の付与、集団生活への適応訓練その他の厚生労働省令で定める便宜を供与する
医療型児童発達支援	・日常生活における基本的な動作の指導、知識技能の付与、集団生活への適応訓練などの支援および治療を行う

上肢、下肢または体幹機能に障害のある児童(肢体不自由児)のみが対象

放課後等デイサービス	・授業の終了後または休校日に、児童発達支援センターなどの施設に通わせ、生活能力向上のための必要な訓練、社会との交流促進などの支援を行う
居宅訪問型児童発達支援	・重度の障害などにより外出が著しく困難な障害児の居宅を訪問して発達支援を行う
保育所等訪問支援	・保育所、乳児院・児童養護施設などを訪問し、障害児に対して、障害児以外の児童との集団生活への適応のための専門的な支援などを行う ・幼稚園や学校などの教育施設、放課後児童クラブも対象である
福祉型障害児入所施設	・施設に入所している障害児に対して、保護、日常生活の指導および知識技能の付与を行う

障害児入所支援は第一種社会福祉事業

医療型障害児入所施設	・施設に入所または指定医療機関に入院している障害児に対して、保護、日常生活の指導および知識技能の付与並びに治療を行う

計画相談支援	サービス利用支援
障害者総合支援法に基づくサービスの利用申請を行う場合はこちらを使用する	・サービス申請に係る支給決定前にサービス等利用計画案を作成 ・支給決定後、事業者などと連絡調整などを行い、サービス等利用計画を作成
	継続利用支援
	・サービスなどの利用状況などの検証(モニタリング) ・事業所などと連絡調整、必要に応じて新たな支給決定などに係る申請の勧奨

障害児相談支援	障害児利用援助
	・障害児通所支援の申請に係る給付決定の前に障害児支援利用計画案を作成 ・給付決定後、事業者などと連絡調整などを行うとともに障害児支援利用計画を作成
	継続障害児支援利用援助
	・サービスなどの利用状況などの検証(モニタリング) ・状況に応じて障害児支援利用計画の見直しを行う

2024(令和6)年4月より、障害種別にかかわらず障害児を支援できるよう児童発達支援の類型(福祉型、医療型)がなくなり、児童発達支援に一元化されます

保育原理　教育原理　社会的養護
子ども家庭福祉　社会福祉　保育の心理学
子どもの保健　子どもの食と栄養　保育実習理論

⑪ 少年非行

◎ 少年法における年齢の定義

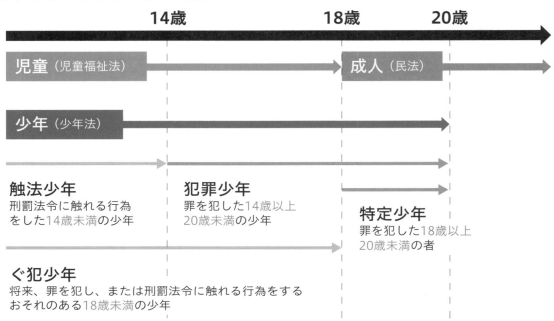

触法少年
刑罰法令に触れる行為をした14歳未満の少年

犯罪少年
罪を犯した14歳以上20歳未満の少年

特定少年
罪を犯した18歳以上20歳未満の者

ぐ犯少年
将来、罪を犯し、または刑罰法令に触れる行為をするおそれのある18歳未満の少年

◎ 少年犯罪の現状 `R4後`

少年による刑法犯の検挙人数（令和3年）

窃盗が最も多く、次に傷害

2005（平成17）年以降、触法少年およびぐ犯少年の補導人数は、いずれも減少傾向にあります

出所:法務省『令和4年版犯罪白書』より作成

◎ 非行少年の審判・処分

少年審判手続き（概要）

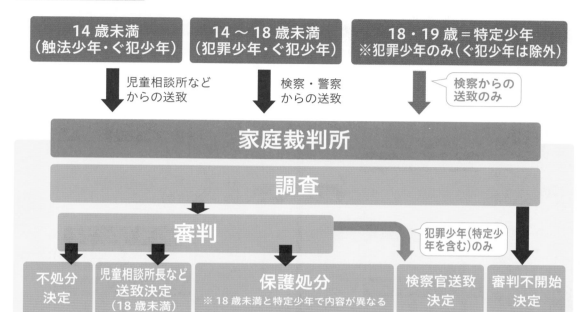

	14歳未満（触法少年・ぐ犯少年）	14〜18歳未満（犯罪少年・ぐ犯少年）	18・19歳＝特定少年 ※犯罪少年のみ（ぐ犯少年は除外）

児童相談所などからの送致 ／ 検察・警察からの送致 ／ 検察からの送致のみ

家庭裁判所

調査

審判

犯罪少年（特定少年を含む）のみ

不処分決定 ／ 児童相談所長など送致決定（18歳未満） ／ 保護処分 ※18歳未満と特定少年で内容が異なる ／ 検察官送致決定 ／ 審判不開始決定

18歳未満の少年の保護処分
① 保護観察決定
② 児童自立支援施設など装置決定
③ 少年院送致決定

特定少年の保護処分
① 6カ月の保護観察決定（罰金以下の刑にあたる罪はこれのみ）
② 2年の保護観察決定（遵守事項違反の場合、1年以下の収容期間の定め）
③ 少年院送致決定（※3年以下の収容期間の定め）

出所：横浜家庭裁判所「令和4年度横浜家庭裁判所憲法週間行事 少年法改正特集—18歳、19歳は「特定少年」？—」より一部改変して作成

罪（刑罰法令に触れる行為）を犯した少年の処分

犯罪少年の場合	・事件の内容、少年の性格、心身の成熟度などから、保護処分よりも、刑罰を科するのが相当と判断される場合には、事件を検察官に送致することがある ・少年が故意に被害者を死亡させ、その罪を犯したとき16歳以上であった場合には、原則として、事件を検察官に送致しなければならない ・少年を保護処分や検察官送致などの処分に付さなくとも、少年の更生が十分に期待できる場合、少年を保護処分に付さないことや、審判を開始せずに調査のみ行って手続を終えることがある
特定少年	・全件が家庭裁判所へ送致されるが、検察官への逆送が行われる罪の範囲が拡大し、逆送された際には、20歳以上の者と同様の扱いとなる
触法少年	・家庭裁判所は、都道府県知事または児童相談所長から送致を受けた場合に限り審判に付することができる ・14歳未満であり刑事責任を問えないので検察官に送致することはできない（不処分、児童相談所所長などへの送致、保護処分のいずれか）

2. 少子化対策・子育て支援

⑫ 少子化対策の歩み

◎ 子育て支援対策の経緯 ◀ R3後、R4前、R4後、R5前、R5後

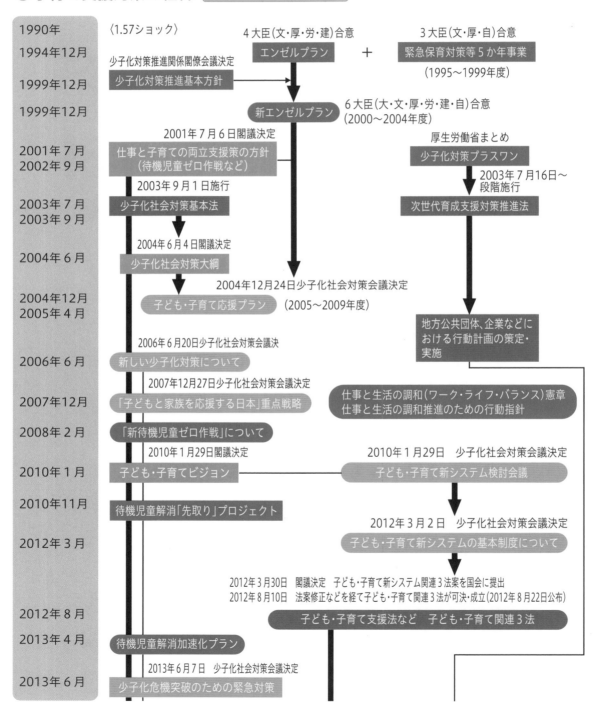

1990年	〈1.57ショック〉
1994年12月	4大臣(文・厚・労・建)合意 エンゼルプラン ＋ 3大臣(文・厚・自)合意 緊急保育対策等5か年事業 (1995～1999年度)
1999年12月	少子化対策推進関係閣僚会議決定 少子化対策推進基本方針
1999年12月	新エンゼルプラン 6大臣(大・文・厚・労・建・自)合意 (2000～2004年度)
2001年7月	2001年7月6日閣議決定 仕事と子育ての両立支援策の方針 (待機児童ゼロ作戦など) 厚生労働省まとめ 少子化対策プラスワン
2002年9月	
2003年7月	2003年9月1日施行 少子化社会対策基本法 2003年7月16日～ 段階施行 次世代育成支援対策推進法
2003年9月	
2004年6月	2004年6月4日閣議決定 少子化社会対策大綱
2004年12月	2004年12月24日少子化社会対策会議決定 子ども・子育て応援プラン (2005～2009年度)
2005年4月	地方公共団体、企業などにおける行動計画の策定・実施
2006年6月	2006年6月20日少子化社会対策会議決 新しい少子化対策について
2007年12月	2007年12月27日少子化社会対策会議決定 「子どもと家族を応援する日本」重点戦略 仕事と生活の調和(ワーク・ライフ・バランス)憲章 仕事と生活の調和推進のための行動指針
2008年2月	「新待機児童ゼロ作戦」について
2010年1月	2010年1月29日閣議決定 子ども・子育てビジョン 2010年1月29日 少子化社会対策会議決定 子ども・子育て新システム検討会議
2010年11月	待機児童解消「先取り」プロジェクト
2012年3月	2012年3月2日 少子化社会対策会議決定 子ども・子育て新システムの基本制度について
2012年8月	2012年3月30日 閣議決定 子ども・子育て新システム関連3法案を国会に提出 2012年8月10日 法案修正などを経て子ども・子育て関連3法が可決・成立(2012年8月22日公布) 子ども・子育て支援法など 子ども・子育て関連3法
2013年4月	待機児童解消加速化プラン
2013年6月	2013年6月7日 少子化社会対策会議決定 少子化危機突破のための緊急対策

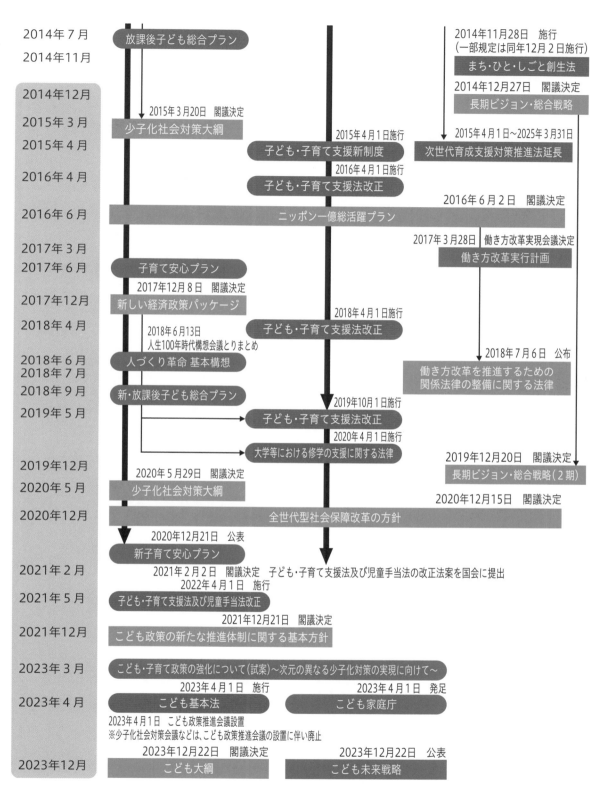

2014年7月	放課後子ども総合プラン		
2014年11月			2014年11月28日 施行（一部規定は同年12月2日施行）まち・ひと・しごと創生法
2014年12月			2014年12月27日 閣議決定 長期ビジョン・総合戦略
2015年3月	2015年3月20日 閣議決定 少子化社会対策大綱		
2015年4月		2015年4月1日施行 子ども・子育て支援新制度	2015年4月1日～2025年3月31日 次世代育成支援対策推進法延長
2016年4月		2016年4月1日施行 子ども・子育て支援法改正	
2016年6月	ニッポン一億総活躍プラン		2016年6月2日 閣議決定
2017年3月			2017年3月28日 働き方改革実現会議決定 働き方改革実行計画
2017年6月	子育て安心プラン		
2017年12月	2017年12月8日 閣議決定 新しい経済政策パッケージ		
2018年4月		2018年4月1日施行 子ども・子育て支援法改正	
2018年6月	2018年6月13日 人生100年時代構想会議とりまとめ 人づくり革命 基本構想		2018年7月6日 公布 働き方改革を推進するための関係法律の整備に関する法律
2018年7月			
2018年9月	新・放課後子ども総合プラン		
2019年5月		2019年10月1日施行 子ども・子育て支援法改正	
		2020年4月1日施行 大学等における修学の支援に関する法律	
2019年12月			2019年12月20日 閣議決定 長期ビジョン・総合戦略（2期）
2020年5月	2020年5月29日 閣議決定 少子化社会対策大綱		
2020年12月	全世代型社会保障改革の方針		2020年12月15日 閣議決定
	2020年12月21日 公表 新子育て安心プラン		
2021年2月	2021年2月2日 閣議決定 子ども・子育て支援法及び児童手当法の改正法案を国会に提出		
2021年5月	2022年4月1日 施行 子ども・子育て支援法及び児童手当法改正		
2021年12月	2021年12月21日 閣議決定 こども政策の新たな推進体制に関する基本方針		
2023年3月	こども・子育て政策の強化について（試案）～次元の異なる少子化対策の実現に向けて～		
2023年4月	2023年4月1日 施行 こども基本法	2023年4月1日 発足 こども家庭庁	
	2023年4月1日 こども政策推進会議設置 ※少子化社会対策会議などは、こども政策推進会議の設置に伴い廃止		
2023年12月	2023年12月22日 閣議決定 こども大綱	2023年12月22日 公表 こども未来戦略	

出所：厚生労働省「令和5年版厚生労働白書 資料編」より改変

◎ 主な子育て支援施策と法律 R3後、R4前、R5後

エンゼルプラン「今後の子育て支援のための施策の基本的方向について」(1994(平成6)年)	・育児休業給付の実施推進や一時預かり保育、延長保育など、多様な保育サービスの拡充、子育てと仕事の両立や家庭における子育て支援などを行った
新エンゼルプラン「重点的に推進すべき少子化対策の具体的実施計画について」(1999(平成11)年)	・政府が中長期的に進めるべき総合的な少子化対策の指針(少子化対策推進基本方針)の決定を受け、従来のエンゼルプランを見直した
少子化対策プラスワン(2002(平成14)年)	・母親支援と父親の育児参加を促すため、男性を含めた働き方の見直し、多様な働き方の実現、父親の育児休暇の取得、待機児童ゼロの取り組みなどが組み込まれた ・それまで少子化対策として、様々な計画の策定や対策が講じられてきたが、それが目に見える成果として、生活の中で実感できない現状を踏まえ、少子化対策から子ども・子育て支援へと視点を移したものとなっている
少子化社会対策基本法(2003(平成15)年)	・少子化の原因であった様々な婚姻・出産・育児の問題に対応するために、子育て支援体制の整備などについて規定されている ・国に少子化社会対策大綱の策定を義務づけた
次世代育成支援対策推進法(2003(平成15)年)	・急速な少子化に対応し、育児と仕事を両立できる環境を整備・充実させることを目的とした法律 ・国や民間企業などが、育児と仕事を両立するための支援策や雇用環境の整備についてとるべき必要事項を定めている ・2015(平成27)年3月末までの10年間の時限立法であったが、2014(平成26)年に改正法が成立し、2025(令和7)年3月末まで10年間延長された ・適切な行動計画を策定・実施し、目標を達成するなど一定の要件を満たした企業は「子育てサポート企業」として、認定マーク「くるみんマーク」を使用することができる ・常時雇用する労働者が101人以上の企業に対して、一般事業主行動計画の策定・届出を義務付けている
子ども・子育て応援プラン(2004(平成16)年)	・少子化に対処するための施策の指針として、「少子化社会対策大綱」が閣議決定された。これを具体的に実行していくための計画が「少子化社会対策大綱に基づく重点施策の具体的実施計画について(子ども・子育て応援プラン)」である
子ども・子育てビジョン(2010(平成22)年)	・家庭や親だけが子育てを担うのではなく、社会全体で子育てを支え、「生活と仕事と子育ての調和」を目標としている ・子どもが主人公(チルドレン・ファースト)という考え方のもとに策定された

少子化社会対策大綱は、「子供・若者育成支援推進大綱」「子供の貧困対策に関する大綱」とともに「こども大綱」に一元化されました

子ども・子育て関連3法（2012（平成24）年）	・①子ども・子育て支援法、②「就学前の子どもに関する教育、保育等の総合的な提供の推進に関する法律の一部を改正する法律」、③「子ども・子育て支援法及び就学前の子どもに関する教育、保育等の総合的な提供の推進に関する法律の一部を改正する法律の施行に伴う関係法律の整備等に関する法律」の3法で、これらをもとに子ども・子育て支援新制度が創設された ・内閣府に子ども・子育て会議が設置された
放課後子ども総合プラン（2014（平成26）年）	・文部科学省と厚生労働省が共同で「小1の壁」を打破するとともに、次代を担う人材を育成するために策定 ・放課後児童クラブを利用できない児童の解消を目指し、さらなる受け皿を確保することを目指した
子ども・子育て支援新制度（2015（平成27）年）	・市町村が実施主体で、教育、保育、家庭的保育、地域の子ども・子育て支援の充実が図られた ・認定こども園、幼稚園、保育所が共通給付（施設型給付）となった ・小規模保育事業などへの給付（地域型保育給付）が実施された ・幼保連携型認定こども園の認可・指導監督の一本化が行われた ・地域の実情に応じた子育て支援（地域子ども・子育て支援事業）の拡充が行われた
ニッポン一億総活躍プラン（2016（平成28）年閣議決定）	・国民一人一人があらゆる場所で、誰もが活躍できる社会の実現を目指し、「新・3本の矢」として、「希望を生み出す強い経済」「夢をつむぐ子育て支援」「安心につながる社会保障」を掲げた ・具体的には「GDP600兆円」「希望出生率1.8」「介護離職ゼロ」の実現に向けて、様々な対応策を掲げた
子育て安心プラン（2017（平成29）年厚生労働省）	・次の2つのことを目的としている ①待機児童の解消 ②5年間でM字カーブを解消 （M字カーブ：就業率を表すグラフの形状がM字になる現象のこと。女性が出産などを機に仕事を離れ、子どもの成長後に再就職する人が多いことが主な理由） ・上記2点を柱として「6つの支援パッケージ」を設定し、すべての人が無理なく保育と仕事を両立する社会を目指している 1）保育の受け皿の拡大 2）保育の受け皿拡大を支える「保育人材確保」 3）保護者への「寄り添う支援」の普及促進 4）保育の受け皿拡大と車の両輪の「保育の質の確保」 5）持続可能な保育制度の確立 6）保育と連携した「働き方改革」

成立順だけでなく法律や施策の内容についても問われるので、内容を頭に入れておきましょう

新しい経済政策パッケージ(2017(平成29)年閣議決定)	・子ども家庭福祉関連の項目としては、待機児童対策(子育て安心プランの政策目標の前倒し)や幼児教育・保育の無償化、保育士の処遇改善などが掲げられている ・幼児教育・保育の無償化については、2019(令和元)年10月より全面実施された
新子育て安心プラン(2020(令和2)年)	・子育て安心プランの続きとして、2025(令和7)年度までに保育の受け皿のさらなる拡大を目指すものである
こども未来戦略方針〜次元の異なる少子化対策の実現のための「こども未来戦略」の策定に向けて〜(2023(令和5)年)	・こども・子育て政策の強化にあたって①若い世代の所得を増やす、②社会全体の構造・意識を変える、③全てのこども・子育て世帯を切れ目なく支援するの3つを基本理念として掲げた ・具体的な施策について、「加速化プラン」として、今後3年間の集中取組期間において、できる限り前倒しして実施するとしている 　**2023(令和5)年から起算して3年**

「こども未来戦略方針MAP」

出所:こども家庭庁「こども未来戦略方針(リーフレット等)」

このリーフレットは、こども家庭庁のホームページからダウンロードできます

少子化対策「加速化プラン」の内容

①若い世代の所得を増やす

児童手当
・所得制限撤廃
・支給期間3年延長（高校卒業まで）
・第三子以降は3万円に倍増

高等教育（大学など）
・授業料減免（高等教育の無償化）の拡大
・子育て期の貸与型奨学金の返済負担の緩和
・授業料後払い制度の抜本拡充

出産
・出産育児一時金を42万円から50万円に大幅に引上げ
・2026年度からの出産費用の保険適用などを進める

働く子育て世帯の収入増
・106万円の壁を超えても手取り収入が逆転しない
・週20時間未満のパートの方々は雇用保険の適用を拡大
・自営業やフリーランスの方々は育児中の国民年金保険料を免除

住宅
・子育て世帯が優先的に入居できる住宅今後、10年間で計30万戸
・住宅フラット35の金利を子どもの数に応じて優遇

②社会全体の構造や意識を変える

育休をとりやすい職場に
・育休取得率目標を大幅に引上げ
　→男性育休を当たり前に
・中小企業の負担には十分に配慮
・助成措置を大幅に拡充

育休制度の抜本的拡充
・3歳～小学校就学までの「親と子のための選べる働き方制度」を創設
・時短勤務時の新たな給付
・産後の一定期間に男女で育休を取得した場合の給付率を手取り10割に

③全てのこども・子育て世帯をライフステージに応じて切れ目なく支援

切れ目なく全ての子育て世帯を支援
・妊娠・出産時から0～2歳の支援を強化
　伴走型支援：10万円＋相談支援
・「こども誰でも通園制度」を創設
・保育所：量の拡大から質の向上へ
・貧困、虐待防止、障害児・医療的ケア児

出所：こども家庭庁「こども未来戦略方針（リーフレット等）」

2030年代に入る6～7年前が少子化傾向を反転できるかどうかのラストチャンスとされています

児童手当など、今後、これらの方針に沿って関連法案の改正が検討されていきます。動向に注目しておきましょう

⑬ 子ども・子育て支援制度

◎ 子ども・子育て支援法の概要 R4前

条文（概要）

第1条 （目的）	この法律は、我が国における**急速な少子化の進行**並びに**家庭及び地域を取り巻く環境の変化**に鑑み、児童福祉法その他の子どもに関する法律による施策と相まって、**子ども・子育て支援給付**その他の子ども及び子どもを養育している者に必要な支援を行い、もって一人一人の子どもが健やかに成長することができる社会の実現に寄与することを目的とする。
第2条 （基本理念）	1　子ども・子育て支援は、**父母その他の保護者が子育てについての第一義的責任**を有するという基本的認識の下に、家庭、学校、地域、職域その他の社会のあらゆる分野における全ての構成員が、各々の役割を果たすとともに、**相互に協力**して行われなければならない。
第6条 （定義）	1　この法律において「子ども」とは、**十八歳に達する日以後の最初の三月三十一日**までの間にある者をいい、「**小学校就学前子ども**」とは、子どものうち小学校就学の始期に達するまでの者をいう。
第60条 （基本指針）	1　**内閣総理大臣**は、教育・保育及び地域子ども・子育て支援事業の提供体制を整備し、子ども・子育て支援給付並びに地域子ども・子育て支援事業及び仕事・子育て両立支援事業の円滑な実施の確保その他子ども・子育て支援のための施策を総合的に推進するための基本的な指針（以下「**基本指針**」という。）を定めるものとする。
第61条 （市町村子ども・子育て支援事業計画）	1　**市町村**は、基本指針に即して、**五年を一期**とする教育・保育及び地域子ども・子育て支援事業の提供体制の確保その他この法律に基づく業務の円滑な実施に関する計画（以下「**市町村子ども・子育て支援事業計画**」という。）を定めるものとする。
第62条 （都道府県子ども・子育て支援事業支援計画）	1　**都道府県**は、基本指針に即して、**五年を一期**とする教育・保育及び地域子ども・子育て支援事業の提供体制の確保その他この法律に基づく業務の円滑な実施に関する計画（以下「**都道府県子ども・子育て支援事業支援計画**」という。）を定めるものとする。

市町村子ども・子育て支援事業計画の策定の流れ（第61条）

「子ども・子育て家庭の状況及び需要」の調査・把握 → 「市町村子ども・子育て支援事業計画」の策定 → 「教育・保育給付」「地域子ども・子育て支援事業」の実施

子ども・子育て支援法の「子ども」の定義は、こども基本法の「こども」や児童福祉法の「児童」とは異なるので、それぞれ覚えておきましょう

市町村主体

〈認定こども園・幼稚園・保育所・小規模保育など共通の財政支援〉　〈地域の実情に応じた子育て支援〉

施設型給付

認定こども園：0〜5歳

幼保連携型

※幼保連携型については、認可・指導監督の一本化、学校及び児童福祉施設としての法的位置づけを与えるなど、制度改善を実施

幼稚園型	保育所型	地方裁量型

幼稚園 3〜5歳	保育所 0〜5歳

※私立保育所については、児童福祉法第24条により市町村が保育の実施義務を担うことに基づく措置として、委託費を支弁

地域型保育給付

小規模保育・家庭的保育・居宅訪問型保育・事業所内保育

地域の子ども・子育て支援事業

- 利用者支援事業
- 地域子育て支援拠点事業＊
- 一時預かり事業＊
- 乳児家庭全戸訪問事業＊
- 養育支援訪問事業など＊
- 子育て短期支援事業＊
- 子育て援助活動支援事業＊
  （ファミリー・サポート・センター事業）

- 延長保育事業
- 病児保育事業＊
- 放課後児童クラブ＊

- 妊婦健診
- 実費徴収に係る補足給付を行う事業
- 多様な事業者の参入促進・能力活用事業

国主体

〈仕事と子育ての両立支援〉

仕事・子育て両立支援事業

・企業主導型保育事業
⇒事業所内保育を主軸とした企業主導型の多様な就労形態に対応した保育の拡大を支援（整備費、運営費の助成）

・ベビーシッター利用者支援事業
⇒残業や夜勤などの多様な働き方をしている労働者などが、低廉な価格でベビーシッター派遣サービスを利用できるよう支援

＊は児童福祉法の子育て支援事業としても規定されています。なお、児童福祉法の子育て支援事業では、2024（令和6）年4月から、子育て世帯訪問支援事業、児童育成支援拠点事業、親子関係形成支援事業が追加になります。

出所：閣府資料「子ども・子育て支援新制度について」より作成

地域子ども・子育て事業

利用者支援事業	・教育・保育施設などに関する情報提供や相談援助を行う利用者支援や、様々な子育て支援機関との連絡調整などを行う地域連携を実施する。これら2つを実施する基本型、利用者支援を主に行う特定型、保健師などの専門職がすべての妊産婦などを対象に利用者支援と地域連携を行う母子保健型に分類される
地域子育て支援拠点事業	・保護者が相互に交流を行う場を開設し、子育てにおける孤立感の解消を図る ・子育てについての相談、情報提供を行う
一時預かり事業	・保育所などに通っていない、または在籍していない乳幼児で、一時的に保育を受けることが困難な乳幼児を保育所などで一時的に保護する ・保育従事者のうち2分の1以上を保育士とし、保育士以外は一定の研修を受けた者を配置することが定められている
妊産婦健康診査	・妊産婦の健康状態の把握、検査計測、保健指導の実施、医学的検査を行う
乳児家庭全戸訪問事業（こんにちは赤ちゃん事業）	・児童福祉法に定められた事業で、生後4カ月までの乳児のいるすべての家庭を訪問し、養育に関する助言、指導を行う
養育支援訪問事業	・支援が特に必要とされる保護者や妊婦の家庭を訪問し、養育が適切に行われるよう助言、指導を行う
子どもを守る地域ネットワーク機能強化事業	・要保護児童対策地域協議会の機能強化のため、関係機関の専門性、連携強化を行う
子育て短期支援事業	・保護者の疾病などで一時的に養育を受けることが困難となった児童を児童養護施設などで保護する。主な事業内容として短期入所生活援助（ショートステイ）事業と夜間養護等（トワイライトステイ）事業がある ・ショートステイ事業は、冠婚葬祭、学校などの公的行事への参加などの理由で利用可能である
ファミリー・サポート・センター事業（子育て援助活動支援事業）	・児童預かりなどの援助を希望する者と、援助を行うことを希望する者との相互援助活動に関する連絡、調整する
延長保育事業	・保育認定を受けた子どもについて、利用時間外の日および時間において、保育所などで一時的に預かり保護する
病児保育事業	・病児について、病院・保育所などに付設された場所で看護師などが一時的に保育する。病児対応型、病後児対応型、非施設型（訪問型）、体調不良児対応型の4つの事業類型で構成される
放課後児童クラブ（放課後児童健全育成事業）	・保護者が就労して昼間家庭にいない小学生を対象に、授業終了後の小学校教室などで、適切な遊びの場を与える ・実施主体は、市町村（特別区および一部事務組合を含む）であり、1つの支援の単位を構成する児童の数は、おおむね40人以下とする
実費徴収に係る補足給付を行う事業	・保護者の世帯所得の状況を鑑み、保育・教育に対して支払うべき費用を助成する
多様な主体が本制度に参入することを促進するための事業	・特定教育・保育施設などへの民間参入を促進

参考：児童福祉法における子育て支援事業（第21条の8～第21条の17）

1　放課後児童健全育成事業
2　子育て短期支援事業
3　乳児家庭全戸訪問事業
4　養育支援訪問事業
5　地域子育て支援拠点事業
6　一時預かり事業
7　病児保育事業
8　子育て援助活動支援事業
9　その他、主務省令で定めるもの
　①児童及びその保護者又はその他の者の居宅において保護者の児童の養育を支援する事業
　②保育所その他の施設において保護者の児童の養育を支援する事業
　③地域の児童の養育に関する各般の問題につき、保護者からの相談に応じ、必要な情報の提供及び助言を行う事業

1～8は子ども・子育て支援法に基づく地域子ども・子育て支援事業にも位置づけられています

改正児童福祉法の施行2024（令和6）年で新設・拡充される子育て支援事業

子育て世帯訪問支援事業 （訪問による生活の支援）	・要支援児童、要保護児童およびその保護者、特定妊婦などが対象（支援を要するヤングケアラー含む） ・訪問し、子育てに関する情報の提供、家事・養育に関する援助などを行う 例：調理、掃除などの家事、子どもの送迎、子育ての助言など
児童育成支援拠点事業 （学校や家以外の子どもの居場所支援）	・養育環境などの課題（虐待リスクが高い、不登校など）を抱える主に学齢期の児童が対象 ・児童の居場所となる拠点を開設し、児童に生活の場を与えるとともに児童や保護者への相談などを行う 例：居場所の提供、食事の提供、生活リズム・メンタルの調整、学習支援、関係機関との調整など
親子関係形成支援事業 （親子関係の構築に向けた支援）	・要支援児童、要保護児童およびその保護者、特定妊婦などが対象 ・親子間の適切な関係性の構築を目的とし、子どもの発達の状況などに応じた支援を行う 例：講義・グループワーク・ロールプレイなどの手法で子どもとのかかわり方などを学ぶ（ペアレントトレーニング）など
子育て短期支援事業 〈拡充〉	・保護者が子どもとともに入所・利用可能とする。子どもが自ら入所・利用を希望した場合の入所・利用を可とする ・専用居室・専用人員配置の推進、入所・利用日数の柔軟化（個別状況に応じた利用日数の設定を可とする）を進める
一時預かり事業 〈拡充〉	・育て負担を軽減する目的（レスパイト利用など）での利用が可能である旨を明確化する

利用者支援事業の詳細

事業の目的

○子育て家庭や妊産婦が、教育・保育施設や地域子ども・子育て支援事業、保健・医療・福祉などの関係機関を円滑に利用できるように、身近な場所での相談や情報提供、助言など必要な支援を行うとともに、関係機関との連絡調整、連携・協働の体制づくりなどを行う

実施主体

○市区町村とする。ただし、市区町村が認めた者への委託などを行うことができる

> 地域子育て支援拠点事業と一体的に運営することで、市区町村における子育て家庭支援の機能強化を推進

3つの事業類型

基本型

○「基本型」は、「利用者支援」と「地域連携」の2つの柱で構成している。

【利用者支援】
地域子育て支援拠点などの身近な場所で、
○子育て家庭などから日常的に相談を受け、個別のニーズなどを把握
○子育て支援に関する情報の収集・提供
○子育て支援事業や保育所などの利用に当たっての助言・支援
　→当事者の目線に立った、寄り添い型の支援

【地域連携】
○より効果的に利用者が必要とする支援につながるよう、地域の関係機関との連絡調整、連携・協働の体制づくり
○地域に展開する子育て支援資源の育成
○地域で必要な社会資源の開発など
　→地域における、子育て支援のネットワークに基づく支援

〈職員配置〉専任職員(利用者支援専門員)を1名以上配置
※子ども・子育て支援に関する事業(地域子育て支援拠点事業など)の一定の実務経験を有する者で、子育て支援員基本研修及び専門研修(地域子育て支援コース)の「利用者支援事業(基本型)」の研修を修了した者など

特定型(いわゆる「保育コンシェルジュ」)

○主として市区町村の窓口で、子育て家庭などから保育サービスに関する相談に応じ、地域における保育所や各種の保育サービスに関する情報提供や利用に向けての支援などを行う
〈職員配置〉専任職員(利用者支援専門員)を1名以上配置
※子育て支援員基本研修及び専門研修(地域子育て支援コース)の「利用者支援事業(特定型)」の研修を修了している者が望ましい

母子保健型

○主として市町村保健センターなどで、保健師などの専門職が、妊娠期から子育て期にわたるまでの母子保健や育児に関する妊産婦などからの様々な相談に応じ、その状況を継続的に把握し、支援を必要とする者が利用できる母子保健サービスなどの情報提供を行うとともに、関係機関と協力して支援プランの策定などを行う
〈職員配置〉母子保健に関する専門知識を有する保健師、助産師などを1名以上配置

出所:厚生労働省資料「利用者支援事業とは」

◎ 子育て世代包括支援センター(母子健康包括支援センター) R3後、R5前

概要

内容	・母子保健法第22条において、市町村は必要に応じて子育て世代包括支援センター(法律上は「母子健康包括支援センター」)を設置するように努めなければならないと規定されている ・母子保健事業や子育て支援事業を実施することができる
実施主体	・市区町村
対象	・原則として、すべての妊産婦(産婦:産後1年以内)、乳幼児(就学前)とその保護者を対象とすることを基本とし、地域の実情に応じて18歳までの子どもとその保護者についても対象とするなど、柔軟に運用する
配置する職員	・保健師や助産師、看護師といった医療職に加えて、精神保健福祉士、ソーシャルワーカー(社会福祉士など)利用者支援専門員、地域子育て支援拠点事業所の専任職員といった福祉職を配置することが望ましい

子育て世代包括支援センターの具体的な業務内容

①妊産婦および乳幼児などの実情を把握すること	・保健師などによるセンターでの面談や家庭訪問、関係機関からの情報収集などを通じて、妊産婦や乳幼児などの実情を継続的に把握する ・収集した情報は、個別の妊産婦および乳幼児ごとに記録するとともに、支援台帳を整備し適切に管理する
②妊娠・出産・子育てに関する各種の相談に応じ、必要な情報提供・助言・保健指導を行うこと	・妊産婦や保護者の個別の疑問や不安にできる限り丁寧に対応し、本人にとって必要な情報提供や助言、適切な表現・コミュニケーション方法によって行う
③支援プランを策定すること	・妊産婦や乳幼児などの課題や支援ニーズに的確に対応するために、必要に応じて支援プランを策定する ・支援プランは、妊産婦や保護者の「親になる力を育てる」支援に資するツールの１つであり、個別の妊産婦や保護者の状況や経過を反映させつつ、可能な限り本人との対話を通じて作成する ・自治体の事業スケジュールなどの提示・情報提供とは異なる。また、すべての利用者について体系的に情報を管理する支援台帳とも異なることに注意する
④保健医療または福祉の関係機関との連絡調整を行うこと	・利用者目線に立って支援の継続性と整合性が確保できるよう、関係機関と十分な連絡調整を行う

出所:厚生労働省「子育て世代包括支援センター業務ガイドライン（平成29年8月）」より作成

「子育て世代包括支援センター」は、2024（令和6）年度から「こども家庭センター」に名称が変わります

◎ 幼児教育・保育の無償化 R5前

0～2歳		
住民税非課税世帯	保育所／認定こども園※1	無料
	認可外保育施設など※2	月額4.2万円まで無償※3
上記以外	対象外	
3～5歳		
すべての世帯	保育所／認定こども園※1	無料
	認可外保育施設など※2	月額3.7万円まで無償※3 ※4
	幼稚園	無料※5
	就学前障害児の発達支援	無料

※1　地域型保育（家庭的保育、小規模保育、居宅訪問型保育、事業所内保育）、企業主導型保育も対象
※2　一時預かり事業、病児保育事業、ファミリーサポートセンター事業も対象
※3　市区町村から「保育の必要性の認定」を受ける必要がある
※4　住民税非課税世帯の場合、月額4.2万円まで無償
※5　子ども・子育て新制度の対象の幼稚園ではない場合、預かり保育を含め月額3.7万円まで無償

無償化の対象や上限は子どもの年齢や施設の種類などによって異なるので、間違えないようにしましょう

⑭ 児童に関する手当

◎ 児童手当に関する法律 R3後、R4前、R4後、R5前、R5後

基本的にすべての児童の保護者が対象（所得制限あり）

児童手当法（1971（昭和46）年制定）

目的	父母その他の保護者が子育てについての第一義的な責任を有するという基本的認識の下に、児童を養育している者に児童手当を支給することにより、家庭などにおける生活の安定に寄与するとともに、次代の社会を担う児童の健やかな成長に資すること
対象	中学校修了（15歳に到達後の最初の年度末まで）までの児童を養育する者
内容	・0～3歳未満は一律1万5000円、3歳～小学校修了まで1万円、第3子以降1万5000円、中学生は一律1万円、ただし、支給対象の世帯には所得制限がある ・2024（令和6）年度からは所得制限の撤廃、支給期間の高校生年代までの延長、多子加算として第3子以降3万円支給など、手当の拡充が検討されている

児童扶養手当法（1961（昭和36）年制定）

ひとり親家庭が対象

目的	父または母と生計を同じくしていない児童が育成される家庭の生活の安定と自立の促進に寄与することで児童の福祉の増進を図ること
対象	・18歳に達する日以降の最初の3月31日までにある児童（一定以上の障害の状態にある場合は20歳未満）を監護している母又は監護しかつ生計を同じくする父、もしくは父母に代わってその児童を養育している者
内容	・対象児童1人の場合、4万4,130～1万410円※ ・対象児童2人の場合、1万410～5,210円を加算※ ・対象児童3人以上の場合、1人につき6,240～3,130円を加算※

※所得額によって手当の金額は異なる

特別児童扶養手当等の支給に関する法律（1964（昭和39）年制定）

障害のある児童を養育する保護者と児童本人が対象

目的	・下記の対象・内容の手当を支給し、福祉の増進を図ること
対象・内容	〈精神または身体に障害を有する児童を家庭で監護養育している父母など〉 ・特別児童扶養手当を支給 〈精神または身体に重度の障害を有する児童（20歳未満）〉 ・障害児福祉手当を支給 〈精神または身体に著しく重度の障害を有する者（20歳以上）〉 ・特別障害者手当を支給 ・児童福祉手当には、養育者に支給される特別児童扶養手当と、在宅で介護を受ける重度障害児本人に支給される障害児福祉手当がある

児童の定義が児童福祉法とは異なることに注意

2023（令和5）年12月に閣議決定された「こども未来戦略」により、児童手当が増額される見込みです。法律の改正に注意しましょう

第**3**章

保育・教育の
理論と実践

保育や教育を行う際の理論的・実践的なポイントをまとめています。
試験で頻出の『保育所保育指針』はくり返し学習することをおすすめします。

① 保育と教育の歴史

◎ 保育・教育に関する歴史　R4後、R5前

年	内容
1871(明治４)年	文部省が創設
1872(明治５)年	日本初の近代的学校制度を定めた学制が公布される
1876(明治９)年	初の官立幼稚園となる東京女子師範学校附属幼稚園が創設された(監事：関信三、首席保母：松野クララ)
1879(明治12)年	学制が廃止され教育令が公布される
1880(明治13)年	改正教育令が公布される
1885(明治18)年	森有礼が初代文部大臣に就任する
1886(明治19)年	教育令が廃止され、帝国大学令、師範学校令、小学校令、中学校令が公布された。義務教育という文言が初めて登場し、義務教育は３〜４年(尋常小学校を卒業するまで)と規定された
1889(明治22)年	大日本帝国憲法発布
1890(明治23)年	教育ニ関スル勅語(教育勅語)が発布された 日本初の常設の託児所である新潟静修学校の託児所(後の守孤扶独幼稚児保護会)が赤沢鍾美らによって設立された
1899(明治32)年	国として幼稚園の最初の基準となる幼稚園保育及設備規程が公布された 幼稚園の保育目的、編制、組織、保育内容、施設設備に関して、国として最初の基準を定め、入園対象の年齢、保育時間、保姆(保母)１人あたりの幼児数などを規定した
1900(明治33)年	二葉保育園が華族女学校付属幼稚園に勤務していた野口幽香と森島峰(美根)によって設立された
1926(大正15)年	幼稚園についての最初の勅令である幼稚園令が公布された 幼稚園の目的を「家庭教育を補う」とし、保育時間の延長や３歳未満児の入園を認めるなど、託児所的性格が取り入れられた
1941(昭和16)年	国民学校令が公布され、義務教育は８年(国民学校初等科６年、高等科２年を卒業するまで)と規定された
1945(昭和20)年	第二次世界大戦が終戦
1946(昭和21)年	日本国憲法が公布された
1947(昭和22)年	教育基本法、学校教育法が公布され、義務教育は９年(小学校６年、中学校３年)と規定された
1948(昭和23)年	幼稚園のみならず保育所および家庭における幼児期の教育や世話の仕方などを詳細に解説した保育要領が発表された。坂元彦太郎が作成に携わった 保育内容は、見学、リズム、休息、自由遊び、音楽、お話、絵画、製作、自然観察、ごっこ遊び、劇遊び、人形芝居、健康保育、年中行事とされ、子どもの興味・自発性が尊重された
2017(平成29)年	保育所保育指針が改訂され、幼稚園教育要領や認定こども園教育・保育要領と教育のねらいおよび内容の統一が図られ、育みたい資質・能力と幼児期の終わりまでに育ってほしい姿が示された 職員の資質向上について、初めてキャリアパスの言葉が用いられた

ここでは重要なものをまとめているため、特に1948(昭和23)年以降については巻末付録の年表(244ページ参照)もあわせて確認しておくこと

◎ 教育制度の変遷

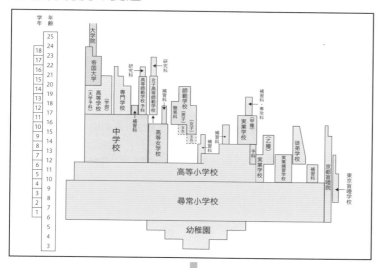

戦前の学校制度（キーワード：尋常小学校）

過去にこのような図を年代順に並び替える出題がありました。左ページの表の学校名（尋常小学校、国民学校初等科、小学校など）を覚えておくとよいでしょう

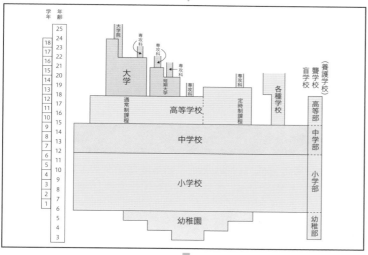

戦後の学校制度（キーワード：小学校）

現在の学校制度と比較して、幼保連携型認定こども園や義務教育学校がない点もポイント

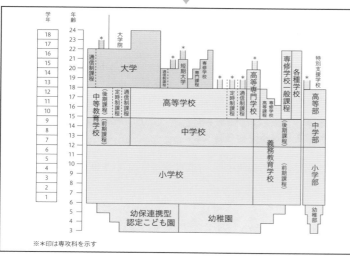

※＊印は専攻科を示す

現在の学校制度（キーワード：幼保連携型認定こども園）

出所：文部科学省ホームページ「学校系統図」より作成

保育原理	教育原理	社会的養護
子ども家庭福祉	社会福祉	保育の心理学
子どもの保健	子どもの食と栄養	保育実習理論

② 教育の意義・目的と関連する法律

◎ 教育に関する3つの法律

学校教育法 ……………… 教育基本法に基づいて、教育の中でも学校教育の制度の基本を定めた法律

教育基本法 ……………… 日本国憲法に基づいて、学校教育だけでなく、生涯教育などを含め、教育全般の理念や制度の基本を定めた法律

日本国憲法 ……………… 第23条「学問の自由」、第26条「教育を受ける権利」など

法律による学校・保育教育施設の定義

> ## 学校の定義（学校教育法）
> 幼稚園、小学校、中学校、義務教育学校※、高等学校、中等教育学校、特別支援学校、大学及び高等専門学校

> 幼稚園を含む「学校」は文部科学省の所管

※義務教育の9年間を修業する学校。小中一貫校のように小学校6年、中学3年と区切る必要はなく、「5年と4年」などと柔軟に変更できる。中高一貫校と中等教育学校の関係もこれに同じ

	幼稚園	保育所	幼保連携型認定こども園	
所管	文部科学省	こども家庭庁	こども家庭庁	
法的位置づけ	学校	児童福祉施設	学校	児童福祉施設

> 学校としての位置づけは、認定こども園法第9条で定義されている

◎ 日本国憲法（1946（昭和21）年公布、1947（昭和22）年施行） R5後

第13条 （個人の尊重と生命、自由及び幸福追求権の尊重）	すべて国民は、個人として尊重される。生命、自由及び幸福追求に対する国民の権利については、公共の福祉に反しない限り、立法その他の国政の上で、最大の尊重を必要とする。
第23条 （学問の自由）	学問の自由は、これを保障する。
第25条 （生存権、国の生存権保障義務）	1 すべて国民は、健康で文化的な最低限度の生活を営む権利を有する。 2 国は、すべての生活部面について、社会社会福祉、社会保障及び公衆衛生の向上及び増進に努めなければならない。
第26条 （教育を受ける権利）	1 すべて国民は、法律の定めるところにより、その能力に応じて、ひとしく教育を受ける権利を有する。 2 すべて国民は、法律の定めるところにより、その保護する子女に普通教育を受けさせる義務を負ふ。義務教育は、これを無償とする。

> 日本国憲法は教育原理のほか、社会福祉でも出題されます

◎ 教育基本法（1947（昭和22）年） R3後、R4前、R4後、R5前、R5後

教育の目的（第2条）

教育は、その目的を実現するため、学問の自由を尊重しつつ、次に掲げる目標を達成するよう行われるものとする

幅広い知識と教養を身に付け、真理を求める態度を養い、豊かな情操と道徳心を培うとともに、健やかな身体を養う	個人の価値を尊重して、その能力を伸ばし、創造性を培い、自主及び自律の精神を養うとともに、職業及び生活との関連を重視し、勤労を重んずる態度を養う	正義と責任、男女の平等、自他の敬愛と協力を重んずるとともに、公共の精神に基づき、主体的に社会の形成に参画し、その発展に寄与する態度を養う
生命を尊び、自然を大切にし、環境の保全に寄与する態度を養う	伝統と文化を尊重し、それらをはぐくんできた我が国と郷土を愛するとともに、他国を尊重し、国際社会の平和と発展に寄与する態度を養う	教育基本法は学校教育だけでなく、社会教育や生涯教育などにも触れている

第1条 （教育の目的）	教育は、人格の完成を目指し、平和で民主的な国家及び社会の形成者として必要な資質を備えた心身ともに健康な国民の育成を期して行われなければならない。
第3条 （生涯学習の理念）	国民一人一人が、自己の人格を磨き、豊かな人生を送ることができるよう、その生涯にわたって、あらゆる機会に、あらゆる場所において学習することができ、その成果を適切に生かすことのできる社会の実現が図られなければならない。
第4条 （教育の機会均等）	1　すべて国民は、ひとしく、その能力に応じた教育を受ける機会を与えられなければならず、人種、信条、性別、社会的身分、経済的地位又は門地によって、教育上差別されない。 2　国及び地方公共団体は、障害のある者が、その障害の状態に応じ、十分な教育を受けられるよう、教育上必要な支援を講じなければならない。 3　国及び地方公共団体は、能力があるにもかかわらず、経済的理由によって修学が困難な者に対して、奨学の措置を講じなければならない。
第5条 （義務教育）	1　国民は、その保護する子に、別に法律で定めるところにより、普通教育を受けさせる義務を負う。 2　義務教育として行われる普通教育は、各個人の有する能力を伸ばしつつ社会において自立的に生きる基礎を培い、また、国家及び社会の形成者として必要とされる基本的な資質を養うことを目的として行われるものとする。 4　国又は地方公共団体の設置する学校における義務教育については、授業料を徴収しない。
第9条 （教員）	1　法律に定める学校の教員は、自己の崇高な使命を深く自覚し、絶えず研究と修養に励み、その職責の遂行に努めなければならない。 2　前項の教員については、その使命と職責の重要性にかんがみ、その身分は尊重され、待遇の適正が期せられるとともに、養成と研修の充実が図られなければならない。
第10条 （家庭教育）	1　父母その他の保護者は、子の教育について第一義的責任を有するものであって、生活のために必要な習慣を身に付けさせるとともに、自立心を育成し、心身の調和のとれた発達を図るよう努めるものとする。
第11条 （幼児期の教育）	幼児期の教育は、生涯にわたる人格形成の基礎を培う重要なものであることにかんがみ、国及び地方公共団体は、幼児の健やかな成長に資する良好な環境の整備その他適当な方法によって、その振興に努めなければならない。

第3章 …… 保育・教育の理論と実践

◎ 学校教育法（1947（昭和22）年） R3後、R4前、R4後

義務教育	第16条	保護者（子に対して親権を行う者（親権を行う者のないときは、未成年後見人）をいう）は、次条に定めるところにより、子に9年の普通教育を受けさせる義務を負う。
	第19条	経済的理由によつて、就学困難と認められる学齢児童又は学齢生徒の保護者に対しては、市町村は、必要な援助を与えなければならない。
幼稚園	第22条	幼稚園は、義務教育及びその後の教育の基礎を培うものとして、幼児を保育し、幼児の健やかな成長のために適当な環境を与えて、その心身の発達を助長することを目的とする。
	第23条	幼稚園における教育は、前条に規定する目的を実現するため、次に掲げる目標を達成するよう行われるものとする。 一　健康、安全で幸福な生活のために必要な基本的な習慣を養い、身体諸機能の調和的発達を図ること。 二　集団生活を通じて、喜んでこれに参加する態度を養うとともに家族や身近な人への信頼感を深め、自主、自律及び協同の精神並びに規範意識の芽生えを養うこと。 三　身近な社会生活、生命及び自然に対する興味を養い、それらに対する正しい理解と態度及び思考力の芽生えを養うこと。 四　日常の会話や、絵本、童話等に親しむことを通じて、言葉の使い方を正しく導くとともに、相手の話を理解しようとする態度を養うこと。 五　音楽、身体による表現、造形等に親しむことを通じて、豊かな感性と表現力の芽生えを養うこと。
	第24条	幼稚園においては、第22条に規定する目的を実現するための教育を行うほか、幼児期の教育に関する各般の問題につき、保護者及び地域住民その他の関係者からの相談に応じ、必要な情報の提供及び助言を行うなど、家庭及び地域における幼児期の教育の支援に努めるものとする。
小学校	第29条	小学校は、心身の発達に応じて、義務教育として行われる普通教育のうち基礎的なものを施すことを目的とする。
	第31条	小学校においては、（中略）教育指導を行うに当たり、児童の体験的な学習活動、特にボランティア活動など社会奉仕体験活動、自然体験活動その他の体験活動の充実に努めるものとする。この場合において、社会教育関係団体その他の関係団体及び関係機関との連携に十分配慮しなければならない。
特別支援教育	第72条	特別支援学校は、視覚障害者、聴覚障害者、知的障害者、肢体不自由者又は病弱者（身体虚弱者を含む）に対して、幼稚園、小学校、中学校又は高等学校に準ずる教育を施すとともに、障害による学習上又は生活上の困難を克服し自立を図るために必要な知識技能を授けることを目的とする。
	第81条	幼稚園、小学校、中学校、義務教育学校、高等学校及び中等教育学校においては、次項各号のいずれかに該当する幼児、児童及び生徒その他教育上特別の支援を必要とする幼児、児童及び生徒に対し、文部科学大臣の定めるところにより、障害による学習上又は生活上の困難を克服するための教育を行うものとする。

幼稚園に関する条文は特に出題頻度が高いので、赤字の箇所を覚えておきましょう

◎ **幼稚園教育要領** R3後、R4前、R4後、R5前、R5後

第1章　総則

第1　幼稚園教育の基本
第2　幼稚園教育において育みたい資質・能力及び「幼児期の終わりまでに育ってほしい姿」
第3　教育課程の役割と編成等
第4　指導計画の作成と幼児理解に基づいた評価
第5　特別な配慮を必要とする幼児への指導
第6　幼稚園運営上の留意事項
第7　教育課程に係る教育時間終了後等に行う教育活動など

> 「幼児期の終わりまでに育ってほしい姿」は保育所保育指針と共通

第2章　ねらい及び内容

健康、人間関係、環境、言葉、表現

第3章　教育課程に係る教育時間の終了後等に行う教育活動などの留意事項

> いわゆる「5領域」の内容が記載されている

前文		（前略）これからの幼稚園には、学校教育の始まりとして、こうした教育の目的及び目標の達成を目指しつつ、一人一人の幼児が、将来、自分のよさや可能性を認識するとともに、あらゆる他者を価値のある存在として尊重し、多様な人々と協働しながら様々な社会的変化を乗り越え、豊かな人生を切り拓き、持続可能な社会の創り手となることができるようにするための基礎を培うことが求められる。このために必要な教育の在り方を具体化するのが、各幼稚園において教育の内容等を組織的かつ計画的に組み立てた教育課程である。（後略）
第1章「総則」	第1「幼稚園教育の基本」	幼児期の教育は、生涯にわたる人格形成の基礎を培う重要なものであり、幼稚園教育は、学校教育法に規定する目的及び目標を達成するため、幼児期の特性を踏まえ、環境を通して行うものであることを基本とする。 このため教師は、幼児との信頼関係を十分に築き、幼児が身近な環境に主体的に関わり、環境との関わり方や意味に気付き、これらを取り込もうとして、試行錯誤したり、考えたりするようになる幼児期の教育における見方・考え方を生かし、幼児と共によりよい教育環境を創造するように努めるものとする。これらを踏まえ、次に示す事項を重視して教育を行わなければならない。 1　幼児は安定した情緒の下で自己を十分に発揮することにより発達に必要な体験を得ていくものであることを考慮して、幼児の主体的な活動を促し、幼児期にふさわしい生活が展開されるようにすること。 2　幼児の自発的な活動としての遊びは、心身の調和のとれた発達の基礎を培う重要な学習であることを考慮して、遊びを通しての指導を中心として第2章に示すねらいが総合的に達成されるようにすること。 3　幼児の発達は、心身の諸側面が相互に関連し合い、多様な経過をたどって成し遂げられていくものであること、また、幼児の生活経験がそれぞれ異なることなどを考慮して、幼児一人一人の特性に応じ、発達の課題に即した指導を行うようにすること。

> 「遊びを通しての指導」という言葉を覚えておこう

第3章…… 保育・教育の理論と実践

101

	第3 「教育課程の役割と編成等」	1　教育課程の役割 　　各幼稚園においては、教育基本法及び学校教育法その他の法令並びにこの幼稚園教育要領の示すところに従い、創意工夫を生かし、幼児の心身の発達と幼稚園及び地域の実態に即応した適切な教育課程を編成するものとする。また、各幼稚園においては、6 に示す全体的な計画にも留意しながら、「幼児期の終わりまでに育ってほしい姿」を踏まえ教育課程を編成すること、教育課程の実施状況を評価してその改善を図っていくこと、教育課程の実施に必要な人的又は物的な体制を確保するとともにその改善を図っていくことなどを通して、教育課程に基づき組織的かつ計画的に各幼稚園の教育活動の質の向上を図っていくこと（以下「カリキュラム・マネジメント」という。）に努めるものとする。
第1章 「総則」	保育所保育指針と同様、長期計画と短期計画を作成する 第4 「指導計画の作成と幼児理解に基づいた評価」 コンピュータの使用を禁止していない	3　指導計画作成上の留意事項 　（1）長期的に発達を見通した年、学期、月などにわたる長期の指導計画やこれとの関連を保ちながらより具体的な幼児の生活に即した週、日などの短期の指導計画を作成し、適切な指導が行われるようにすること。特に、週、日などの短期の指導計画については、幼児の生活のリズムに配慮し、幼児の意識や興味の連続性のある活動が相互に関連して幼稚園生活の自然な流れの中に組み込まれるようにすること。 　（2）幼児が様々な人やものとの関わりを通して、多様な体験をし、心身の調和のとれた発達を促すようにしていくこと。その際、幼児の発達に即して主体的・対話的で深い学びが実現するようにするとともに、心を動かされる体験が次の活動を生み出すことを考慮し、一つ一つの体験が相互に結び付き、幼稚園生活が充実するようにすること。 　（3）言語に関する能力の発達と思考力等の発達が関連していることを踏まえ、幼稚園生活全体を通して、幼児の発達を踏まえた言語環境を整え、言語活動の充実を図ること。 　（4）幼児が次の活動への期待や意欲をもつことができるよう、幼児の実態を踏まえながら、教師や他の幼児と共に遊びや生活の中で見通しをもったり、振り返ったりするよう工夫すること。 　（5）行事の指導に当たっては、幼稚園生活の自然の流れの中で生活に変化や潤いを与え、幼児が主体的に楽しく活動できるようにすること。なお、それぞれの行事についてはその教育的価値を十分検討し、適切なものを精選し、幼児の負担にならないようにすること。 　（6）幼児期は直接的な体験が重要であることを踏まえ、視聴覚教材やコンピュータなど情報機器を活用する際には、幼稚園生活では得難い体験を補完するなど、幼児の体験との関連を考慮すること。 　（7）幼児の主体的な活動を促すためには、教師が多様な関わりをもつことが重要であることを踏まえ、教師は、理解者、共同作業者など様々な役割を果たし、幼児の発達に必要な豊かな体験が得られるよう、活動の場面に応じて、適切な指導を行うようにすること。 　（8）幼児の行う活動は、個人、グループ、学級全体などで多様に展開されるものであることを踏まえ、幼稚園全体の教師による協力体制を作りながら、一人一人の幼児が興味や欲求を十分に満足させるよう適切な援助を行うようにすること。
第3章		幼稚園の運営に当たっては、子育ての支援のために保護者や地域の人々に機能や施設を開放して、園内体制の整備や関係機関との連携及び協力に配慮しつつ、幼児期の教育に関する相談に応じたり、情報を提供したり、幼児と保護者との登園を受け入れたり、保護者同士の交流の機会を提供したりするなど、幼稚園と家庭が一体となって幼児と関わる取組を進め、地域における幼児期の教育のセンターとしての役割を果たすよう努めるものとする。その際、心理や保健の専門家、地域の子育て経験者等と連携・協働しながら取り組むよう配慮するものとする。

◎ 幼保連携型認定こども園教育・保育要領 R4前、R4後、R5後

第1章　総則

第1　幼保連携型認定こども園における教育及び保育の基本及び目標等
第2　教育及び保育の内容並びに子育ての支援等に関する全体的な計画等
第3　幼保連携型認定こども園として特に配慮すべき事項

> 「幼児教育を行う施設として共有すべき事項」は第1章第1に記載されている

第2章　ねらい及び内容並びに配慮事項

第1　乳児期の園児の保育に関するねらい及び内容
第2　満1歳以上満3歳未満の園児の保育に関するねらい及び内容
第3　満3歳以上の園児の教育及び保育に関するねらい及び内容
第4　教育及び保育の実施に関する配慮事項

> 第2と第3では「5領域」のねらいと内容が記載されている

第3章　健康及び安全

第1　健康支援
第2　食育の推進
第3　環境及び衛生管理並びに安全管理
第4　災害への備え

第4章　子育ての支援

第1　子育ての支援全般に関わる事項
第2　幼保連携型認定こども園の園児の保護者に対する子育ての支援
第3　地域における子育て家庭の保護者等に対する支援

第1章「総則」 第3「幼保連携型認定こども園として特に配慮すべき事項」	・園児の一日の生活の連続性及びリズムの多様性に配慮するとともに、保護者の生活形態を反映した園児の在園時間の長短、入園時期や登園日数の違いを踏まえ、園児一人一人の状況に応じ、教育及び保育の内容やその展開について工夫をすること。 ・満3歳未満の園児については睡眠時間等の個人差に配慮するとともに、満3歳以上の園児については集中して遊ぶ場と家庭的な雰囲気の中でくつろぐ場との適切な調和等の工夫をすること。 ・満3歳以上の園児については、特に長期的な休業中、園児が過ごす家庭や園などの生活の場が異なることを踏まえ、それぞれの多様な生活経験が長期的な休業などの終了後等の園生活に生かされるよう工夫をすること。

> 幼稚園教育要領、幼保連携型認定こども園教育・保育要領については、保育所保育指針との共通点と相違点に注意しながら確認しましょう

保育原理	教育原理	社会的養護
子ども家庭福祉	社会福祉	保育の心理学
子どもの保健	子どもの食と栄養	保育実習理論

③ 近年の教育の動向

◎ 持続可能な開発目標（SDGs） R4前

持続可能な 開発目標（SDGs）とは		・「誰一人取り残さない」持続可能で多様性と包摂性のある社会の実現のため、2030年を年限とする17の国際目標 ・2015年9月の国連サミットで全会一致で採択された
保育・教育と 関連が深い 目標	目標1「貧困」	あらゆる場所あらゆる形態の貧困を終わらせる
	目標3「保健」	あらゆる年齢のすべての人々の健康的な生活を確保し、福祉を推進する
	目標4「教育」	すべての人々に包摂的かつ公平で質の高い教育を提供し、生涯学習の機会を促進する
	目標5 「ジェンダー」	ジェンダーの平等を達成し、すべての女性と女児のエンパワーメントを図る
	目標10「不平等」	国内および各国家間の不平等を是正する

◎ 中央教育審議会答申 R3後、R5前、R5後

中央教育審議会

・文部科学大臣の諮問に応じて教育の振興および生涯学習の推進を中核とした豊かな人間性を備えた創造的な人材の育成に関する重要事項を審議することを目的として、文部科学省に設置された諮問機関
・学習指導要領や教育振興基本計画の改訂内容についても文部科学大臣の諮問に応じて答申を行う

過去に出題された中央教育審議会の答申の
内容を抜粋して紹介します

子どもを取り巻く環境の変化を踏まえた今後の幼児教育の在り方について（平成17年）

・幼稚園等施設において、小学校入学前の主に5歳児を対象として、幼児どうしが、教師の援助の下で、共通の目的・挑戦的な課題など、一つの目標を作り出し、協力工夫して解決していく活動を協同的な学びとして位置付け、その取組を推奨する必要がある。
・遊びの中での興味や関心に沿った活動から、興味や関心を生かした学びへ、さらに教科等を中心とした学習へのつながりを踏まえ、幼児期から児童期への教育の流れを意識して、幼児教育における教育内容や方法を充実する必要がある。

チームとしての学校の在り方と今後の改善方策について（平成27年）

・学習指導要領の次期改訂が目指す理念を実現するためには、教育課程全体を通した取組を通じて、教科横断的な視点から教育活動の改善を行っていくことや、学校全体としての取組を通じて、教科等や学年を超えた組織運営の改善を行っていくことが求められているとしており、教育活動や組織運営など、学校全体の在り方の改善において核となる教育課程の編成、実施、評価及び改善という「カリキュラム・マネジメント」の確立が必要であることが示されている。
・各教科等の教育内容を相互の関係で捉え、学校の教育目標を踏まえた教科横断的な視点で、その目標の達成に必要な教育の内容を組織的に配列していくこと。

- 教育内容の質の向上に向けて、子供たちの姿や地域の現状等に関する調査や各種データ等に基づき、教育課程を編成し、実施し、評価して改善を図る一連の**PDCAサイクル**を確立すること。
- 教育内容と、教育活動に必要な人的・物的資源等を、地域等の外部の資源も含めて活用しながら効果的に組み合わせること。

幼稚園、小学校、中学校、高等学校及び特別支援学校の学習指導要領等の改善及び必要な方策等について（平成28年）

- 社会的・職業的に自立した人間として、我が国や郷土が育んできた伝統や文化に立脚した広い視野を持ち、理想を実現しようとする高い志や意欲を持って、主体的に学びに向かい、必要な情報を判断し、自ら知識を深めて個性や能力を伸ばし、人生を切り拓らいていくことができること。
- 対話や議論を通じて、自分の考えを根拠とともに伝えるとともに、他者の考えを理解し、自分の考えを広げ深めたり、集団としての考えを発展させたり、他者への思いやりを持って多様な人々と協働したりしていくことができること。
- 変化の激しい社会の中でも、感性を豊かに働かせながら、よりよい人生や社会の在り方を考え、試行錯誤しながら問題を発見・解決し、新たな価値を創造していくとともに、新たな問題の発見・解決につなげていくことができること。
- 教育課程とは、学校教育の目的や目標を達成するために、教育の内容を子供の心身の発達に応じ、授業時数との関連において総合的に組織した学校の教育計画のこと。教育課程の編成主体は各学校である。
- 各学校には、学習指導要領等を受け止めつつ、子供たちの姿や地域の実情等を踏まえて、各学校が設定する学校教育目標を実現するために、学習指導要領等に基づき教育課程を編成し、それを実施・評価し改善していくことが求められる。これが、いわゆる「**カリキュラム・マネジメント**」である。

人口減少時代の新しい地域づくりに向けた社会教育の振興方策について（平成30年）

- 地域における学びのきっかけづくりとしては、住民にとって身近で目的を共有しやすいテーマを設定し、それぞれが持つ知恵を出し合いながら、楽しく、誇りをもって取り組んでいけるような学習の機会を作ることが有効と考えられる。同時に、学習の成果を地域での活動に生かすことで、充実感が味わえ、また、新たな課題の解決のために更に学ぼうという、「**学びと活動の循環**」につながっていくことが期待される。
- そのような観点からは、特に、幅広い地域住民等の参画により、地域と学校が共に手を携え、地域の子供たちの豊かな学びや健やかな成長と、地域活性化の双方を目指す「**地域学校協働活動**」は、全ての地域で実施が望まれるものである。

 以下は2023（令和5）年度後期試験で出題されました。今後の教育の方向性を理解するうえで重要な答申となります。目を通しておきましょう

「令和の日本型学校教育」の構築を目指して ～全ての子供たちの可能性を引き出す、個別最適な学びと、協働的な学びの実現～（令和3年）

- ICTの活用と少人数によるきめ細かな指導体制の整備により、「個に応じた指導」を学習者視点から整理した概念である「**個別最適な学び**」と、これまでも「日本型学校教育」において重視されてきた、「**協働的な学び**」とを一体的に充実することを目指している。
- 日本の学校教育はこれまで、学習機会と学力を保障するという役割のみならず、**全人的な発達・成長を保障する役割**や、**人と安全・安心につながることができる居場所としての福祉的な役割**も担ってきた。この役割の重要性は今後も変わることはない。これまで、日本型学校教育が果たしてきた役割を継承しつつ、学校における働き方改革や**GIGAスクール構想**を強力に推進するとともに、新学習指導要領を着実に実施し、学校教育を社会に開かれたものとしていくこと、また、文部科学省をはじめとする関係府省及び教育委員会、首長部局、教職員、さらには家庭、地域等を含め、学校教育を支える全ての関係者が、それぞれの役割を果たし、互いにしっかりと連携することで、「**令和の日本型学校教育**」の実現に向けた必要な改革を果敢に進めていくことを期待する。

教育振興基本計画

- 教育振興基本計画は、教育基本法に示された理念の実現と、我が国の教育振興に関する施策の総合的・計画的な推進を図るため、教育基本法第17条第1項に基づき政府として策定する計画
- 5年を1期として策定され、最新は第4期（2023（令和5）～ 2027（令和9）年度）

第4期教育振興基本計画（令和5年度～9年度）の概要

第3期教育振興基本計画の振り返り

第3期計画期間中の成果
- （初等中等教育）国際的に高い学力水準の維持、GIGAスクール構想、教職員定数改善
- （高等教育）教学マネジメントや質保証システムの確立、連携・統合のための体制整備
- （学校段階横断）教育費負担軽減による進学率向上、教育研究環境整備や耐震化　など

第3期計画期間中の課題
- コロナ禍でのグローバルな交流や体験活動の停滞
- 学校の長時間勤務や教師不足
- 高度専門人材の不足や労働生産性の低迷・博士課程進学率の低さ　など
- 不登校・いじめ重大事態等の増加
- 地域の教育力の低下、家庭を取り巻く環境の変化

次期計画のコンセプト

2040年以降の社会を見据えた持続可能な社会の創り手の育成
- 将来の予測が困難な時代において、未来に向けて自らが社会の創り手となり、課題解決などを通じて、持続可能な社会を維持・発展させていく
- 社会課題の解決を、経済成長と結び付けてイノベーションにつなげる取組や、一人一人の生産性向上等による、活力ある社会の実現に向けて「人への投資」が必要
- Society5.0で活躍する、主体性、リーダーシップ、創造力、課題発見・解決力、論理的思考力、表現力、チームワークなどを備えた人材の育成

日本社会に根差したウェルビーイングの向上
- 多様な個人それぞれが幸せや生きがいを感じるとともに、地域や社会が幸せや豊かさを感じられるものとなるための教育の在り方
- 幸福感、学校や地域でのつながり、利他性、協働性、自己肯定感、自己実現等が含まれ、協調的幸福と獲得的幸福のバランスを重視
- 日本発の調和と協調（Balance and Harmony）に基づくウェルビーイングを発信

今後の教育政策に関する基本的な方針

グローバル化する社会の持続的な発展に向けて学び続ける人材の育成
- 主体的に社会の形成に参画、持続的社会の発展に寄与
- 「主体的・対話的で深い学び」の視点からの授業改善、大学教育の質保証
- 探究・STEAM教育、文理横断・文理融合教育等を推進
- グローバル化の中で留学等国際交流や大学等国際化、外国語教育の充実、SDGsの実現に貢献するESD等を推進
- リカレント教育を通じた高度人材育成

誰一人取り残されず、全ての人の可能性を引き出す共生社会の実現に向けた教育の推進
- 子供が抱える困難が多様化・複雑化する中で、個別最適・協働的学びの一体的充実やインクルーシブ教育システムの推進による多様な教育ニーズへの対応
- 支援を必要とする子供の長所・強みに着目する視点の重視、地域社会の国際化への対応、多様性、公平・公正、包摂性（DE&I）ある共生社会の実現に向けた教育を推進
- ICT等の活用による学び・交流機会、アクセシビリティの向上

地域や家庭で共に学び支え合う社会の実現に向けた教育の推進
・持続的な地域コミュニティの基盤形成に向けて、公民館等の社会教育施設の機能強化や社会教育人材の養成と活躍機会の拡充
・コミュニティ・スクールと地域学校協働活動の一体的推進、家庭教育支援の充実による学校・家庭・地域の連携強化
・生涯学習を通じた自己実現、地域や社会への貢献等により、当事者として地域社会の担い手となる

教育デジタルトランスフォーメーション（DX）の推進
・DXに至る3段階（電子化→最適化→新たな価値（DX））において、第3段階を見据えた、第1段階から第2段階への移行の着実な推進
・GIGAスクール構想、情報活用能力の育成、校務DXを通じた働き方改革、教師のICT活用指導力の向上等、DX人材の育成等を推進
・教育データの標準化、基盤的ツールの開発・活用、教育データの分析・利活用の推進
・デジタルの活用と併せてリアル（対面）活動も不可欠、学習場面等に応じた最適な組合せ

計画の実効性確保のための基盤整備・対話
・学校における働き方改革、処遇改善、指導・運営体制の充実の一体的推進、ICT環境の整備、経済状況等によらない学び確保
・NPO・企業等多様な担い手との連携・協働、安全・安心で質の高い教育研究環境等の整備、児童生徒等の安全確保
・各関係団体・関係者（子供を含む）との対話を通じた計画の策定等

出所：文部科学省ホームページ「新たな教育振興基本計画【概要】（令和5年度～9年度）」より作成

中央教育審議会答申や教育振興基本計画に関連する用語

用語	内容
Society5.0	・サイバー空間（仮想空間）とフィジカル空間（現実空間）を高度に融合させたシステムにより、経済発展と社会的課題の解決を両立する、人間中心の社会（Society） ・狩猟社会（Society 1.0）、農耕社会（Society 2.0）、工業社会（Society 3.0）、情報社会（Society 4.0）に続く、新たな社会を指すもので、第5期科学技術基本計画において我が国が目指すべき未来社会の姿として初めて提唱された
STEAM教育	・Science（科学）、Technology（技術）、Engineering（工学・ものづくり）、Art（芸術・リベラルアーツ）、Mathematics（数学）の5つの単語の頭文字を組み合わせたもの
コミュニティ・スクール	・学校運営協議会を設置した学校をいい、学校と地域住民などが力を合わせ、子どもたちのより良い環境づくりに取り組む「地域とともにある学校」を目指すための仕組み
GIGAスクール構想	・1人1台の端末と、高速大容量の通信ネットワークを一体的に整備することで、特別な支援を必要とする子どもを含め、多様な子どもたちを誰一人取り残すことなく、公正に個別最適化され、資質・能力が一層確実に育成できる教育環境を実現する ・これまでの我が国の教育実践と最先端のICTのベストミックスを図ることにより、教師・児童生徒の力を最大限に引き出す

ICTは「Information and Communication Technology」の略称で、情報や通信に関する技術のことです

◎ カリキュラム・マネジメント　R4後、R5前、R5後

潜在的カリキュラム	・主として学校において、子どもたちが学校の文化ひいては近代社会の文化としての価値、態度、規範や慣習などを知らず知らず身につけていく一連のはたらきのこと ・無意図的に、目に見えない形ではあるが、子どもたちに影響を及ぼし、その発達を方向づけていく
顕在的カリキュラム	・学校の教育目標を踏まえ、学年、学期、月、単元、週などの単位で、各教科および領域ごとに編成したもの
融合カリキュラム	・「世界史、日本史、地理、公民を社会科として扱う」など異なる内容の複数の教科を、一定の共通要素に合わせて再編成したもの
経験カリキュラム	・子どもの生活経験や興味の中から問題を見出し、それを解決しながら豊かな経験を積み重ね、自発的活動を重視するように編成したもの
コア・カリキュラム	・カリキュラムの全体的な構成の中に、中核（コア）過程を設け、その周辺にほかの教科や活動を行う周辺過程をおいて、中核と周辺を有機的に統合しようとするもの ・アメリカのヴァージニアプランが有名

試験では、解説文を読んでどのカリキュラムかを答える問題が出題されました

以下では、過去に出題された教育に関する通知、調査などの内容をまとめています

◎ 小学校学習指導要領（2017（平成29）年）　R4前

低学年における教育全体において、例えば生活科において育成する自立し生活を豊かにしていくための資質・能力が、他教科等の学習においても生かされるようにするなど、教科等間の関連を積極的に図り、幼児期の教育及び中学年以降の教育との円滑な接続が図られるよう工夫すること。特に、小学校入学当初においては、幼児期において自発的な活動としての遊びを通して育まれてきたことが、各教科等における学習に円滑に接続されるよう、生活科を中心に、合科的・関連的な指導や弾力的な時間割の設定など、指導の工夫や指導計画の作成を行うこと。

◎ 生徒指導提要（2022（令和４）年）　R5前

特別活動では、多様な集団活動の中で児童生徒それぞれが役割を受け持ち、自己存在感を高め、自己の思いを実現する場や機会を十分確保するとともに、集団との関係で自己の在り方を自覚することができるように指導し、集団や社会の形成者としての連帯感や責任感を養うようにすることが大切です。また、集団や社会の形成者として生活の充実と向上のために進んで貢献していこうとする社会性の基礎となる態度や行動を身に付け、様々な場面で自己の能力をよりよく生かし自己実現を図ることができるようにすることも重要です。

◎ 特別支援教育の推進について（通知）（2007（平成19）年）

- ・特別支援教育は、これまでの特殊教育の対象の障害だけでなく、知的な遅れのない発達障害も含めて、特別な支援を必要とする幼児児童生徒が在籍する全ての学校において実施されるものである。
- ・特別支援教育は、障害のある幼児児童生徒への教育にとどまらず、障害の有無やその他の個々の違いを認識しつつ様々な人々が生き生きと活躍できる共生社会の形成の基礎となるものであり、我が国の現在及び将来の社会にとって重要な意味を持っている。
- ・特別な支援が必要と考えられる幼児児童生徒については、特別支援教育コーディネーター等と検討を行った上で、保護者の理解を得ることができるよう慎重に説明を行い、学校や家庭で必要な支援や配慮について、保護者と連携して検討を進めること。

◎ 人権教育の指導方法等の在り方について［第三次とりまとめ］ `R4後` （2008（平成20）年3月）

- ・人権教育を進める際には、教育内容や方法の在り方とともに、教育・学習の場そのものの在り方がきわめて大きな意味を持つ。このことは、教育一般についてもいえるが、とりわけ人権教育では、これが行われる場における人間関係や全体としての雰囲気などが、重要な基盤をなすのである。
- ・児童生徒の人権感覚の育成には、体系的に整備された正規の教育課程と並び、いわゆる「隠れたカリキュラム」が重要であるとの指摘がある。
- ・一人一人の児童生徒がその発達段階に応じ、人権の意義・内容や重要性について理解し、自分の大切さとともに他の人の大切さを認めることができるようになり、それが様々な場面や状況下での具体的な態度や行動に現れるとともに、人権が尊重される社会づくりに向けた行動につながるようにすることが、人権教育の目標である。
- ・学校においては、的確な児童生徒理解の下、学校生活全体において人権が尊重されるような環境づくりを進めていく必要がある。そのために、教職員においては、例えば、児童生徒の意見をきちんと受け止めて聞く、明るく丁寧な言葉で声かけを行うことなどは当然であるほか、個々の児童生徒の大切さを改めて強く自覚し、一人の人間として接していかなければならない。
- ・「いじめ」を許さない態度を身に付けるためには、「いじめはよくない」という知的理解だけでは不十分である。

◎ OECD生徒の学習到達度調査 PISA2022のポイント `R4後` （2023（令和5）年12月5日）

日本の調査機関	・文部科学省 国立教育政策研究所
日本の結果	・数学的リテラシー、読解力、科学的リテラシーの3分野すべてにおいて世界トップレベルである ・前回（2018年調査）から、OECDの平均得点は低下した一方、日本は3分野すべてにおいて平均得点が上昇した ・読解力は、OECD平均の平均得点が長期トレンドが下降している一方、日本は平均得点のトレンドに統計的に有意な変化がない。また、日本は読解力の低得点層の割合が前回調査に比べて有意に減少している ・ほかのOECD加盟国と同様に、社会経済文化的背景の水準が低い生徒群ほど、習熟度レベルの低い生徒の割合が多い傾向が見られた
調査の状況	・3年ごとに実施

> 次回調査は2025年に実施予定の「PISA2025」

「OECDラーニング・コンパス（学びの羅針盤）2030」の中で生徒エージェンシーという概念が提唱されました。なお、エージェンシーとは自ら考え、主体的に行動して、責任を持って社会変革を実現していく姿勢・意欲のことを表す言葉です。今後の教育のキーワードになるので覚えておきましょう

④ 諸外国の教育制度

◎ モンテッソーリ・メソッド R4後

発祥	・イタリア
概要	・子ども自身が、深く集中し継続するように考案された「日常生活の訓練」「感覚訓練」「読み書きと算数」などの教具を選択して活動し、教師は仲介者に徹するという教育法

◎ レッジョ・エミリア・アプローチ R4後

発祥	・イタリアのレッジョ・エミリア市 ・第二次世界大戦後、ローリス・マラグッツィのリーダーシップのもとで進められた
概要	・プロジェクトと呼ばれるテーマ発展型の保育方法が特徴で、教師、親、行政関係者、教育学の専門家などが支え合って子どもの活動を援助する ・「アトリエリスタ(芸術教師)」が配置されている ・「ドキュメンテーション(子どもの日々の活動や学びの記録)」を行う ・学校建築設計の特徴として、食育ができる「食堂」と、表現活動の拠点となる「アトリエ」が挙げられる

◎ ヘッド・スタート計画 R4後

発祥	・アメリカ ・1965年に開始された
概要	・アメリカ連邦政府の育児支援施策の一つ ・貧困撲滅政策の一環として、貧困家庭の幼児に適切な教育を与えることにより、小学校入学後に通常の家庭の子どもたちと同一の学習準備段階に立てるようにすることで、あらかじめ文化的格差を解消することが目的

◎ シュア・スタート R4前

発祥	・イギリス ・1999年に、当時のブレア政権によって開始された
概要	・経済的困窮などを抱えている就学前の子どもとその家庭を対象とした早期介入施策の総称

◎ テ・ファリキ `R3後, R4後`

発祥	・ニュージーランド
概要	・子どもの「今、ここにある生活」を重視し、実践者、研究者、マオリ（先住民）の人々の意見を集めてつくられたカリキュラム ・就学前教育は3～4歳児を中心に幼稚園やプレイセンター、また、0～4歳児を対象とする多様な就学前教育機関において提供されている ・マオリの言語・文化を教える機関「コハンガ・レオ」が設置されている ・「学びの物語（ラーニングストーリー）」と呼ばれる個々の子どもの記録が大切にされている

◎ ラーニング・ストーリー

発祥	・ニュージーランド ・自らも保育者であったマーガレット・カーを中心に開発された
概要	・子どもたちの育ちや経験を観察し、写真や文章などの記録を通して理解しようとする方法

◎ ネウボラ `R4前`

発祥	・フィンランド
概要	・親の妊娠から子どもが就学するまでの間、特定の施設で医師や看護師が中心になり、一貫して幅広い育児支援サービスを提供するもの

◎ 子どもオンブズパーソン `R4前`

発祥	・ノルウェー
概要	・子どもの権利が守られているかどうか行政から独立した立場で監視、子どもの権利の保護・促進のための法制度などの提案・勧告、子どもからのものを含む苦情申立てなどへの救済の提供、子どもの権利の教育啓発などを行う機関

◎ 森の幼稚園 `R4後`

発祥	・デンマーク（現在は、ドイツや北欧諸国で広がっている）
概要	・森などの自然体験活動を基軸にした子育て・保育、乳児・幼少期教育を行う

教育制度の名称と国名を結びつける問題がたびたび掲載されています。
内容とともに国名についても覚えましょう

⑤ 保育所保育指針の概要

◎ 保育所保育指針とは

概要	・保育所保育の基本となる考え方や保育のねらいおよび内容など保育の実施にかかわる事項と、これに関連する運営に関する事項について定めたもの
対象	・保育所 ・小規模保育 ・家庭的保育などの地域型保育事業 ・認可外保育施設
法的性格	・厚生労働大臣告示であり、法的拘束力を持つガイドライン
根拠法	・児童福祉施設の設備及び運営に関する基準(第35条)

保育所保育指針の構成

第1章　総則

1　保育所保育に関する基本原則
2　養護に関する基本的事項
3　保育の計画及び評価
4　幼児教育を行う施設として共有すべき事項

第2章　保育の内容

1　乳児保育に関わるねらい及び内容
2　1歳以上3歳未満児の保育に関わるねらい及び内容
3　3歳以上児の保育に関するねらい及び内容
4　保育の実施に関して留意すべき事項

第3章　健康及び安全

1　子どもの健康支援
2　食育の推進
3　環境及び衛生管理並びに安全管理
4　災害への備え

第4章　子育て支援

1　保育所における子育て支援に関する基本的事項
2　保育所を利用している保護者に対する子育て支援
3　地域の保護者等に対する子育て支援

第5章　職員の資質向上

1　職員の資質向上に関する基本的事項
2　施設長の責務
3　職員の研修等
4　研修の実施体制等

指針の構成を見ることで、保育所の役割や業務の全体像を把握できます

◎ 保育所保育に関する基本原則（保育所保育指針第1章総則1） R3後、R4後、R5前

保育所の役割

1	保育を必要とする子どもの保育を行い、その健全な心身の発達を図ることを目的とする児童福祉施設であり、入所する子どもの最善の利益を考慮し、その福祉を積極的に増進することに最もふさわしい生活の場でなければならない。 子どもの最善の利益という子ども家庭福祉に共通する理念について触れられている
2	保育に関する専門性を有する職員が、家庭との緊密な連携の下に、子どもの状況や発達過程を踏まえ、保育所における環境を通して、養護及び教育を一体的に行うことを特性としている。 「養護及び教育を一体的に行う」は試験でも問われやすいキーワード
3	入所する子どもを保育するとともに、家庭や地域の様々な社会資源との連携を図りながら、入所する子どもの保護者に対する支援及び地域の子育て家庭に対する支援等を行う役割を担うものである。 保育所、及び、保育士が保護者支援と地域の子育て支援の役割を担っていることが明確に記載されている
4	保育所の役割及び機能が適切に発揮されるように、倫理観に裏付けられた専門的知識、技術及び判断をもって、子どもを保育するとともに、子どもの保護者に対する保育に関する指導を行うものであり、その職責を遂行するための専門性の向上に絶えず努めなければならない。 保育所保育指針の第5章で、資質向上のために保育所がすべきことが記載されているのでそちらも併せて確認するとよい

保育の目標

1	十分に養護の行き届いた環境の下に、くつろいだ雰囲気の中で子どもの様々な欲求を満たし、生命の保持及び情緒の安定を図ること。
2	健康、安全など生活に必要な基本的な習慣や態度を養い、心身の健康の基礎を培うこと。
3	生命、自然及び社会の事象についての興味や関心を育て、それらに対する豊かな心情や思考力の芽生えを培うこと。
4	生活の中で、言葉への興味や関心を育て、話したり、聞いたり、相手の話を理解しようとするなど、言葉の豊かさを養うこと。
5	様々な体験を通して、豊かな感性や表現力を育み、創造性の芽生えを培うこと。

保育所保育指針は穴埋めで出題されることが多いです。赤字の部分は出題の可能性がある箇所なので、覚えておくようにしましょう

第3章 …… 保育・教育の理論と実践

保育の方法

1	一人一人の子どもの状況や家庭及び地域社会での生活の実態を把握するとともに、子どもが安心感と信頼感をもって活動できるよう、子どもの主体としての思いや願いを受け止めること。
2	子どもの生活のリズムを大切にし、健康、安全で情緒の安定した生活ができる環境や、自己を十分に発揮できる環境を整えること。
3	子どもの発達について理解し、一人一人の発達過程に応じて保育すること。その際、子どもの個人差に十分配慮すること。
4	子ども相互の関係づくりや互いに尊重する心を大切にし、集団における活動を効果あるものにするよう援助すること。
5	子どもが自発的・意欲的に関われるような環境を構成し、子どもの主体的な活動や子ども相互の関わりを大切にすること。特に、乳幼児期にふさわしい体験が得られるように、生活や遊びを通して総合的に保育すること。
6	一人一人の保護者の状況やその意向を理解、受容し、それぞれの親子関係や家庭生活等に配慮しながら、様々な機会をとらえ、適切に援助すること。

保育の環境

1	子ども自らが環境に関わり、自発的に活動し、様々な経験を積んでいくことができるよう配慮すること。 **保育者は、適切な環境を用意することで、その環境から子どもたちが自ら気づきや経験を得られるようにする**
2	子どもの活動が豊かに展開されるよう、保育所の設備や環境を整え、保育所の保健的環境や安全の確保などに努めること。
3	保育室は、温かな親しみとくつろぎの場となるとともに、生き生きと活動できる場となるように配慮すること。
4	子どもが人と関わる力を育てていくため、子ども自らが周囲の子どもや大人と関わっていくことができる環境を整えること。

保育所の社会的責任

1	保育所は、子どもの人権に十分配慮するとともに、子ども一人一人の人格を尊重して保育を行わなければならない。
2	保育所は、地域社会との交流や連携を図り、保護者や地域社会に、当該保育所が行う保育の内容を適切に説明するよう努めなければならない。 **保育内容の説明の努力義務について記載している**
3	保育所は、入所する子ども等の個人情報を適切に取り扱うとともに、保護者の苦情などに対し、その解決を図るよう努めなければならない。 **苦情解決の努力義務について記載している**

第1章総則1のこれらの内容を読んでおくことで、2章以降の内容を理解しやすくなります

◎ 保育における養護（保育所保育指針第1章総則2） R3後、R4前、R4後

養護の理念

保育における養護とは、子どもの生命の保持及び情緒の安定を図るために保育士等が行う援助や関わりであり、保育所における保育は、養護及び教育を一体的に行うことをその特性とするものである。保育所における保育全体を通じて、養護に関するねらい及び内容を踏まえた保育が展開されなければならない。

生命の保持

〈ねらい〉

① 一人一人の子どもが、快適に生活できるようにする。

② 一人一人の子どもが、健康で安全に過ごせるようにする。

③ 一人一人の子どもの生理的欲求が、十分に満たされるようにする。

④ 一人一人の子どもの健康増進が、積極的に図られるようにする。

〈内容〉

① 一人一人の子どもの平常の健康状態や発育及び発達状態を的確に把握し、異常を感じる場合は、速やかに適切に対応する。

② 家庭との連携を密にし、嘱託医等との連携を図りながら、子どもの疾病や事故防止に関する認識を深め、保健的で安全な保育環境の維持及び向上に努める。

③ 清潔で安全な環境を整え、適切な援助や応答的な関わりを通して子どもの生理的欲求を満たしていく。また、家庭と協力しながら、子どもの発達過程等に応じた適切な生活のリズムがつくられていくようにする。

④ 子どもの発達過程等に応じて、適度な運動と休息を取ることができるようにする。また、食事、排泄、衣類の着脱、身の回りを清潔にすることなどについて、子どもが意欲的に生活できるよう適切に援助する。

情緒の安定

〈ねらい〉

① 一人一人の子どもが、安定感をもって過ごせるようにする。

② 一人一人の子どもが、自分の気持ちを安心して表すことができるようにする。

③ 一人一人の子どもが、周囲から主体として受け止められ、主体として育ち、自分を肯定する気持ちが育まれていくようにする。

④ 一人一人の子どもがくつろいで共に過ごし、心身の疲れが癒されるようにする。

＜内容＞

① 一人一人の子どもの置かれている状態や発達過程などを的確に把握し、子どもの欲求を適切に満たしながら、応答的な触れ合いや言葉がけを行う。

② 一人一人の子どもの気持ちを受容し、共感しながら、子どもとの継続的な信頼関係を築いていく。

③ 保育士等との信頼関係を基盤に、一人一人の子どもが主体的に活動し、自発性や探索意欲などを高めるとともに、自分への自信をもつことができるよう成長の過程を見守り、適切に働きかける。

④ 一人一人の子どもの生活のリズム、発達過程、保育時間などに応じて、活動内容のバランスや調和を図りながら、適切な食事や休息が取れるようにする。

次ページの「幼児教育を行う施設として共有すべき事項」の内容も把握して、保育所で求められる「養護」と「教育」がどのようなものなのかを理解しましょう

⑥ 幼児教育を行う施設として共有すべき事項

◎ 育みたい資質・能力（保育所保育指針第1章総則4）　R3後、R5前、R5後

幼児教育から義務教育、高等学校教育までを見通して、生活や学習に必要となる資質・能力が育まれるよう、幼児教育段階では次のような点について、施設類型を問わずに共通に告示している。

知識・技能の基礎
豊かな体験を通じて、
感じたり、気づいたり、わかったり、
できるようになったりする

思考力・判断力・表現力などの基礎
気づいたことや、
できるようになったことなどを使い、
考えたり、試したり、工夫したり、
表現したりする

遊びを通しての総合的な指導

心情、意欲、態度が育つ中で、
よりよい生活を営もうとする
学びに向かう力・人間性など

出所：文部科学省「中央教育審議会初等中等教育分科会幼児教育と小学校教育の架け橋特別委員会参考資料集」より作成

◎ 幼児期の終わりまでに育ってほしい姿（保育所保育指針第1章総則4）　R3後、R5前

第2章に示すねらい及び内容に基づく保育活動全体を通して資質・能力が育まれている子どもの小学校就学時の具体的な姿であり、保育士等が指導を行う際に考慮するものである。

3歳以上児のねらい及び内容と共通点が多い

健康な心と体
保育所の生活の中で、充実感をもって自分のやりたいことに向かって心と体を十分に働かせ、見通しをもって行動し、自ら健康で安全な生活をつくり出すようになる。

協同性
友達と関わる中で、互いの思いや考えなどを共有し、共通の目的の実現に向けて、考えたり、工夫したり、協力したりし、充実感をもってやり遂げるようになる。

道徳性・規範意識の芽生え
友達と様々な体験を重ねる中で、してよいことや悪いことが分かり、自分の行動を振り返ったり、友達の気持ちに共感したりし、相手の立場に立って行動するようになる。また、きまりを守る必要性が分かり、自分の気持ちを調整し、友達と折り合いを付けながら、きまりをつくったり、守ったりするようになる。

自立心

身近な環境に主体的に関わり様々な活動を楽しむ中で、しなければならないことを自覚し、自分の力で行うために考えたり、工夫したりしながら、諦めずにやり遂げることで達成感を味わい、自信をもって行動するようになる。

社会生活との関わり

家族を大切にしようとする気持ちをもつとともに、地域の身近な人と触れ合う中で、人との様々な関わり方に気付き、相手の気持ちを考えて関わり、自分が役に立つ喜びを感じ、地域に親しみをもつようになる。また、保育所内外の様々な環境に関わる中で、遊びや生活に必要な情報を取り入れ、情報に基づき判断したり、情報を伝え合ったり、活用したりするなど、情報を役立てながら活動するようになるとともに、公共の施設を大切に利用するなどして、社会とのつながりなどを意識するようになる。

思考力の芽生え

身近な事象に積極的に関わる中で、物の性質や仕組みなどを感じ取ったり、気付いたりし、考えたり、予想したり、工夫したりするなど、多様な関わりを楽しむようになる。また、友達の様々な考えに触れる中で、自分と異なる考えがあることに気付き、自ら判断したり、考え直したりするなど、新しい考えを生み出す喜びを味わいながら、自分の考えをよりよいものにするようになる。

自然との関わり・生命尊重

自然に触れて感動する体験を通して、自然の変化などを感じ取り、好奇心や探究心をもって考え言葉などで表現しながら、身近な事象への関心が高まるとともに、自然への愛情や畏敬の念をもつようになる。また、身近な動植物に心を動かされる中で、生命の不思議さや尊さに気付き、身近な動植物への接し方を考え、命あるものとしていたわり、大切にする気持ちをもって関わるようになる。

数量や図形、標識や文字などへの関心・感覚

遊びや生活の中で、数量や図形、標識や文字などに親しむ体験を重ねたり、標識や文字の役割に気付いたりし、自らの必要感に基づきこれらを活用し、興味や関心、感覚をもつようになる。

言葉による伝え合い

保育士等や友達と心を通わせる中で、絵本や物語などに親しみながら、豊かな言葉や表現を身に付け、経験したことや考えたことなどを言葉で伝えたり、相手の話を注意して聞いたりし、言葉による伝え合いを楽しむようになる。

豊かな感性と表現

心を動かす出来事などに触れ感性を働かせる中で、様々な素材の特徴や表現の仕方などに気付き、感じたことや考えたことを自分で表現したり、友達同士で表現する過程を楽しんだりし、表現する喜びを味わい、意欲をもつようになる。

これらはあくまで「育ってほしい姿」であり、幼児期の終わりまでに必ず身につけさせるべき目標ではありません。そのため、試験では「〜を身につけられるよう指導する」などの選択肢は誤りの可能性が高いです

⑦ 保育の計画及び評価

◎ 保育の計画（保育所保育指針第1章総則3） R3後、R4後、R5後

全体的な計画

・子どもや家庭の状況、地域の実態、保育時間などを考慮し、子どもの育ちに関する長期的見通しをもって適切に作成されなければならない。
・保育所保育の全体像を包括的に示すものとし、これに基づく指導計画、保健計画、食育計画等を通じて、各保育所が創意工夫して保育できるよう、作成されなければならない。

指導計画

・全体的な計画に基づき、具体的な保育が適切に展開されるよう、子どもの生活や発達を見通した長期的な指導計画と、それに関連しながら、より具体的な子どもの日々の生活に即した短期的な指導計画を作成しなければならない。

指導計画には長期的な計画と短期的計画がある

保健計画

食育計画

指導計画の作成で留意すべきこと

ねらいと内容の設定

保育所の生活における子どもの発達過程を見通し、生活の連続性、季節の変化などを考慮し、子どもの実態に即した具体的なねらい及び内容を設定すること。また、具体的なねらいが達成されるよう、子どもの生活する姿や発想を大切にして適切な環境を構成し、子どもが主体的に活動できるようにすること。

3歳未満児

一人一人の子どもの生育歴、心身の発達、活動の実態等に即して、個別的な計画を作成すること。

3歳以上児

個の成長と、子ども相互の関係や協同的な活動が促されるよう配慮すること。

異年齢保育

一人一人の子どもの生活や経験、発達過程などを把握し、適切な援助や環境構成ができるよう配慮すること。

障害の有無にかかわらず、ともに成長できるような計画を立てることが大切

障害のある子ども

障害のある子どもの保育については、一人一人の子どもの発達過程や障害の状態を把握し、適切な環境の下で、障害のある子どもが他の子どもとの生活を通して共に成長できるよう、指導計画の中に位置付けること。また、子どもの状況に応じた保育を実施する観点から、家庭や関係機関と連携した支援のための計画を個別に作成するなど適切な対応を図ること。

3歳未満児、および、障害のある子どもについては、個別的な計画を作成する必要があります

生活のリズム	午睡	長時間の保育
一日の生活のリズムや在園時間が異なる子どもが共に過ごすことを踏まえ、活動と休息、緊張感と解放感等の調和を図るよう配慮すること。	午睡は生活のリズムを構成する重要な要素であり、安心して眠ることのできる安全な睡眠環境を確保するとともに、在園時間が異なることや、睡眠時間は子どもの発達の状況や個人によって差があることから、一律とならないよう配慮すること。	長時間にわたる保育については、子どもの発達過程、生活のリズム及び心身の状態に十分配慮して、保育の内容や方法、職員の協力体制、家庭との連携などを指導計画に位置付けること。

指導計画の展開

施設長、保育士など、全職員による適切な役割分担と協力体制を整えること。	子どもが行う具体的な活動は、生活の中で様々に変化することに留意して、子どもが望ましい方向に向かって自ら活動を展開できるよう必要な援助を行うこと。
子どもの主体的な活動を促すためには、保育士等が多様な関わりをもつことが重要であることを踏まえ、子どもの情緒の安定や発達に必要な豊かな体験が得られるよう援助すること。	保育士等は、子どもの実態や子どもを取り巻く状況の変化などに即して保育の過程を記録するとともに、これらを踏まえ、指導計画に基づく保育の内容の見直しを行い、改善を図ること。

◎ 保育内容等の評価（保育所保育指針第1章総則3） R3後、R4前、R4後、R5後

保育士等の自己評価

自己評価によって専門性の向上と保育実践の改善が求められている

保育士等は、保育の計画や保育の記録を通して、自らの保育実践を振り返り、自己評価することを通して、その専門性の向上や保育実践の改善に努めなければならない。	保育士等による自己評価に当たっては、子どもの活動内容やその結果だけでなく、子どもの心の育ちや意欲、取り組む過程などにも十分配慮するよう留意すること。	保育士等は、自己評価における自らの保育実践の振り返りや職員相互の話し合い等を通じて、専門性の向上及び保育の質の向上のための課題を明確にするとともに、保育所全体の保育の内容に関する認識を深めること。

保育所の自己評価

自己評価とその結果の公表についての努力義務が示されている

保育所は、保育の質の向上を図るため、保育の計画の展開や保育士等の自己評価を踏まえ、当該保育所の保育の内容等について、自ら評価を行い、その結果を公表するよう努めなければならない。	保育所が自己評価を行うに当たっては、地域の実情や保育所の実態に即して、適切に評価の観点や項目等を設定し、全職員による共通理解をもって取り組むよう留意すること。	設備運営基準第36条の趣旨を踏まえ、保育の内容等の評価に関し、保護者及び地域住民等の意見を聴くことが望ましい。

児童福祉施設の設備及び運営に関する基準では、保育所の自己評価（自らその行う業務の質の評価）は義務となっているので注意（42ページ参照）

⑧ 保育のねらい及び内容

◎ 乳児保育にかかわるねらい及び内容 R3後、R4前、R4後、R5前、R5後
　（保育所保育指針第2章1）

1歳以上3歳未満児／3歳以上児との「ねらい及び内容」の項目の違い

乳児
・健やかに伸び伸びと育つ
・身近な人と気持ちが通じ合う
・身近なものと関わり感性が育つ

→

1歳以上3歳未満児／3歳以上児
・健康　・人間関係
・環境　・言葉
・表現

乳児ということで教育というよりも
養護の側面が重視されている

この5つの項目は「5領域」と
呼ばれている

基本的事項

・乳児期の発達については、視覚、聴覚などの感覚や、座る、はう、歩くなどの運動機能が著しく発達し、特定の大人との応答的な関わりを通じて、情緒的な絆が形成されるといった特徴がある。これらの発達の特徴を踏まえて、乳児保育は、愛情豊かに、応答的に行われることが特に必要である。

乳児保育では、様々な人とかかわるよりも、特定
の人や身近な人との関係が重視されている

ねらい及び内容

健やかに伸び伸びと育つ
〈ねらい〉 ①身体感覚が育ち、快適な環境に心地よさを感じる。 ②伸び伸びと体を動かし、はう、歩くなどの運動をしようとする。 ③食事、睡眠等の生活のリズムの感覚が芽生える。
〈内容〉 ①保育士等の愛情豊かな受容の下で、生理的・心理的欲求を満たし、心地よく生活をする。 ②一人一人の発育に応じて、はう、立つ、歩くなど、十分に体を動かす。 ③個人差に応じて授乳を行い、離乳を進めていく中で、様々な食品に少しずつ慣れ、食べることを楽しむ。 ④一人一人の生活のリズムに応じて、安全な環境の下で十分に午睡をする。 ⑤おむつ交換や衣服の着脱などを通じて、清潔になることの心地よさを感じる。

「生活のリズム」については、乳児保育では「感覚の芽生え」となっている
のに対して1歳以上3歳未満児の保育では「生活のリズムが形成される」
（健康の内容）という表現に変化している

身近な人と気持ちが通じ合う

〈ねらい〉
①安心できる関係の下で、身近な人と共に過ごす喜びを感じる。
②体の動きや表情、発声等により、保育士等と気持ちを通わせようとする。
③身近な人と親しみ、関わりを深め、愛情や信頼感が芽生える。

〈内容〉
①子どもからの働きかけを踏まえた、応答的な触れ合いや言葉がけによって、欲求が満たされ、安定感をもって過ごす。
②体の動きや表情、発声、喃語等を優しく受け止めてもらい、保育士等とのやり取りを楽しむ。
③生活や遊びの中で、自分の身近な人の存在に気付き、親しみの気持ちを表す。
④保育士等による語りかけや歌いかけ、発声や喃語等への応答を通じて、言葉の理解や発語の意欲が育つ。
⑤温かく、受容的な関わりを通じて、自分を肯定する気持ちが芽生える。

身近なものと関わり感性が育つ

〈ねらい〉
①身の回りのものに親しみ、様々なものに興味や関心をもつ。
②見る、触れる、探索するなど、身近な環境に自分から関わろうとする。
③身体の諸感覚による認識が豊かになり、表情や手足、体の動き等で表現する。

〈内容〉
①玩具などは、音質、形、色、大きさなど子どもの発達状態に応じて適切なものを選び、その時々の子どもの興味や関心を踏まえるなど、遊びを通して感覚の発達が促されるものとなるように工夫すること。なお、安全な環境の下で、子どもが探索意欲を満たして自由に遊べるよう、身の回りのものについては、常に十分な点検を行うこと。
②乳児期においては、表情、発声、体の動きなどで、感情を表現することが多いことから、これらの表現しようとする意欲を積極的に受け止めて、子どもが様々な活動を楽しむことを通して表現が豊かになるようにすること。

保育の実施に関わる配慮事項

・乳児は疾病への抵抗力が弱く、心身の機能の未熟さに伴う疾病の発生が多いことから、一人一人の発育及び発達状態や健康状態についての適切な判断に基づく保健的な対応を行うこと。
・一人一人の子どもの生育歴の違いに留意しつつ、欲求を適切に満たし、特定の保育士が応答的に関わるように努めること。
・乳児保育に関わる職員間の連携や嘱託医との連携を図り、第3章に示す事項を踏まえ、適切に対応すること。栄養士及び看護師等が配置されている場合は、その専門性を生かした対応を図ること。
・保護者との信頼関係を築きながら保育を進めるとともに、保護者からの相談に応じ、保護者への支援に努めていくこと。
・担当の保育士が替わる場合には、子どものそれまでの生育歴や発達過程に留意し、職員間で協力して対応すること。

「生育歴」という言葉は1歳以上3歳未満児の保育では見られなくなっている

年齢を重ねて発達が見られる中で「ねらい及び内容」の記載も変わっていきます。記載の違いに着目しながら、次ページで「1歳以上3歳未満児」の内容を見てみましょう

◎ 1歳以上3歳未満児の保育（保育所保育指針第2章2）　R3後、R4前、R5前、R5後

基本的事項

・この時期においては、歩き始めから、歩く、走る、跳ぶなどへと、基本的な運動機能が次第に発達し、排泄の自立のための身体的機能も整うようになる。つまむ、めくるなどの指先の機能も発達し、食事、衣類の着脱なども、保育士等の援助の下で自分で行うようになる。発声も明瞭になり、語彙も増加し、自分の意思や欲求を言葉で表出できるようになる。このように自分でできることが増えてくる時期であることから、保育士等は、子どもの生活の安定を図りながら、自分でしようとする気持ちを尊重し、温かく見守るとともに、愛情豊かに、応答的に関わることが必要である。

ねらい及び内容

「ねらい及び内容」は乳児からの成長が感じられる内容となっています

乳児保育の「運動をしようとする」から「自分から体を動かすことを楽しむ」という記載へ変わっている

健康

〈ねらい〉

①明るく伸び伸びと生活し、自分から体を動かすことを楽しむ。

②自分の体を十分に動かし、様々な動きをしようとする。

③健康、安全な生活に必要な習慣に気付き、自分でしてみようとする気持ちが育つ。

〈内容〉

①保育士等の愛情豊かな受容の下で、安定感をもって生活をする。

②食事や午睡、遊びと休息など、保育所における生活のリズムが形成される。

③走る、跳ぶ、登る、押す、引っ張るなど全身を使う遊びを楽しむ。

④様々な食品や調理形態に慣れ、ゆったりとした雰囲気の中で食事や間食を楽しむ。

⑤身の回りを清潔に保つ心地よさを感じ、その習慣が少しずつ身に付く。

⑥保育士等の助けを借りながら、衣類の着脱を自分でしようとする。

⑦便器での排泄に慣れ、自分で排泄ができるようになる。

人間関係

〈ねらい〉

①保育所での生活を楽しみ、身近な人と関わる心地よさを感じる。

②周囲の子ども等への興味や関心が高まり、関わりをもとうとする。

③保育所の生活の仕方に慣れ、きまりの大切さに気付く。

「きまり」という記載が見られるようになる

〈内容〉

①保育士等や周囲の子ども等との安定した関係の中で、共に過ごす心地よさを感じる。

②保育士等の受容的・応答的な関わりの中で、欲求を適切に満たし、安定感をもって過ごす。

③身の回りに様々な人がいることに気付き、徐々に他の子どもと関わりをもって遊ぶ。

④保育士等の仲立ちにより、他の子どもとの関わり方を少しずつ身につける。

⑤保育所の生活の仕方に慣れ、きまりがあることや、その大切さに気付く。

⑥生活や遊びの中で、年長児や保育士等の真似をしたり、ごっこ遊びを楽しんだりする。

環境

〈ねらい〉

①身近な環境に親しみ、触れ合う中で、様々なものに興味や関心をもつ。

②様々なものに関わる中で、発見を楽しんだり、考えたりしようとする。

③見る、聞く、触るなどの経験を通して、感覚の働きを豊かにする。

> 「発見を楽しむ」「考えたりしようとする」という記載が見られるようになる

〈内容〉

①安全で活動しやすい環境での探索活動等を通して、見る、聞く、触れる、嗅ぐ、味わうなどの感覚の働きを豊かにする。

②玩具、絵本、遊具などに興味をもち、それらを使った遊びを楽しむ。

③身の回りの物に触れる中で、形、色、大きさ、量などの物の性質や仕組みに気付く。

④自分の物と人の物の区別や、場所的感覚など、環境を捉える感覚が育つ。

⑤身近な生き物に気付き、親しみをもつ。

⑥近隣の生活や季節の行事などに興味や関心をもつ。

言葉

〈ねらい〉

①言葉遊びや言葉で表現する楽しさを感じる。

②人の言葉や話などを聞き、自分でも思ったことを伝えようとする。

③絵本や物語等に親しむとともに、言葉のやり取りを通じて身近な人と気持ちを通わせる。

> 「言葉で表現する」「思ったことを伝える」という記載が見られるようになる

〈内容〉

①保育士等の応答的な関わりや話しかけにより、自ら言葉を使おうとする。

②生活に必要な簡単な言葉に気付き、聞き分ける。

③親しみをもって日常の挨拶に応じる。

④絵本や紙芝居を楽しみ、簡単な言葉を繰り返したり、模倣をしたりして遊ぶ。

⑤保育士等とごっこ遊びをする中で、言葉のやり取りを楽しむ。

⑥保育士等を仲立ちとして、生活や遊びの中で友達との言葉のやり取りを楽しむ。

⑦保育士等や友達の言葉や話に興味や関心をもって、聞いたり、話したりする。

表現

〈ねらい〉

①身体の諸感覚の経験を豊かにし、様々な感覚を味わう。

②感じたことや考えたことなどを自分なりに表現しようとする。

③生活や遊びの様々な体験を通して、イメージや感性が豊かになる。

> 「表現しようとする」という記載が見られるようになる

〈内容〉

①水、砂、土、紙、粘土など様々な素材に触れて楽しむ。

②音楽、リズムやそれに合わせた体の動きを楽しむ。

③生活の中で様々な音、形、色、手触り、動き、味、香りなどに気付いたり、感じたりして楽しむ。

④歌を歌ったり、簡単な手遊びや全身を使う遊びを楽しんだりする。

⑤保育士等からの話や、生活や遊びの中での出来事を通して、イメージを豊かにする。

⑥生活や遊びの中で、興味のあることや経験したことなどを自分なりに表現する。

試験では、「ねらい及び内容」が設問文として掲載され、それが、何歳児の保育の内容なのかを問う出題がよく見られます

保育の実施に関わる配慮事項

- 特に感染症にかかりやすい時期であるので、体の状態、機嫌、食欲などの日常の状態の観察を十分に行うとともに、適切な判断に基づく保健的な対応を心がけること。
- 探索活動が十分できるように、事故防止に努めながら活動しやすい環境を整え、全身を使う遊びなど様々な遊びを取り入れること。
- 自我が形成され、子どもが自分の感情や気持ちに気付くようになる重要な時期であることに鑑み、情緒の安定を図りながら、子どもの自発的な活動を尊重するとともに促していくこと。
- 担当の保育士が替わる場合には、子どものそれまでの経験や発達過程に留意し、職員間で協力して対応すること。

◎ 3歳以上児の保育（保育所保育指針第2章3） R3後、R4前、R4後、R5前、R5後

基本的事項

- この時期においては、運動機能の発達により、基本的な動作が一通りできるようになるとともに、基本的な生活習慣もほぼ自立できるようになる。理解する語彙数が急激に増加し、知的興味や関心も高まってくる。仲間と遊び、仲間の中の一人という自覚が生じ、集団的な遊びや協同的な活動も見られるようになる。これらの発達の特徴を踏まえて、この時期の保育においては、個の成長と集団としての活動の充実が図られるようにしなければならない。

個人の成長だけでなく、友達とのかかわりなどの集団としての活動にも重点が置かれていることに注目して読んでみましょう

ねらい及び内容

健康
〈ねらい〉 ①明るく伸び伸びと行動し、充実感を味わう。 ②自分の体を十分に動かし、進んで運動しようとする。 ③健康、安全な生活に必要な習慣や態度を身に付け、見通しをもって行動する。
〈内容〉 ①保育士等や友達と触れ合い、安定感をもって行動する。 ②いろいろな遊びの中で十分に体を動かす。 ③進んで戸外で遊ぶ。 ④様々な活動に親しみ、楽しんで取り組む。 ⑤保育士等や友達と食べることを楽しみ、食べ物への興味や関心をもつ。 ⑥健康な生活のリズムを身に付ける。 ⑦身の回りを清潔にし、衣服の着脱、食事、排泄などの生活に必要な活動を自分でする。 ⑧保育所における生活の仕方を知り、自分たちで生活の場を整えながら見通しをもって行動する。 ⑨自分の健康に関心をもち、病気の予防などに必要な活動を進んで行う。 ⑩危険な場所、危険な遊び方、災害時などの行動の仕方が分かり、安全に気を付けて行動する。

「見通し」という記載が見られるようになる

人間関係

〈ねらい〉

①保育所の生活を楽しみ、自分の力で行動することの充実感を味わう。

②身近な人と親しみ、関わりを深め、工夫したり、協力したりして一緒に活動する楽しさを味わい、愛情や信頼感をもつ。

③社会生活における望ましい習慣や態度を身に付ける。

「協力して一緒に活動する」という記載が見られるようになる

〈内容〉

①保育士等や友達と共に過ごすことの喜びを味わう。

②自分で考え、自分で行動する。

③自分でできることは自分でする。

④いろいろな遊びを楽しみながら物事をやり遂げようとする気持ちをもつ。

⑤友達と積極的に関わりながら喜びや悲しみを共感し合う。

⑥自分の思ったことを相手に伝え、相手の思っていることに気付く。

⑦友達のよさに気付き、一緒に活動する楽しさを味わう。

⑧友達と楽しく活動する中で、共通の目的を見いだし、工夫したり、協力したりなどする。

⑨よいことや悪いことがあることに気付き、考えながら行動する。

⑩友達との関わりを深め、思いやりをもつ。

⑪友達と楽しく生活する中できまりの大切さに気付き、守ろうとする。

⑫共同の遊具や用具を大切にし、皆で使う。

⑬高齢者をはじめ地域の人々などの自分の生活に関係の深いいろいろな人に親しみをもつ。

環境

〈ねらい〉

①身近な環境に親しみ、自然と触れ合う中で様々な事象に興味や関心をもつ。

②身近な環境に自分から関わり、発見を楽しんだり、考えたりし、それを生活に取り入れようとする。

③身近な事象を見たり、考えたり、扱ったりする中で、物の性質や数量、文字などに対する感覚を豊かにする。

〈内容〉

①自然に触れて生活し、その大きさ、美しさ、不思議さなどに気付く。

②生活の中で、様々な物に触れ、その性質や仕組みに興味や関心をもつ。

③季節により自然や人間の生活に変化のあることに気付く。

④自然などの身近な事象に関心をもち、取り入れて遊ぶ。

⑤身近な動植物に親しみをもって接し、生命の尊さに気付き、いたわったり、大切にしたりする。

⑥日常生活の中で、我が国や地域社会における様々な文化や伝統に親しむ。

⑦身近な物を大切にする。

⑧身近な物や遊具に興味をもって関わり、自分なりに比べたり、関連付けたりしながら考えたり、試したりして工夫して遊ぶ。

⑨日常生活の中で数量や図形などに関心をもつ。

⑩日常生活の中で簡単な標識や文字などに関心をもつ。

⑪生活に関係の深い情報や施設などに興味や関心をもつ。

⑫保育所内外の行事において国旗に親しむ。

1歳以上3歳未満児では内容に「量」「形」という記載があったが、3歳以上児では「数量」「図形」といった記載に発展している

言葉

〈ねらい〉

①自分の気持ちを言葉で表現する楽しさを味わう。

②人の言葉や話などをよく聞き、自分の経験したことや考えたことを話し、伝え合う喜びを味わう。

③日常生活に必要な言葉が分かるようになるとともに、絵本や物語などに親しみ、言葉に対する感覚を豊かにし、保育士等や友達と心を通わせる。

〈内容〉

①保育士等や友達の言葉や話に興味や関心をもち、親しみをもって聞いたり、話したりする。

②したり、見たり、聞いたり、感じたり、考えたりなどしたことを自分なりに言葉で表現する。

③したいこと、してほしいことを言葉で表現したり、分からないことを尋ねたりする。

④人の話を注意して聞き、相手に分かるように話す。

⑤生活の中で必要な言葉が分かり、使う。

⑥親しみをもって日常の挨拶をする。

⑦生活の中で言葉の楽しさや美しさに気付く。

⑧いろいろな体験を通じてイメージや言葉を豊かにする。

⑨絵本や物語などに親しみ、興味をもって聞き、想像をする楽しさを味わう。

⑩日常生活の中で、文字などで伝える楽しさを味わう。

表現

〈ねらい〉

①いろいろなものの美しさなどに対する豊かな感性をもつ。

②感じたことや考えたことを自分なりに表現して楽しむ。

③生活の中でイメージを豊かにし、様々な表現を楽しむ。

> 1歳以上3歳未満児の「表現しようとする」から発展し、「表現して楽しむ」という記載に変化している

〈内容〉

①生活の中で様々な音、形、色、手触り、動きなどに気付いたり、感じたりするなどして楽しむ。

②生活の中で美しいものや心を動かす出来事に触れ、イメージを豊かにする。

③様々な出来事の中で、感動したことを伝え合う楽しさを味わう。

④感じたこと、考えたことなどを音や動きなどで表現したり、自由にかいたり、つくったりなどする。

⑤いろいろな素材に親しみ、工夫して遊ぶ。

⑥音楽に親しみ、歌を歌ったり、簡単なリズム楽器を使ったりなどする楽しさを味わう。

⑦かいたり、つくったりすることを楽しみ、遊びに使ったり、飾ったりなどする。

⑧自分のイメージを動きや言葉などで表現したり、演じて遊んだりするなどの楽しさを味わう。

保育の実施に関わる配慮事項

・第1章の4の（2）に示す「幼児期の終わりまでに育ってほしい姿」が、ねらい及び内容に基づく活動全体を通して資質・能力が育まれている子どもの小学校就学時の具体的な姿であることを踏まえ、指導を行う際には適宜考慮すること。

・子どもの発達や成長の援助をねらいとした活動の時間については、意識的に保育の計画等において位置付けて、実施することが重要であること。なお、そのような活動の時間については、保護者の就労状況等に応じて子どもが保育所で過ごす時間がそれぞれ異なることに留意して設定すること。

・特に必要な場合には、各領域に示すねらいの趣旨に基づいて、具体的な内容を工夫し、それを加えても差し支えないが、その場合には、それが第1章の1に示す保育所保育に関する基本原則を逸脱しないよう慎重に配慮する必要があること

子どもの年齢にかかわらず留意すべきことが記載されている

保育全般に関わる配慮事項

・子どもの心身の発達及び活動の実態などの個人差を踏まえるとともに、一人一人の子どもの気持ちを受け止め、援助すること。
・子どもの健康は、生理的・身体的な育ちとともに、自主性や社会性、豊かな感性の育ちとがあいまってもたらされることに留意すること。
・子どもが自ら周囲に働きかけ、試行錯誤しつつ自分の力で行う活動を見守りながら、適切に援助すること。

失敗しないように導くのではなく、子ども自身がうまくできない悔しさを感じたり、自分でできたという達成感を味わったりすることが大切

・子どもの入所時の保育に当たっては、できるだけ個別的に対応し、子どもが安定感を得て、次第に保育所の生活になじんでいくようにするとともに、既に入所している子どもに不安や動揺を与えないようにすること。
・子どもの国籍や文化の違いを認め、互いに尊重する心を育てるようにすること。
・子どもの性差や個人差にも留意しつつ、性別などによる固定的な意識を植え付けることがないようにすること。

小学校との連携

・保育所においては、保育所保育が、小学校以降の生活や学習の基盤の育成につながることに配慮し、幼児期にふさわしい生活を通じて、創造的な思考や主体的な生活態度などの基礎を培うようにすること。
・保育所保育において育まれた資質・能力を踏まえ、小学校教育が円滑に行われるよう、小学校教師との意見交換や合同の研究の機会などを設け、第1章の4の（2）に示す「幼児期の終わりまでに育って欲しい姿」を共有するなど連携を図り、保育所保育と小学校教育との円滑な接続を図るよう努めること。

資料とは保育所児童保育要録のこと

小学校教師との連携が重要視されている

・子どもに関する情報共有に関して、保育所に入所している子どもの就学に際し、市町村の支援の下に、子どもの育ちを支えるための資料が保育所から小学校へ送付されるようにすること。

生活の連続性という言葉も保育所保育指針のキーワードになっている

家庭及び地域社会との連携

・子どもの生活の連続性を踏まえ、家庭及び地域社会と連携して保育が展開されるよう配慮すること。その際、家庭や地域の機関及び団体の協力を得て、地域の自然、高齢者や異年齢の子ども等を含む人材、行事、施設等の地域の資源を積極的に活用し、豊かな生活体験をはじめ保育内容の充実が図られるよう配慮すること。

保育所保育指針に加えて、保育所保育指針解説という資料が厚生労働省から公表されています。「なぜ、この記載なのか」「どうしてその言葉が使われているのか」といったことがわかり、指針に対する理解を深めることができるので、時間があるときに一読しておくとよいでしょう

⑨ 健康及び安全

◎ 健康及び安全（保育所保育指針第3章） R5前

子どもの健康支援

子どもの健康状態並びに発育及び発達状態の把握

・子どもの心身の状態等を観察し、不適切な養育の兆候が見られる場合には、市町村や関係機関と連携し、児童福祉法第25条に基づき、適切な対応を図ること。また、虐待が疑われる場合には、速やかに市町村又は児童相談所に通告し、適切な対応を図ること。

健康増進

・子どもの健康に関する保健計画を全体的な計画に基づいて作成し、全職員がそのねらいや内容を踏まえ、一人一人の子どもの健康の保持及び増進に努めていくこと。

・子どもの心身の健康状態や疾病等の把握のために、嘱託医等により定期的に健康診断を行い、その結果を記録し、保育に活用するとともに、保護者が子どもの状態を理解し、日常生活に活用できるようにすること。

疾病等への対応

・保育中に体調不良や傷害が発生した場合には、その子どもの状態等に応じて、保護者に連絡するとともに、適宜、嘱託医や子どものかかりつけ医等と相談し、適切な処置を行うこと。看護師等が配置されている場合には、その専門性を生かした対応を図ること。

・感染症やその他の疾病の発生予防に努め、その発生や疑いがある場合には、必要に応じて嘱託医、市町村、保健所等に連絡し、その指示に従うとともに、保護者や全職員に連絡し、予防等について協力を求めること。また、感染症に関する保育所の対応方法等について、あらかじめ関係機関の協力を得ておくこと。看護師等が配置されている場合には、その専門性を生かした対応を図ること。

・アレルギー疾患を有する子どもの保育については、保護者と連携し、医師の診断及び指示に基づき、適切な対応を行うこと。また、食物アレルギーに関して、関係機関と連携して、当該保育所の体制構築など、安全な環境の整備を行うこと。看護師や栄養士等が配置されている場合には、その専門性を生かした対応を図ること。

食育の推進

保育所の特性を生かした食育

・保育所における食育は、健康な生活の基本としての「食を営む力」の育成に向け、その基礎を培うことを目標とすること。

・子どもが生活と遊びの中で、意欲をもって食に関わる体験を積み重ね、食べることを楽しみ、食事を楽しみ合う子どもに成長していくことを期待するものであること。

・乳幼児期にふさわしい食生活が展開され、適切な援助が行われるよう、食事の提供を含む食育計画を全体的な計画に基づいて作成し、その評価及び改善に努めること。栄養士が配置されている場合は、専門性を生かした対応を図ること。

食育の環境の整備等

- 子どもが自らの感覚や体験を通して、自然の恵みとしての食材や食の循環・環境への意識、調理する人への感謝の気持ちが育つように、子どもと調理員等との関わりや、調理室など食に関わる保育環境に配慮すること。
- 保護者や地域の多様な関係者との連携及び協働の下で、食に関する取組が進められること。また、市町村の支援の下に、地域の関係機関等との日常的な連携を図り、必要な協力が得られるよう努めること。

環境及び衛生管理並びに安全管理

環境及び衛生管理

- 施設の温度、湿度、換気、採光、音などの環境を常に適切な状態に保持するとともに、施設内外の設備及び用具等の衛生管理に努めること。
- 施設内外の適切な環境の維持に努めるとともに、子ども及び全職員が清潔を保つようにすること。また、職員は衛生知識の向上に努めること。

事故防止及び安全対策

- 保育中の事故防止のために、子どもの心身の状態等を踏まえつつ、施設内外の安全点検に努め、安全対策のために全職員の共通理解や体制づくりを図るとともに、家庭や地域の関係機関の協力の下に安全指導を行うこと。
- 事故防止の取組を行う際には、特に、睡眠中、プール活動・水遊び中、食事中等の場面では重大事故が発生しやすいことを踏まえ、子どもの主体的な活動を大切にしつつ、施設内外の環境の配慮や指導の工夫を行うなど、必要な対策を講じること。
- 保育中の事故の発生に備え、施設内外の危険箇所の点検や訓練を実施するとともに、外部からの不審者等の侵入防止のための措置や訓練など不測の事態に備えて必要な対応を行うこと。また、子どもの精神保健面における対応に留意すること。

災害への備え

施設・設備等の安全確保

- 防火設備、避難経路等の安全性が確保されるよう、定期的にこれらの安全点検を行うこと。
- 備品、遊具等の配置、保管を適切に行い、日頃から、安全環境の整備に努めること。

災害発生時の対応体制及び避難への備え

- 火災や地震などの災害の発生に備え、緊急時の対応の具体的内容及び手順、職員の役割分担、避難訓練計画等に関するマニュアルを作成すること。
- 定期的に避難訓練を実施するなど、必要な対応を図ること。
- 災害の発生時に、保護者等への連絡及び子どもの引渡しを円滑に行うため、日頃から保護者との密接な連携に努め、連絡体制や引渡し方法等について確認をしておくこと。

地域の関係機関等との連携

- 市町村の支援の下に、地域の関係機関との日常的な連携を図り、必要な協力が得られるよう努めること。
- 避難訓練については、地域の関係機関や保護者との連携の下に行うなど工夫すること。

⑩子育て支援／職員の資質向上

◎ 子育て支援（保育所保育指針第4章） R3後、R4前、R4後、R5前

保育所における子育て支援に関する基本的事項

保育所の特性を生かした子育て支援

・保護者に対する子育て支援を行う際には、各地域や家庭の実態等を踏まえるとともに、保護者の気持ちを受け止め、相互の信頼関係を基本に、保護者の自己決定を尊重すること。
・保育及び子育てに関する知識や技術など、保育士等の専門性や、子どもが常に存在する環境など、保育所の特性を生かし、保護者が子どもの成長に気付き子育ての喜びを感じられるように努めること。

子育て支援に関して留意すべき事項

・保護者に対する子育て支援における地域の関係機関等との連携及び協働を図り、保育所全体の体制構築に努めること。
・子どもの利益に反しない限りにおいて、保護者や子どものプライバシーを保護し、知り得た事柄の秘密を保持すること。

> 児童虐待が疑われる場合については秘密の保持よりも通告が優先される

保育所を利用している保護者に対する子育て支援

> 「様々な機会」には、連絡帳、保護者へのお便り、送迎時の対話などが含まれる

保護者との相互理解

・日常の保育に関連した様々な機会を活用し子どもの日々の様子の伝達や収集、保育所保育の意図の説明などを通じて、保護者との相互理解を図るよう努めること。
・保育の活動に対する保護者の積極的な参加は、保護者の子育てを自ら実践する力の向上に寄与することから、これを促すこと。

保護者の状況に配慮した個別の支援

・保護者の就労と子育ての両立等を支援するため、保護者の多様化した保育の需要に応じ、病児保育事業など多様な事業を実施する場合には、保護者の状況に配慮するとともに、子どもの福祉が尊重されるよう努め、子どもの生活の連続性を考慮すること。
・子どもに障害や発達上の課題が見られる場合には、市町村や関係機関と連携及び協力を図りつつ、保護者に対する個別の支援を行うよう努めること。
・外国籍家庭など、特別な配慮を必要とする家庭の場合には、状況等に応じて個別の支援を行うよう努めること。

不適切な養育等が疑われる家庭への支援

・保護者に育児不安等が見られる場合には、保護者の希望に応じて個別の支援を行うよう努めること。
・保護者に不適切な養育等が疑われる場合には、市町村や関係機関と連携し、要保護児童対策地域協議会で検討するなど適切な対応を図ること。また、虐待が疑われる場合には、速やかに市町村又は児童相談所に通告し、適切な対応を図ること。

地域に開かれた子育て支援

・保育に支障がない限りにおいて、地域の実情や当該保育所の体制等を踏まえ、地域の保護者等に対して、保育所保育の専門性を生かした子育て支援を積極的に行うよう努めること。

◎ 職員の資質向上（保育所保育指針第 5 章）　R3後、R4前、R5前、R5後

職員の資質向上に関する基本的事項

保育所職員に求められる専門性

・子どもの最善の利益を考慮し、人権に配慮した保育を行うためには、職員一人一人の倫理観、人間性並びに保育所職員としての職務及び責任の理解と自覚が基盤となる。

・各職員は、自己評価に基づく課題等を踏まえ、保育所内外の研修等を通じて、保育士・看護師・調理員・栄養士等、それぞれの職務内容に応じた専門性を高めるため、必要な知識及び技術の修得、維持及び向上に努めなければならない。

施設長の責務

施設長の責務と専門性の向上

・施設長は、（中略）保育所を取り巻く社会情勢等を踏まえ、施設長としての専門性等の向上に努め、当該保育所における保育の質及び職員の専門性向上のために必要な環境の確保に努めなければならない。

職員の研修機会の確保等

・施設長は、保育所の全体的な計画や、各職員の研修の必要性等を踏まえて、体系的・計画的な研修機会を確保するとともに、職員の勤務体制の工夫等により、職員が計画的に研修等に参加し、その専門性の向上が図られるよう努めなければならない。

職員の研修等／研修の実施体制等

職場における研修

・職員が日々の保育実践を通じて、必要な知識及び技術の修得、維持及び向上を図るとともに、保育の課題等への共通理解や協働性を高め、保育所全体としての保育の質の向上を図っていくためには、日常的に職員同士が主体的に学び合う姿勢と環境が重要であり、職場内での研修の充実が図られなければならない。

外部研修の活用

・各保育所における保育の課題への的確な対応や、保育士等の専門性の向上を図るためには、職場内での研修に加え、関係機関等による研修の活用が有効であることから、必要に応じて、こうした外部研修への参加機会が確保されるよう努めなければならない。

体系的な研修計画の作成

・保育所においては、当該保育所における保育の課題や各職員のキャリアパス等も見据えて、初任者から管理職員までの職位や職務内容等を踏まえた体系的な研修計画を作成しなければならない。

⑪ 状況に合わせた対応・支援

この項目では、実際に出題された内容をもとに、子どもや家庭の状況ごとの対応や支援についてまとめています。保育所保育指針と照らし合わせながら出題内容を確認しておきましょう

◎ 保育所保育での対応の具体例 R3後、R4前、R4後、R5前

食事	・子どもの食事は、家庭と連携を図り、保育所職員の専門性を生かして進めることが求められる ・子どもがこぼした際には「こぼれちゃったね。次はお口に入るかな」など励ます言葉をかけ、楽しく食事をすることを心がける ・ほかの子どもの食事に手を出してしまうからと、その子どもを保育室の隅で食べさせることは、虐待にあたる
絵本の読み聞かせ	・絵本に自然に子どもの関心が向くように、自分の読む位置に配慮したり、ござやマットを用意したりするなど、環境面で工夫ができないかを考える
午睡	・3歳以上になると午睡を必要としない子どもも出てくるため、そういった場合は別室に移動させて活動できるように配慮する ・ほかの子どもが横になっている中、「ねむれない」と起き上がった子どもに対して、窓際の明るい場所で静かに遊ぶよう言葉をかけるなどの対応をとる
子ども同士の いざこざへの対応	・かかわっているそれぞれの子どもの気持ちを配慮しながら、いざこざに対する援助をする ・当事者それぞれが状況や理由を言葉で主張しあうことも大切だが、クラスの子どもが友達のいざこざに関心を持ち、解決のプロセスに参加するように援助する
自宅の玩具を持ってきてしまう子どもへの対応	・子どもを玩具から引き離す場合は、玩具がなくても楽しく遊んで過ごせるように努めていく ・子どもから無理に玩具を取り上げてしまうことは、子どもに不安を感じさせてしまうため、適切な対応とはいえない ・その玩具を持つことで子どもが安心するのであれば、玩具を持っていたい気持ちを受け入れることも必要な場合がある
親との連絡	・必要書類などの提出物の提出期限は、子どもを通してではなく、保護者に直接あるいは連絡ノートなどで伝える
その他対応	・クリスマスなどの行事の際、経済的な事情や家庭の事情でプレゼントをもらえない子もいるため、何をもらったかなどを全員に発表させるのは不適切な場合がある ・例えば、前日と同じ汚れた服を着てきたことを気にしている子どもに対しては、保育所が用意した清潔な服に着替えることを提案する ・多動傾向のある子どもに対して、安易に発達障害を断定するような直接的な言葉は慎み、保育所の職員間で子どもの特性を共有し対策を講ずることが必要である

◎ 保護者への支援 R3後、R4前、R5前

保護者への理解	・保護者に対しては、子どもの発達や行動の特徴、保育所での生活の様子を伝えるなどして子どもの状況を共有し、保護者の意向や思いを理解していく ・家庭を取り巻く問題に不安を感じている保護者は、その悩みを他者に伝えることができず、問題を抱え込む場合もある。保護者支援も保育士の役割に含まれており、自分からSOSを発せない保護者にこそ、保育士側から気付いて声をかける必要がある
親からの相談への対応	・まずは不安や大変さなどの気持ちを受け止めて寄り添い、具体的にどのようなときに、どのようなことで困っているのかを質問する ・解決に向けて一緒に考える姿勢が大切であり、当事者を叱責するような姿勢は適切ではない ・保護者の立場を理解せず、一方的に親に努力を要求するような対応は、適切ではない ・「○○なときは□□と声をかけると落ち着きますよ」など、保育所での保育士のかかわり方や環境構成の工夫を伝えることが有効な場合もある ・食育に関して、保護者が希望するならば、「栄養士も交えて一緒に相談しましょう」と伝える
多胎児、低出生体重児、慢性疾患のある子どもを持つ保護者への支援	・保護者は子育てに困難や不安、負担感を抱きやすい状況にあることなどを考慮し、子どもの生育歴や家庭状況に応じた支援を行う ・慢性疾患の子どもの薬を預かるときは、保護者に医師名、薬の種類、服用方法などを具体的に記載した与薬依頼票を持参させる

◎ 不適切な養育が疑われる場合の対応 R3後、R5前

保育所内での対応	・不適切な養育が疑われる場合、子どもの状況や送迎時などの保護者の様子について、保育所長に報告し、保育所内で情報を共有して、職員全員で子どもと親の支援を図る ・子どもの状態について詳細に記録に残す、あざを発見した場合は職員会議にて協議の上であざの写真を撮るなどして、それらは保育所内のセキュリティを保てる場所で保管する ・親に虐待の有無を尋ね追求するのは不適切な対応であり、まずは親の話に耳を傾け、丁寧にヒアリングを行い、寄り添う姿勢が大切である ・保護者には、何か子育てで困ったことがあったらいつでも相談に乗れることをさりげなく伝える ・保護者に、現在置かれている状況を確認し、社会資源に関する情報提供や市町村への仲介を提案することが必要な場合もある
保育士個人の対応	・保育所の対応方針では限界があると考える場合、保育士が匿名で児童相談所や市町村へ通告することもできる
関係機関への対応	・要保護児童対策地域協議会で検討し、市町村や関係機関と連携して対応を図る ・児童虐待が断定できなくても要保護児童対策地域協議会などへ情報共有してよい。適切な連携の下で対応していくことが重要

保育士には守秘義務がありますが、児童虐待などに関する報告は守秘義務規定違反には該当しません

◎ 外国籍を持つ子どもと家庭への支援 R3後、R5前

外国籍の両親を持つ子どもへの支援 国籍による生活習慣の違いを理解した対応が大切	・支援に当たって必要なことは基本的には日本の子どもと同じだが、文化や習慣の違いや言語面での配慮が必要となる ・日本語の理解が十分でないために、保育所生活に対して不安がある場合もあり、生活全体をもう一度見直し、子どもが安心した生活を送れるようにするように心がける ・子どもの国籍や文化の違いを理解するためにも、保育士自らの感性や価値観を振り返る ・食事の内容やマナーについて、日本での考え方を一方的に押し付けないためにも、両親の母国ではどのようなことが一般に行われ考えられているのか、ゆっくり時間をとって話を聞く ・「ここが日本だから」という理由で日本の生活様式を積極的に取り入れるのは不適切である ・長い目で見守ることも大切だが、入所から半年以上経過しても集団になじめず、気になる行動があった場合、個別の支援が必要である
外国籍家庭や外国にルーツを持つ家庭への支援	・必要に応じて、園だよりや連絡帳の文章の漢字に読み仮名をつけたり、日常でも平易な単語や短い文章で表現するように工夫を行う ・外国人であることや外見の違いから子どもがいじめられるのではないか、複数の文化的背景を持つ中で子どもはどのような性格になっていくか、子どもの文化的アイデンティティはどうなるか不安を抱く親もいることを理解する

◎ 障害を持つ子どもと家族への支援 R4前、R5前

障害を持つ子どもへの支援	・障害のある子どもの保育に当たっては、主治医、嘱託医、療育機関など、専門的な知識や経験を有する地域の関係機関と連携し、互いの専門性を生かしながら、子どもの発達に資するよう取り組んでいくことが必要である ・障害や発達上の課題のある子どもの理解と援助は、子どもの保護者や家庭との連携が大切であり、連携を通して保護者が保育所を信頼し、子どもについての共通理解の下に協力し合う関係を形成する ・障害のある子どもの就学にあたっては、就学に向けた支援の資料を作成するなど、保育所や児童発達支援センターなどの関係機関で行われてきた支援が就学以降も継続していくよう留意する ・障害のある子どもに対しては特に、バリア・フリーやユニバーサル・デザインの発想を大切にする ・車いすで過ごす子どもが入所した時に段差解消スロープを設置することは、合理的配慮の一つである
障害の受容	・医師が障害の診断を告知した後の支援方針の策定に際しては、教育、福祉などの医療以外の領域の専門家の関与が必要である ・家族の障害受容については、エリザベス・キューブラー・ロスらのステージ理論にあてはまらず、障害の肯定と否定を繰り返すこともある ・障害受容をしない家族に対して、支援者が怒りなどの陰性感情を抱くことがある ・保護者の障害受容の程度は、子どもの障害の程度だけでなく、障害の種類、きょうだい児との関係、家族間の理解、経済問題や保護者のパーソナリテイなど様々な要因が関与し、その中でどの要因が最も関与するかは個人差がある ・障害の状態や方針にかかわる正確な情報提供により、障害受容に繋がることもある

◎ 医療的ケア児の理解と支援 `R3後、R4前、R4後`

「医療的ケア」「医療的ケア児」の定義

> 「その他の医療行為」には、酸素療法や継続的な透析などが含まれる

医療的ケア児及びその家族に対する支援に関する法律　第2条

1　この法律において「医療的ケア」とは、人工呼吸器による呼吸管理、喀痰吸引その他の医療行為をいう。

2　この法律において「医療的ケア児」とは、日常生活及び社会生活を営むために恒常的に医療的ケアを受けることが不可欠である児童（18歳未満の者及び18歳以上の者であって高等学校等（学校教育法に規定する高等学校、中等教育学校の後期課程及び特別支援学校の高等部をいう。）に在籍するものをいう。）をいう。

保育所などでの医療的ケア児の対応	・医療技術が進歩する中で増加しており、2023（令和5）年の在宅の医療的ケア児は約2万人であった ・保育所などにおいて医療的ケア児の受け入れが推進されているが、医療的ケア児には歩ける子どもも重症心身障害児も含まれており、個別的配慮が必要である ・保育所などでは、一定の研修を修了し登録認定を受けた保育士など（認定特定行為業務従事者）が、医師の指示のもとに、たんの吸引（口腔内、鼻腔内、気管カニューレ内部）、経管栄養（胃ろうまたは腸ろう、経鼻経管栄養）といった特定の医療的ケアを実施することができる ・医療的ケア児を保育所で預かる場合は、安全を確保したうえで、可能な限りほかの子どもたちとともに保育を受けることができるよう配慮する

◎ 性別違和を持つ子どもの支援

子どもに見られる特徴	・ごっこ遊びにおいて反対のジェンダーの役割を強く好んだり、男の子が女の子の服を着ることを強く好んだりする場合がある ・自分の性器の構造を強く嫌悪する場合がある
子どもへの支援	・性別違和（性同一性障害）の子どもと接する際には、その子が困っている原因を慎重に見定めてサポートする必要がある

◎ 福祉施設に入所する保護者や子どもへの支援 `R4前、R4後、R5前`

児童養護施設	・子どもの胸ぐらをつかむ、夕食を与えないなどの対応は被措置児童等虐待にあたる可能性があるため、被害児童を含めこのような状況を発見した者は児童相談所などに通告することとさされている ・子どもへの声掛けがうまくいかないときは、前任の職員に話を聞いたり、学校の先生と連絡を取って学校での様子を聞くなどして、情報を得ることが必要な場合がある
母子生活支援施設	・母子生活支援施設は利用者と施設が直接契約する（利用契約制）。母子生活支援施設の利用のための事務は、母子福祉施策などとの連携のため、福祉事務所で行う ・入所している母子が暴力の被害にあう可能性がある場合、裁判所から父に対して接近禁止命令などの保護命令を出してもらうように職員に協力してもらい手続きをすることができる ・母子生活支援施設入所期間は特に定められておらず、入所中でも生活保護費は受給できる ・退所後のアフターケアが効果的に行われるよう、退所後の支援計画を作成し、必要に応じて、退所後に生活する地域の関係機関や団体とネットワークを形成する

⑫ 子どもの理解と援助

◎ 子どもを理解する方法 R4後、R5後

主な観察方法

行動目録法
観察したい行動の目録を作成し、その行動が生起すればチェックすること

時間見本法
観察する時間や回数を決めて、その間に生起する行動を観察すること

関与観察（参加観察）
観察対象となる人に、観察者がかかわりながら観察すること

実験観察法
検証したい特定の環境条件を操作して対象とする行動が生じるような環境を設定し、その中で生起する行動を観察すること

> 仮説を意識する方法で、保育の現場では大切

子どもの理解を深めるためには、観察に加えて、子どもの話をよく聞き、子どもに寄り添い、受け入れ、共感的にかかわっていくことが大切です

主な発達や知能の検査

ウェクスラー知能検査
・IQに加えて、言語理解、知覚推理、ワーキングメモリー、処理速度について評価を行う
・知的水準が同年齢集団の中でどのあたりに位置するかを表す偏差知能指数が用いられている

新版K式発達検査
・検査者と受検者が1対1で検査を行う個別式の検査で、玩具なども用いて検査が行われる
・「姿勢・運動」（P-M）、「認知・適応」（C-A）、「言語・社会」（L-S）の3領域について評価を行う
・検査の結果が発達年齢として表され、発達の度合いが実際の年齢よりどのくらい差があるかがわかる

発達検査・知能検査	・発達検査や知能検査は、その後の支援計画・治療計画を立てるために集める情報の一つとして実施される ・発達検査の中には、知能検査のように検査用具を用いて実際に子どもに実施する形式のものと、保護者などがつける質問紙形式のものがある

支援を行う場合は、個人間差だけではなく、個人内差を知ることも大切です（145ページ参照）。検査によって、そうした情報を知ることができます

◎ 乳幼児の健診

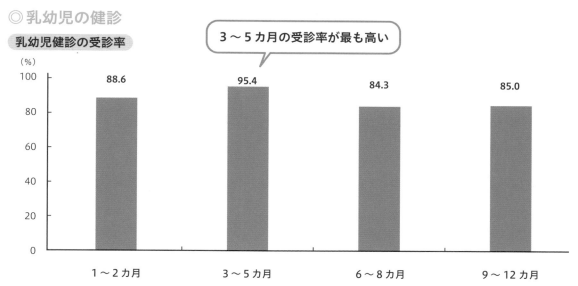

乳幼児健診の受診率

3〜5カ月の受診率が最も高い

出所：厚生労働省「令和3年度地域保健・健康増進事業報告」より作成

保育所での健診	・保育所は、保護者に市町村の乳幼児健診を受けるように勧め、その結果の報告を働きかける ・保育所の健診では、保育士は保護者の質問を医師に伝え、適切な判断や助言を受ける ・保育所で行う健診の結果は、保護者に伝える

◎ 発達に影響を与える環境と発達援助 R3後

経済環境による影響	・収入のレベルおよび社会の富裕層と貧困層の相違の程度は、いずれも精神的身体的健康と関係していると考えられている ・持続的に食料確保が不安定な子どもは、そうでない子どもと比べて、問題行動、衝動性など反社会的行動をとる可能性が約2倍になるといわれている ・貧困は、親の養育の質を低めることを介して、子どもの心理・社会的発達に影響を与える可能性が高い
養育者による影響	・乳幼児と養育者の関係性は、乳幼児の社会・情緒的発達に影響を与える ・養育者の持つ子どもについての認知、イメージ、表象は、子どもの親に対する行動のパターンに影響を与える ・親の子どもに対する考え方やかかわりには、親自身の被養育経験やこれまでに出会ってきた人、家庭の状況などの様々な要因が影響している ・子育てに関する知識がなく、身近に相談や助言を求める相手がいないと、親が子どもに身体的・精神的苦痛を与えるようなかかわりをしてしまうことがある ・親は子どもに対して「できる」「できない」といった目に見える発達に意識が向いてしまうと、他児との比較により子どもの育ちに不安を感じることがある ・乳幼児期に形成される愛着のパターンから、成人期の愛着のパターンを予想できるとは限らない ・保育士と乳幼児との関係性は、その子のその後の情緒発達においても影響を与える可能性が高い
生育環境と疾患	・児童期に多数の心理・社会的逆境を経験した大人ほど、何も逆境体験がなかった場合と比較して、肺気腫、慢性気管支炎や心筋梗塞などの虚血性心疾患の罹患率が高くなるといわれている

⑬ ソーシャルワークの定義と歴史

◎ ソーシャルワークの成り立ちに関する出来事 `R5前`

- ケースワークの始まりはイギリスにおける慈善組織協会（COS）の活動とされている
- イギリスのバーネット夫妻によるトインビーホールの設立はグループワークに影響を与えたとされている
- 「ケースワークの母」と呼ばれたメアリー・リッチモンドは、ケースワークを理論的に体系化し、『社会診断論』、『ソーシャル・ケースワークとは何か』など多くの著書を出版した
- パールマンはケースワークの４つの構成要素として「４つのP（人、問題、場所、過程）」を示した

◎ リッチモンドのソーシャル・ケース・ワークの定義 `R3後、R5前`

ソーシャル・ケース・ワークは、人間とその社会的環境との間に、個別に意識的に調整することを通してパーソナリティを発達させる諸過程から成り立っている

◎ パールマンのソーシャル・ケース・ワークの４つの要素 `R5前`

- 人（Person）：生活上で課題を抱え、支援を必要とする人
- 問題（Problem）：利用者の直面する生活上の問題や課題
- 場所（Place）：援助を行う機関や施設
- 過程（Process）：利用者と支援者との関係を基盤として展開される支援の過程

> 頭文字に由来して「４つのP」とも呼ばれる

◎ コノプカによるグループワークの定義と援助過程 `R4前、R5前`

グループワークの定義

意図的なグループ経験を通じて、個人の社会的に機能する力を高め、また個人、集団、地域社会の諸問題に、より効率的に、より効果に対処しうるよう、人々を援助するもの

グループワークの援助過程

準備期	・利用者の課題と支援の内容を明確にする時期で、支援の準備と波長合わせを実施する
開始期	・グループとして実際の活動に取り組めるように支援する
作業期	・グループを活用してメンバーの問題解決に向けた取り組みを支援する
終結期	・グループワークを通じて、メンバーの学びや獲得したことを評価し、それをふまえて今後のメンバー自身の興味、関心、課題などを明確化する

◎ ソーシャルワークの定義 R3後

国際ソーシャルワーカー連盟（IFSW）による
ソーシャルワーク（専門職）のグローバル定義（2014年）

ソーシャルワークは、社会変革と社会開発、社会的結束、および人々のエンパワメントと解放を促進する、実践に基づいた専門職であり学問である。社会正義、人権、集団的責任、および多様性尊重の諸原理は、ソーシャルワークの中核をなす。

◎ ソーシャルワークの種類 R5後

直接援助技術	
個別援助技術 （ケースワーク）	生活問題や課題を抱える利用者に対して援助者が環境改善や調整を行うなど個別（個人）に援助するもの
集団援助技術 （グループワーク）	援助者と利用者が小集団（グループ）の相互作用を通して、問題や課題を解決するための援助方法
間接援助技術	
地域援助技術 （コミュニティワーク）	地域の問題や福祉ニーズなどを発見し、援助者が地域住民や関係機関に働きかけ解決を図る技術
社会活動法 （ソーシャル・アクション）	地域社会の生活課題などの改善や施策の策定など社会改良を目標として取り組む技術
社会福祉計画法 （ソーシャル・プランニング）	社会福祉を合理的および段階的に進めるために計画する技術
社会福祉調査法 （ソーシャルワーク・リサーチ）	地域の生活ニーズの把握や現在行われているサービスを検証するため各種統計調査や事例研究を通じて課題解決を図るもの
関連援助技術	
ソーシャル・ネットワーク	利用者が効果的な支援を受けることができるように、相互連携して援助者や関連サービス施設が支援組織をつくり上げること
コンサルテーション	援助者が、医師や弁護士などの福祉以外の専門家に指導を受け、利用者の援助に役立てること
ケアマネジメント	利用者が適切なサービスを利用できるように、利用者のニーズをもとにサービスを調整したり、組み合わせたりする技術
スーパービジョン	専門職（スーパーバイジー：指導を受ける側）が技術を向上させ、専門職として成長するために専門家（スーパーバイザー：指導者）の支持・教育・指導を受けること
カウンセリング	利用者の心理的な問題を解決するため、面接などで心理学的な手法を用いて問題解決を図る手法
社会福祉運営管理 （ソーシャル・アドミニストレーション）	社会福祉施設などが、効果的で合理的なサービスを提供するために作成するサービス計画や供給方法の技術（組織運営管理）

⑭ ソーシャルワークの理論と方法

◎ ソーシャルワークの展開過程 R3後、R4前、R4後、R5後

| ケースの発見 | インテーク（受理面接） | アセスメント（事前評価） | プランニング（支援の計画） | インターベンション（介入） | モニタリング（経過観察） | エバリュエーション（事後評価） | ターミネーション（終結） |

ターミネーションに至らない場合は再アセスメントの上、プランニングを改善する

インテーク（受理面接）	・利用者との初回面接で傾聴、共感、受容などを意識しながら、信頼関係を構築する ・主訴の提示、支援者の所属する機関や施設の説明、契約などを行う
アセスメント（事前評価）	・利用者やその周囲の情報を集めて整理・分析し、利用者が生活する上で何に困っているのか、求めているニーズや支援などについて明らかにする ・主観的情報や客観的情報を複数の情報源から多角的に得ることが重要である ・ケース全体を可視化するために、ジェノグラムやエコマップなどが用いられることがある
プランニング（支援の計画）	・アセスメントに基づき、問題解決に向けての目標を設定し、実際の支援を誰が、いつまでに、どのように行うのかなどの具体的な支援内容を計画する
インターベンション（介入）	・プランニングを元に、利用者の問題解決に向けて課題を解決できるように援助を行う ・多様なニーズを抱えているケースに対しては、ソーシャルワーカーが中心となって関係機関に声をかけ、チームアプローチで援助を行う場合がある
モニタリング（経過観察）	・計画した目標が達成できているかどうかを客観的な視点で評価する ・利用者のサービスに対する満足感の評価を行うことは適切な援助につながる ・必要に応じて、支援の計画を修正し、再度介入へと進める
エバリュエーション（事後評価）	・援助の終了時に、支援計画やそれに基づく支援の最終的な評価を行う
ターミネーション（終結）	・利用者の問題が解決された場合や、利用者が終結を望んだ場合などに援助は終了する

◎ 援助技術アプローチの例

心理社会的アプローチ	・診断主義の流れをくむ、利用者の心理的要因と利用者を取り巻く環境（社会的要因）の相互作用をとらえたアプローチ
機能的アプローチ	・利用者の潜在的可能性を前提に社会的機能を高めることで問題解決を図るアプローチ
課題中心アプローチ	・利用者の生活上の具体的課題に焦点を当てた短期的援助を行うアプローチ
エンパワメントアプローチ	・社会的に無力状態に置かれている利用者の潜在的能力に気づき対処することで問題解決することを目的としたアプローチ

◎ バイステックの7原則 R3後、R5前、R5後

個別化	・利用者を1人の個人として個別性を尊重すること
意図的な感情表出	・利用者がありのままの感情を表すことができるように援助すること
統制された情緒的関与	・利用者が表出した感情に対して、援助者自身が自らの感情を自覚し理解し、援助者は意図的に反応すること
受容	・利用者の尊厳と価値を尊重しつつ、利用者の現在のありのままを受けとめること
非審判的態度	・利用者の行動を良い悪いで判断しないこと
自己決定	・利用者の自己選択・自己決定を促し尊重すること
秘密保持	・利用者が専門的援助関係の中でうち明ける秘密の情報を、援助者がきちんと保全すること

◎ ソーシャルワークに関する用語 R4前、R4後、R5前

エンパワメント	・当事者自身が力を得て、自らの力で問題を解決していけるように側面的に支援すること 例：児童福祉施設の場合、入所児童が本来持っている力を引き出し、入所児童自身が様々な判断や決定ができるように成長、変化していくことを促す
アドボカシー	・自らの権利を表明することが困難な利用者に代わって援助者が権利を擁護すること
ネットワーキング	・サービスを必要とする人が、地域の社会資源を活用するために有効な組織化を推進していく方法
ストレングス	・その人が潜在的に持っている力や環境の強みに着目した支援のこと 例：利用者の生活経験やそれによって得た知識は、その人の身に着けた能力の一部であり、ストレングスとして評価する／利用者のADL（日常生活動作）の自立度や認知的能力は、ストレングスとして評価する／利用者の近隣住民同士の助け合いは、ストレングスとして評価する
パーマネンシープランニング	・永続的かつ恒久的に生活できる家庭環境で、心身の健康が保障された生活を実現するための援助計画
ケアカンファレンス	・医療や介護の場で、ケアプランの策定や、よりよいサービスを提供するために、関係する様々な専門性を持つ職種が集まって行われる会議 ・事実確認として、いつ、どこで、誰が、誰に、何を、どの程度、どの頻度で起きているのか、問題の発生状況の事実と関係者の推察を区別し、正確に状況を確認する ・良好な事柄として利用者の資質、家族の資質、関係者の協力、問題解決の実績について確認する ・利用者の特徴、家族の特徴、問題が発生している場面での交流・対処パターンを理解し、数年後の利用者と家族の生活まで想定して、支援目標を検討していく
スクールソーシャルワーカー	・教育の分野に加え、社会福祉に関する専門的な知識や技術を有する者 ・問題を抱えた児童・生徒に対し、当該児童・生徒が置かれた環境への働きかけや、関係機関などとのネットワークの構築など、多様な支援方法を用いて課題解決への対応を行う

スクールソーシャルワーカーは、いじめ、不登校、暴力行為、虐待などの生徒指導上の課題に対応します

［〈参考〉幼児教育と小学校教育の連携］

幼児教育スタートプランのイメージ

以下の事項を、幼児期の教育に関する基本的な計画として位置づけ、一体的に実行することで、子どもの未来への架け橋となる社会システムを構築

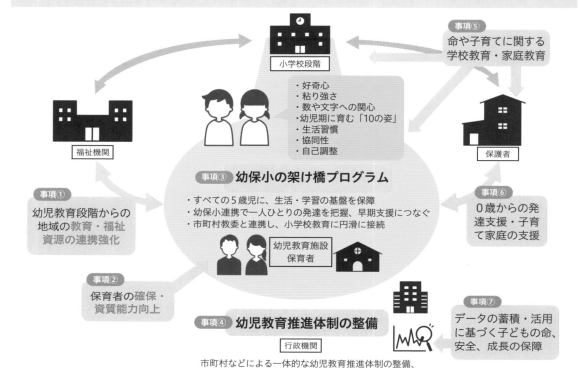

出所：文部科学省「中央教育審議会初等中等教育分科会幼児教育と小学校教育の架け橋特別委員会参考資料集」より作成

令和5年2月27日中央教育審議会 初等中等教育分科会 幼児教育と小学校教育の架け橋特別委員会

・幼児期の教育は、生涯にわたる人格形成の基礎を培う重要なものであり、全ての子供に等しく機会を与えて育成していくことが必要。

・幼児期は遊びを通して小学校以降の学習の基盤となる芽生えを培う時期であり、小学校においてはその芽生えを更に伸ばしていくことが必要。そのためには、幼児教育と小学校教育を円滑に接続することが重要。

・一方、幼児教育と小学校教育は、他の学校段階等間の接続に比して様々な違いを有しており、円滑な接続を図ることは容易でないため、5歳児から小学校1年生の2年間を「架け橋期」と称して焦点を当て、0歳から18歳までの学びの連続性に配慮しつつ、「架け橋期」の教育の充実を図り、生涯にわたる学びや生活の基盤をつくることが重要。

・架け橋期の教育を充実するためには、幼保小はもとより、家庭、地域、関係団体、地方自治体など、子供に関わる全ての関係者が立場を越えて連携・協働することが必要。

・教育行政を所掌する文部科学省は、こども家庭庁をはじめとする関係省庁と連携を図りながら、家庭や地域の状況にかかわらず、全ての子供が格差なく質の高い学びへと接続できるよう幼児期及び架け橋期の教育の質を保障していくことが必要。

> 今後の保育・教育の方向性を理解する上で大切な資料となるので目を通しておこう

第4章

子どもの理解

子どもへの理解を深める大切な内容です。身体的・心理的な発達をはじめ、
病気や食育についての対応や、食に関する統計データもまとめています。

① 発達に関する理論

◎ 発達理論 R4後、R5前、R5後

遺伝論

人間の発達は、遺伝要因によって生まれつき決定づけられているという考え方。レディネス（発達準備が整った成熟状態）が成立してからの学習が重要だとされている

代表的な人物 **ゲゼル**

環境論

人間の発達は、生まれた後の環境、経験などの後天的な学習により徐々に形成されるとする考え方

代表的な人物 **ワトソン**

輻輳説

遺伝要因と環境要因がともに重要であり、それぞれ独立して発達に影響を与えるとする考え方

代表的な人物 **シュテルン**

相互作用説

遺伝要因と環境要因が相互に作用して発達に影響を与えるという考え方。代表的な理論に「環境閾値説」がある

代表的な人物 **ジェンセン**

輻輳説と相互作用説は遺伝要因と環境要因の関係性について違いがあります。混同しやすいので注意しましょう

レディネスの実験

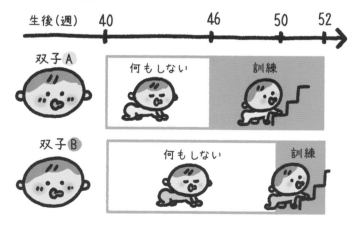

生後（週） 40　46　50　52

双子A　何もしない　訓練

双子B　何もしない　訓練

Bのほうが短い期間で階段を登ることができた

↓

準備（レディネス）ができた状態から訓練をはじめたほうが、短い期間で物事を習得できた

双子なので遺伝的な性質は同じです。つまりこの結果は遺伝的な成熟を待ってから訓練をした方が効果的だということを示唆しています

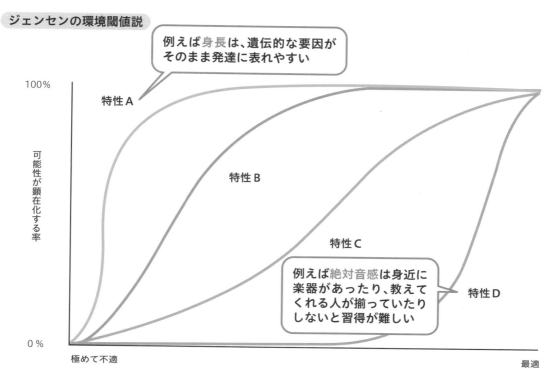

ジェンセンの環境閾値説

例えば身長は、遺伝的な要因がそのまま発達に表れやすい

100%

特性A

可能性が顕在化する率

特性B

特性C

例えば絶対音感は身近に楽器があったり、教えてくれる人が揃っていたりしないと習得が難しい

特性D

0%

極めて不適

最適

環境条件がどの程度発達に適しているか

◎ 発達に関する考え方

名称	考え方	保育現場での例
アフォーダンス	・ギブソンが提唱 ・人は環境内にある情報を意味化して知覚しているという考え方 ・つまり、子どもが自然と「○○したい」と思える環境をつくることが、子どもの意欲を引き出すことにつながる	・いつも入口が開いている部屋で保育をすると「室外に出てよい」と感じて出ようとするが、入口を閉めておくと室外へ出なくなる ・電気を消して静かにすると、うとうとと寝はじめる
正統的周辺参加	・レイヴとウェンガーが提唱 ・徒弟制度のように参加を通して学ぶことで、そのプロセスに多くの学びが発生する可能性があることを指摘した	・保育所に途中入所してきた子どもが、他児の遊び方を観察したり、共同的行為で役割を担ったりするなかで、園での過ごし方や遊び、人間関係など、多くのことを学んでいく

個人差

個人間差
知能や身長などの個々の特性を個人間で比較したときの差

個人内差
同一個人内の異なる特性間（知能や身長など）を比較したときの差

一般的に「個人差」は個人間差を指す

発達には２つの個人差があることを覚えておきましょう

◎ ピアジェの発達段階説 R3後、R5後

発達段階	年齢	概要
感覚運動期	0〜2歳	感覚と運動を通して、新しい場面に適応する時期。物の永続性を理解できるようになる
前操作期①（象徴的思考期）	2〜4歳	目の前にない事物について、イメージ（表象）することができる時期。しかし、物事を一般化したり抽象化したりして思考することは難しい
前操作期②（直観的思考期）	4〜7、8歳	物事を一般化・抽象化してとらえることができるようになるが、保存性の概念が未発達で、見かけに左右されやすい。例えば、コップの中に入った水を、より背が高く幅の狭いコップに移し替えると量が増えたと認識してしまう また、自分を他者の立場に置いたり、他者の視点に立つことができないという、認知上の限界である自己中心性が特徴としてあげられる
具体的操作期	7、8〜11、12歳	保存性の概念を獲得するなど、客観的に物事をとらえ論理的な考え方ができるようになる時期
形式的操作期	12歳ごろ〜成人	言語のみの命題など、抽象的な事象に対しても論理的な考え方ができるようになる時期

保存性の概念

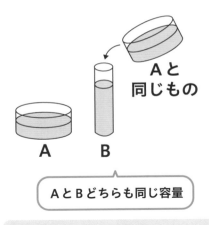

AとBどちらも同じ容量

保存性の概念が未発達の場合、高さだけに注目してBのほうが量が多いと答えてしまう

3つの山の課題（自己中心性の概念）

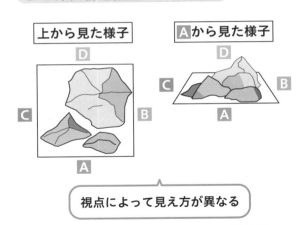

視点によって見え方が異なる

自己中心性から脱却していないと他者からの視点が理解できず、自分と異なる視点（Aに立っているのであればB〜Dからどのように見えるか）について理解できない

「物の永続性」とは、目の前から人や物が見えなくなったときに、その人や物が存在し続けているという認識のことです。「いないいないばあ」で喜ぶ赤ちゃんは物の永続性を獲得していると考えられます

◎ エリクソンの発達段階説 R5前

発達段階	年齢	発達課題
乳児期	0〜1歳ごろ	【信頼性】対【不信】 養育者や周りの人に対して信頼感を持てるか
幼児期前期	1〜3歳ごろ	【自律性】対【恥と疑惑】 自律性が芽生え、自分の行動に対して制御できるか
幼児期後期	3〜6歳ごろ	【自主性】対【罪悪感】 自主的な行動を積極的に行えるか
児童期	6〜12歳ごろ	【勤勉性】対【劣等感】 自主的に努力する力や勤勉性を習得できるか
青年期(思春期)	12〜20歳ごろ	【自我同一性】対【同一性拡散】 自分が何者なのか、何をしたいのかを認識できるか
成年初期	20〜30歳ごろ	【親密】対【孤立】 他者と親密な人間関係を築けるか
成年期	30〜65歳ごろ	【生殖性】対【自己陶酔(自己惑溺、自己耽溺、自己吸収)】 社会や次世代へ何を残せるか
老年期	65歳ごろ〜	【自我の統合】対【絶望】 人生の振り返り時期。人生に満足しているか

◎ ブロンフェンブレンナーの生態学的システム

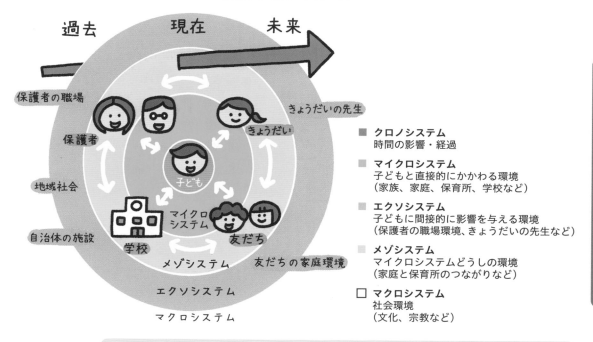

■ クロノシステム
時間の影響・経過

■ マイクロシステム
子どもと直接的にかかわる環境
(家族、家庭、保育所、学校など)

■ エクソシステム
子どもに間接的に影響を与える環境
(保護者の職場環境、きょうだいの先生など)

■ メゾシステム
マイクロシステムどうしの環境
(家庭と保育所のつながりなど)

□ マクロシステム
社会環境
(文化、宗教など)

発達に影響を与える環境を、子どもが直接かかわる両親などのマイクロシステム、マイクロシステム同士の関係であるメゾシステム、子どもには直接関係しないが間接的に影響を与えるエクソシステム、生活の背景として存在する社会制度や文化などのマクロシステム、ライフイベントなど時間的な経過を示すクロノシステムに分類し、それらを重層的にとらえました

② 学習に関する理論

◎ 学習理論 R5前

古典的条件づけ（レスポンデント条件づけ） ← パブロフが提唱

最初はベルの音と唾液の分泌は関係しない

〈条件づけ以前〉
ベルの音→耳をそばだてる（唾液に関する反射は生じない）
エサを見る→唾液の分泌

〈条件づけ〉
ベルの音を聞かせて、その後エサを与える

〈条件づけ後〉
ベルの音→唾液の分泌

似たような条件下でも同じような反応が起こることを「般化」という

オペラント条件づけ ← スキナーが提唱

コンピューター
測定飲水量装置
自動給餌装置
レバー

ネズミは、自発的な行動を学習する

1. 空腹のネズミを「スキナー・ボックス」に入れる
2. 偶然ネズミがレバーに触れると、エサが出る
3. 空腹のネズミはエサを食べる
4. レバーを押すとエサが出ることを学習し、自発的にレバーに触れるようになる（オペラント条件づけ）
5. エサを得ようと、レバーに頻繁に触れるようになる（学習の強化）

観察学習（モデリング） ← バンデューラが提唱

1. 大人が等身大の人形を攻撃するところを子どもに見せる
2. 同じ人形を含む多数のおもちゃや遊具を置いた部屋で自由に遊ばせる
3. 攻撃するところを見た子どもは、見ていない子どもよりも人形に対して攻撃を行った例が多かった

他者の行動やそれに伴う結果を見ることによって、その行動を習得します。つまり子どもは大人を見てまねをするので、注意して行動しましょう

「動機づけ」は、ある行動を引き起こし、その行動を持続させ、一定の方向に導くプロセスのこと

外発的動機づけ	・「ご褒美に欲しい物を買ってもらえるから」「先生に褒めてもらえるから」などほかの欲求を満たすための手段としてある行動を生じさせること
内発的動機づけ	・「興味があるから」「面白いから」など行動自体を目的としてある行動を生じさせること
強化	・学習の目標となる反応を増大させるための条件づけの手続きである
アンダーマイニング現象	・内発的動機づけに基づく行動に対して外的な報酬を与えることによって内発的動機づけが低下すること ・「他者にコントロールされて行動している」「報酬のために行動している」と認識するようになり、自律性が損なわれることで起こる
学習性無力感	・一般に、失敗の原因を努力に帰属させると動機づけが高まるといわれているが、行動しても期待した結果が得られない状態が続くと「何をやっても無駄だ」とやる気をなくしてしまうこともある
試行錯誤学習	・試行錯誤をして偶然正解にたどりつくことで、最終的に正解を学習すること ・ソーンダイクが提唱した
センス・オブ・ワンダー	・レイチェル・カーソンは五感による自然との直接的なかかわりの中で、子どもが不思議に思ったり、感動したりすることをセンス・オブ・ワンダーと呼び、それを通じて子どものもっと知りたいという好奇心がうながされるとした
マズローの欲求階層説	・人間の欲求は、低次の欲求である食欲、睡眠欲、排泄などの基本的な生理的欲求からはじまり、身体の安全や快適さを求める安全の欲求、集団に所属したいという所属と愛の欲求、さらにはその中で自分の存在と価値を認められたいという承認の欲求を経て、可能性を発揮し成長しようとする最も高次の自己実現の欲求に至るとした ・低次の欲求が満たされてはじめてその上の欲求が生起される ・マズローが提唱した

マズローの欲求階層説

自己実現の欲求

承認や尊敬への欲求

集団や愛情への所属の欲求

安全への欲求

生理的欲求

低次の欲求は生理的なもので、最も高次なのは自己実現の欲求です

第4章 …… 子どもの理解

保育原理　教育原理　社会的養護　子ども家庭福祉　社会福祉　保育の心理学　子どもの保健　子どもの食と栄養　保育実習理論

③ 身体的発達

◎ 原始反射 R3後、R5後

モロー反射

生後4カ月ごろ

・大きな音でびっくりしたときや落ちると感じたときに起こる
・腕は伸び、さらに抱きしめるような動きがある

探索反射

生後4カ月ごろ

・頬や口のまわりを指で触れるとそちらに顔を向けて探し、口を開けたりする

非対称性緊張性頸反射

生後5カ月ごろ

・背臥位のときに頭部をひとつの方向に向けると、顔の向いた側の手足は伸びて、反対側の手足は曲がっている姿勢（フェンシングの姿勢）をとる

吸啜反射

生後5〜7カ月ごろ

・口唇に触れると乳を吸う動作をする

バビンスキー反射

生後24カ月ごろ

・足の裏をペンなどで刺激すると、足の指は背屈し扇状に広がる

原始反射は新生児に普通に見られる反射運動です。ある時期になると消えていきます

◎ 妊娠・出産に関する用語 R3後、R4後

出生率	・人口1,000人に対する出生数の割合
合計特殊出生率	・15歳から49歳までの女性の年齢別出生率を合計したもの
乳児死亡	・生後1年未満の死亡を指す
乳児死亡率	・出生1,000に対する乳児死亡数を表したもの
周産期死亡	・妊娠満22週以後の死産と生後7日未満の新生児死亡を合わせたもの
特定妊婦	・出産後の養育について、出産前において支援を行うことが特に認められている妊婦

◎ 身体的な発達の概要 R3後、R4前、R5前、R5後

身長	・身長の伸びるピークは「生まれてから1歳頃まで」と「思春期」である
体重	・通常、生後数日後に出生体重の5〜10%程度減少する(生理的体重減少) ・乳幼児は成人と比べ、体重あたりの必要水分量や不感蒸泄量が多いため、脱水になりやすい
器官	・器官別に見ると、神経系の発育は乳幼児期に最も急速であり、生殖器系の発育が最も遅い
胎児循環	・肺や肝臓が未発達な胎児期に、胎盤が肺と肝臓の役割を担っている状態のこと ・肺呼吸の開始とともに心臓・血管系の解剖学的変化が生じる
身体構造	・身体に比して大きな頭、丸みを持った体つき、顔の中央よりやや下に位置する大きな目、といった乳児の身体的特徴は「幼児図式」と呼ばれ、養育行動を引き出す効果があると考えられている

身長と体重の増加　　　　　　　　　　　**頭蓋骨の発達**

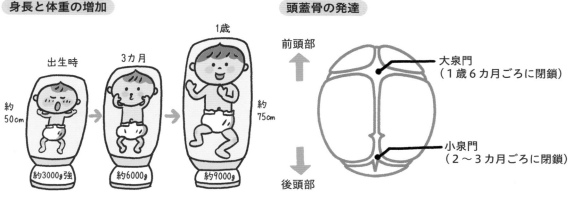

大人と違って、生まれた当初は頭蓋骨にすき間があります

◎ 歯の発達 R5前、R5後

1歳ごろ 上下4本の前歯が そろう	**1歳半ごろ** 乳臼歯が 生えてくる	**2歳ごろ** 乳臼歯が20本 生えそろう	**6歳ごろ** 永久歯に生え 変わりはじめる

> むし歯予防や永久歯萌出のためには、乳歯と乳歯の間に多少すき間が開いているほうが望ましい

> 下あごの前歯から生えることが多いが、順序で心配する必要はない

> 生えそろうと32本になる

むし歯のしくみ	・口の中の常在菌が歯に沈着増殖すると、歯垢が形成され、歯質を溶かす ・歯垢中の細菌の存在が要因としてあげられるが、咀しゃくや唾液流出の状態も関係している
乳幼児のむし歯	・永久歯よりも乳歯のほうがむし歯の進行が早い

◎ 視覚の発達 R3後

乳児期の視覚の発達

周囲の見え方	・新生児の視力では、周囲はぼんやりとして見えている ・焦点距離は20cm程度で、抱っこされたときには相手の顔がよく見える ・最初のうちは、あおむけの姿勢の目の前で、がらがらを左右や上下方向に動かすと線として追視し、支え座りができる5カ月ごろには、円を描いて動くがらがらをなめらかに追視する
色の識別	・2〜3カ月ごろの乳児は、単色などの単純な刺激と人の顔の絵などの複雑な刺激を見せられると、特に顔の絵などを好んで注視する傾向にある ・生後4カ月ごろには、青、緑、黄、赤をそれぞれ異なる色として識別するようになる
形の識別	・乳児は複雑なパターン化された図形（「柄がないものよりも柄のあるもの」「同心円のものや縞」「顔図形」）を好んで見ることが判明している

指さしの発達

①"子ども・ぬいぐるみ（モノ）"の二項関係
保育者が子どもの目の前でくまのぬいぐるみを揺らしながら「ほら、くまさんよ」と注意をひくと、そのぬいぐるみを見るようになる

②"子ども・保育者・わんわん・電車（モノ）"の三項関係
保育者の指さした方向を見ることができるようになってくる。保育者が「あ、わんわんがいるよ」「電車来たね」など言葉を添えながら指さしをして、子どもとものとを交互に見ると、子どもはその対象を見ることができる

③自己と他者以外のものも含めたコミュニケーション
指さしによって自分の思いを伝えることができるようになってくる。子どもが、犬を見つけた時「あ！」と声をあげて指さしをして、保育者に「見て」「見つけたよ」などの思いを伝えるようになる

④応答の指さし（ジョイントアテンション）
保育者が「○○どれ？」と目や口などの身体の部位をたずねたり、車や犬など絵に描かれているものをたずねたりすると、子どもは聞かれたものを指さす

> 1歳前後〜1歳半にかけて獲得され、これをもって指さしは完成する

◎ 運動発達 R4前、R4後

運動発達の方向性

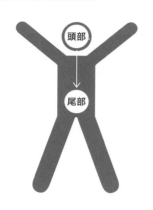

頭部から尾部へ

中心部から抹消部へ

「頭部から脚部へ」「中枢から末端へ」「粗大運動から微細運動へ」という発達の方向性があります

粗大運動の発達時期（90％の乳幼児ができるようになる時期）

運動	時期	運動の内容
首のすわり	4〜5カ月未満	仰向けにし、両手を持って引き起こしたとき、首がついてくる
寝返り	6〜7カ月未満	仰向けの状態から、自ら、うつぶせになることができる
ひとりすわり	9〜10カ月未満	両手をつかず、支えなしで1分以上座ることができる
はいはい	9〜10カ月未満	はって移動ができる
つかまり立ち	11〜12カ月未満	物につかまって立つことができる
ひとり歩き	1年3〜4カ月未満	立位の姿勢をとり、2〜3歩歩くことができる

出所：厚生労働省「平成22年乳幼児身体発育調査」

◎ トイレトレーニング

排泄には身体や神経系の成熟などが関係しており、3歳ごろまでに排泄の自立のための機能が整う

1歳すぎ〜
盛んに他者の模倣を行うようになるため、保育所では他児をモデルとして排泄する姿も見られる

→

2歳ごろ
尿意の自覚ができるようになる

→

3歳前後
昼間の排泄の自立が見られる

→

4歳くらい
このころまで夜尿がよく見られ、夜間のみおむつを使用することが多い

尿意を自覚する少し前からトイレトレーニングをはじめる

排泄の習慣を形成する時期は、社会や文化、時代の影響を受ける

排泄機能が未成熟な状態でのトイレトレーニングは子どもの負担になります。子どもの様子をよく観察しながら進めていくことが大切です

◎ 言葉の発達 R3後、R4前、R4後、R5前、R5後

言語発達の要因

言語発達の内在的要因	言語発達の外在的要因
・自然言語のどの音も知覚する感受性 ・大人が話しかけた語、音節、音素の切れ目に同調して身体を動かすリズム感	・言葉が出現する以前からの大人との社会的相互作用 ・大人が乳児に話しかけるときの、ゆっくり、はっきり、繰り返す、などの要素

乳児は授乳時の母子間でのやり取りを通して、コミュニケーションに必要な「ターン・テーキング」（互いに順番をとって話すこと）を学びます

言語発達に関する用語

リテラシー	・読み書き能力、識字力のこと
プレリテラシー （萌芽的リテラシー）	・実際に読み書きができるようになる前の子どもが遊びの中で示す、あたかも読み書きができるように振る舞う様々な活動
音韻意識	・読み書きができるようになるために必要。例えば、「くるま」の真ん中の音を取ると何になるかと聞かれて、「くま」と答えることができるのは音韻意識の表れである ・しりとりなどの遊びを経験することによって発達が促進される ・日本語を母語とする子どもの場合、平仮名のそれぞれの文字が音節に対応していることに気づくと、急激にほかの文字も読めるようになる

言葉の発達の過程

新生児	・泣くなどのみ
生後1〜3カ月	・機嫌がよいときに、泣き声とは異なる「アー」「ウー」のようなクーイング（喉の奥からのやわらかい発声）が見られる
生後4〜6カ月	・「アーン」「ング」などの意味を持たない言葉である喃語が現れる
生後6〜11カ月	・「ばーばーば」など同じ音をくり返す喃語である規準喃語が見られた後、大人が使う言語音に似た音が混じったジャーゴンが発現する
1歳前後	・はじめて意味のある言葉を発するようになる（初語） ・一語文が見られるようになる
1歳半	・目にした物を自分の知っている言葉で表そうとする語彙拡張が見られ、語彙数が急激に増える語彙爆発が起こる ・2つの言葉をつなげた二語文を使うようになる
2歳〜	・3つ以上の言葉をつなげた多語文が現れる

3歳時点での発話が単語5〜6語で、二語文の表出が見られない場合には、言語発達の遅れを疑います

◎ 言語障害 R4前

> 「発達性吃音」と「獲得性吃音」があり、9割は発達性吃音で7〜8割が自然に治るといわれる

構音障害
- 年齢相応の発音ができない状態
- 口唇裂や口蓋裂によって発声器官に異常が現れている場合がある

吃音
- スムーズに話すことができない状態
- 大半は6歳くらいまでに見られる

言語発達障害
- 言葉を話すことや相手の話を受け入れることが困難な状態
- 文法的なことにも理解に乏しい

連続型	「わ、わ、わ、わたしは」など、言葉の出だしが重複する。最も多く見られる症状
難発型	出だしの言葉がなかなか出てこない。問いかけてもすぐに返事ができない、会話中に間が開くなどがある
中阻型	本人が会話しているときに、突然声が出なくなる。会話が中断して間が開いてしまう
伸発型	「こーーーーーれは」のように、言葉の始まりが伸びる
混合型	上記の症状が混合して現れる

◎ 記憶やものの見方の発達 R3後、R4前、R5前

ワーキングメモリ	・作業や動作に必要な情報を一時的に記憶し処理する能力で、行動や判断に影響している ・「作業記憶」「作動記憶」ともいう
スクリプト	・日常の出来事について時間的・空間的に系列化された知識のこと ・スクリプトによって、筋や流れのある遊びができるようになる
メタ認知	・モニタリングおよびモニタリングに伴う感覚・感情、評価や調節に使用するために認識された知識の総称で、目標達成のために現在の自己の状態を監視・調整するモニタリングや、それに伴う感情体験なども含まれる ・メタ認知の発達は、幼児期後半ごろから始まり、次第に自分の思考を振り返ることが可能となる

レストランのスクリプトの例

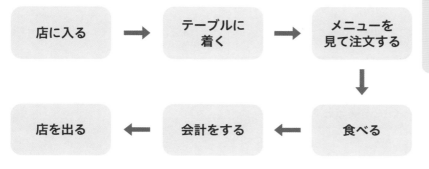

店に入る → テーブルに着く → メニューを見て注文する

会計をする ← 食べる

店を出る ← 会計をする

> 日常生活での一つひとつの動作がつながって一連の流れとなったときに、スクリプトが完成されます

④ 社会性の発達

◎ 情動の発達 〈R3後、R4前、R4後、R5前、R5後〉

乳幼児期の情動の発達

| **新生児期**
新生児微笑（生理的微笑）が見られる | → | **生後2〜3カ月ごろ**
周りの働きかけに対して微笑する社会的微笑が現れてくる | → | **生後3〜6カ月ごろ**
悲しさと怒り、満足と喜び、興味と驚きなどの感情を表出する | → | **1歳半ごろ**
他者に対して相手を慰めるような行動に見られる共感反応が現れる |

情動の発達に関する用語

名称	特徴	例
新生児微笑	周囲の刺激と関係なくほほ笑む。これはあやされることによって生ずるのではなく、身体の生理的な状況によって生起する	あやしたときに、子どもがほほ笑んだように見える
エントレインメント	保育者と子どもの間での同調的な相互作用	新生児に語りかけると、そのリズムに合わせて体を動かす
共鳴動作	乳児期初期に、他者の顔の動きを無意識に模倣する	周囲の人が笑いかけたり、口をあけたりしてみせると、乳児が無意識のうちに同じような表情をする
情動伝染	周囲に誘発されて乳児に起こる感情の動き。「相互同期性」「同期行動」ともいう	他児の泣き声を聞き、つられて泣きはじめる
選好注視	乳児が、自分の好むものを見つめる。とくに人間の顔を好む	新生児に母親の写真とほかの女性の写真を見せたとき、母親の写真のほうをじっと見つめる
社会的参照	不安や困惑がある際に保育者の表情を確認して自分の行動を決定する	初めて見る物が目の前にあるときに、それを触ってよいかわからないので保育士の表情を見る
象徴機能	ものごとや出来事を別のものに置き換えて認識する	葉っぱをお皿に見立てておままごとを行う
向社会的行動	相手のことを思いやって行動する	おもちゃを取られて泣いている他児に近づき、自分が手に持っているおもちゃを差し出す

共鳴動作は、新生児がまねたように見えることから新生児模倣ともいいます

◎ 心の理論 R4後、R5前

誤信念課題（サリーとアン課題）

1. かごを持っているサリーと箱を持っているアンが、部屋で一緒に遊んでいた

2. サリーはボールをかごの中に入れて部屋を出て行った

3. サリーがいない間に、アンがボールを箱の中に移した

4. サリーが部屋に戻ってきてボールを取り出そうとしたとき、最初にどこを探す？

正解は「かごの中」だが、3歳ごろの子どもは「サリーがボールを移しているところを見ていない」、つまり「自分の認識とは異なる他者の誤った認識」（誤信念）を予測できないため、「箱の中」と解答してしまう
4歳ごろになると、他者の心の動きを類推する心の理論が発達して正解できるようになる

自閉スペクトラム症などの子どもは「心の理論」を獲得しにくく、「箱の中」と答える割合が高いです

心の理論に関する事柄

ハイダーの素朴心理学	・人は行動の背後に心の状態があると想像する。例えば、物に手を伸ばしている人を見ると、その人は物を取ろうとしていると解釈する。そのような人の心に関する日常的で常識的な知識をハイダーは素朴心理学と呼んだ ・他人の心の働きを理解し、それに基づいて他人の行動を予測することができるかどうかについて、心理学の領域では心の理論の問題として研究されてきた
向社会的行動と心の理論	・自分も使いたかったひとつしかないおもちゃを貸してあげるといった向社会的行動が起こるためには、仲間の考えや感情を理解し、相手と同じ感情を自分も共有することができることを必要とする

◎ アタッチメント（愛着） R4前、R5前

ストレンジ・シチュエーション法

Aタイプ
回避型
母親との再会を喜ばない。愛着形成が不安定な状態

Bタイプ
安定型
母親との分離で混乱し再会によって落ち着く。愛着形成が安定している状態

Cタイプ
アンビバレント型
母親との分離に混乱し、さらに再会した後も落ち着かず攻撃的になる。愛着形成が不安定な状態

母親と再会したときに立ちすくんだり、顔を背けて接近するなど、反応に一貫性が見られない状態を示す無秩序型（Dタイプ）もある

アタッチメントの形成	・2～3歳ごろに特定の人物に対しての愛着が強まり、逆に見知らぬ人に対しては警戒したり不安を感じるようになる ・特定の人物（特に母親など）をよりどころ、すなわち安全基地として外界に興味を持ち、一定の範囲で探索行動を行い、不安があれば安全基地に戻ってくる
ストレンジ・シチュエーション法	・愛着の個人差を測定するためにエインズワースが考案した実験観察法 ・母子同室の場面、見知らぬ女性の入室の場面、母親の外出・見知らぬ女性との同室場面（母親との分離）などを経て母親と再会した際の子どもの反応から、愛着形成を確認する。観察の結果は、愛着形成が安定している「安定型」と、不安定な「回避型」「アンビバレント型」に分けられる

乳児は特定の人との間にアタッチメントを形成し、不安や恐れが生じるとその人にしがみつく、あるいはくっついていようとします

◎ 遊びの発達 R3後、R4前、R4後、R5前

相互交渉の発達

乳児のころ、じっと見たり、発声したり、微笑したり、接触したりするなど他児に対して高い関心を示すことがある	相手の行動に合わせて自分の行動を調整することを徐々に学ぶと、ひとつのおもちゃを代わる代わる使う、あるいは共有して一緒に遊ぶようになる	相手の意図や立場が読み取れるようになると、譲ったり譲られたり、互恵的なやり取りの中で仲間との相互作用それ自体を楽しみとして遊ぶ	4〜5歳の子どもは、言葉でやり取りを楽しみ、子ども同士の関係では、ルールのある遊びを一緒に楽しめるようになる

一方で、他児との相互交渉が生じることは極めてまれである

パーテンによる遊びの発達

	並行遊び	連合遊び	協同遊び
	もっと高くしたいなあ	お城つくるんだ！／ケーキつくろう	トンネルつくって／わかった
	1人で遊んでいるが、ほかの子どもたちの遊びからも影響を受けている状態	ほかの子と同じ遊びをしているが、互いに関係なく遊んでおり共通の目的はない状態	共通の目的を持って役割分担が決まっているなど組織化されて遊んでいる状態

必ずしもこの順番で発達するとは限らない

遊び方の名称	現れる年齢	特徴
一人遊び	2〜3歳	他児がそばで遊んでいても無関心で、1人で遊ぶ
傍観	2〜3歳	他児の遊びに関心は示す一方で、加わろうとはせずにじっと見ている
並行遊び	2〜3歳	他児の近くで同じ遊びをしていていても、子ども同士に交流はない。他児の遊びから影響を受けている場合もある
連合遊び	4〜5歳	他児と一緒に遊ぶものの、まだ全体にまとまりはない
協同遊び	4〜5歳	集団で共通の目的を持って遊ぶ。役割分担もできる（役割取得）

他児とのかかわり	・ものをめぐるいざこざは日常的に生じるが、対応や解決の方略は年齢によって変容していく ・遊びのルールについて主張がぶつかり合ったとき、それぞれの考えや思い、アイディアを出し合うことは、「一緒に遊びたい」という気持ちを育てる上で必要なことである ・保育士は子ども相互の気持ちや想いをつなぎ、子どもが自分自身の気持ちをコントロールする「自己調整力」を身につけるように配慮する必要がある

1. 子どもの発達

⑤ 生涯発達

◎ 発達とは

成長	発達
身体面の形態・構造の量的変化を指す	心理・人格面の質的変化を指す

成長と発達にはこのような違いがあるといわれていますが、
その区別は厳密ではありません

発達の要因	・生涯の発達的変化に影響を及ぼす要因として、人生の中で出会う重要な意味を持つ個人的出来事があげられる ・発達段階説によれば、発達を質的にとらえ、それぞれの発達時期における特有の質的特徴で、ほかの時期から区別できるとみる
発達の定義	・バルテスは、生涯発達を獲得と喪失、成長と衰退の混合したダイナミックスとしてとらえた

◎ 哺乳類の特徴 R4前

就巣性
脳が未熟な状態で誕生し、親の世話を必要とする
・一度に産む子どもの数：多い
・動物の例：ネズミ、ウサギなど

生まれたときに未熟なのが「就巣性」、生まれたときに成熟しているのが「離巣性」です

離巣性
脳が成熟した状態で誕生し
自力で歩いたりエサを探したりできる
・一度に産む子どもの数：少ない
・動物の例：ウマ、サルなど

二次的就巣性
運動能力が極めて未熟な状態で誕生し、親の世話を必要とする
・一度に産む子どもの数：少ない（およそ1～2人）
・動物の例：ヒト

ヒトは本来の姿から約1年早く未熟な状態で生まれてくることから、ポルトマンは生理的早産と呼びました

◎ 幼児期・学童期の特徴 R4前、R4後、R5前、R5後

生活の移行	・子どもたちが最初に出会う移行は、家庭生活から幼児期の集団参加が始まる時期である
	・子どもが経験する2つ目の移行は、幼児期から学童期への移行であり、日本では小学校への入学が大きな節目となる
言語の発達	・語彙や発音、文法の基本的言語システムを獲得し、話し言葉は一通りの完成をみる
	・小学校の入学頃までに、長音や拗音などの特殊音節の音韻の分解や抽出が可能となり、書き言葉の基盤ができあがる
仲間関係	・大人が介在せずとも、子ども同士で遊んだり活動したりできるようになる
自己評価	・小学校4年生前後では、社会的比較が可能になるため、自己について肯定的な側面だけでなく否定的な側面の評価も可能になる
思春期	・児童期から青年期に移行する時期で、第二次性徴が出現する
	・心理的には、一般に児童期の仲間に基準をおく傾向から、自己に基準をおく傾向への準備が始まる。その基底に親からの心理的離乳があり、精神的独立に向かって歩みだすが、その不安定さと葛藤は、しばしば反抗として現れる

特に近年では身体的発達が促進されており（発達加速現象）、第二次性徴の発現が低年齢化する成熟前傾現象が見られます

児童期、思春期に見られる仲間（グループ）

ギャング・グループ	・小学校高学年の男子に多く見られる閉鎖的な子どもの仲間集団
	・同じ遊びを一緒にしたり、集団内の独自のルールを決めて行動したりすることで、一体感や結束感を大切にする
	・ほかの世代を寄せ付けず、また同世代であっても特に認めた相手にしか友人関係の門戸を開かない
	・親や教師から離れて自立的に行動することが、その後の発達に影響を与える
チャム・グループ	・中学校の女子に多く見られる排他的な子どもの仲間集団
	・同じ服装をしたり、同じアイドルを応援したりするなど同一の行動を行い、そうした共通性を言葉を通して確かめあう
	・自分の行った行為が、他者や社会に少なからず影響を与えたという自己効力感を持つことが、その後の発達に影響を与える
ピア・グループ	・高校生以降で見られることが多く、性別に関係なく形成される
	・個人として互いを尊重し異質性を認めた上で形成される

男子によく見られるのがギャング・グループ、一方で女子に多く見られるのがチャム・グループです

仲間関係の機能

他者理解・共感	・他者の外的行為を認めるだけでなく、その背後にある気持ちや感情、意図や動機、思考などの内的特性について気付き、正しく推論し、理解する
社会的カテゴリーの理解	・他者のある行為を理解するために、その人の年齢、性別、職業などについての知識に基づいて推論する
社会的規則の理解	・集団生活を円滑に行うためにある様々な決まりの本来の意味を、仲間との相互交渉の中で、不当な圧力や利害の片寄りなどの経験を通して考えるようになる

◎ 青年期・成人期 R3後、R4後、R5後

青年期（思春期）の特徴

思春期の変化	・心身ともに大きな変貌を遂げる時期 ・思春期における養育者からの心理的分離の過程では、周囲の大人や社会に対して反抗的な行動が現れることがあり、この時期を「第二次反抗期」という ・思春期に反抗が起こる理由のひとつとして、養育者などの周囲の大人からの自立と依存という気持ちが共存することがあげられる ・子どもと養育者は、「個」対「個」としての新たな関係を模索し、構築する
心理	・青年期には自分が何者であるのかに悩み、様々なものに取り組んで、初めてアイデンティティを模索する ・成人期のアタッチメント（愛着）の個人差の測定は、アダルト・アタッチメント・インタビューによる測定法が開発されている ・エリクソンは、初期成人期の心理・社会的危機を「親密 対 孤立」としている

アイデンティティ・ステイタス ← マーシアが提唱した

アイデンティティ達成
アイデンティティの探求経験：あり
関与の度合い：積極的
自分にとって意味ある危機を経験し、自分の信念に基づいて行動している

モラトリアム
アイデンティティの探求経験：経験中
関与の度合い：あいまい
危機の最中で、まだ、自分の信念や価値観に基づいた行動をしようとしている

早期完了
アイデンティティの探求経験：なし
関与の度合い：積極的
積極的に関与しているが、幼児期の体験を補強するものに過ぎない。危機は経験していない状態

アイデンティティ拡散
アイデンティティの探求経験：あり or なし
関与の度合い：なし
これまでの探求の結果、特定の信念や価値観への積極的な関与をやめた状態、もしくは探求の経験がなく特定の職業や信念にも関与したことがない状態

危機とは、「自分は何者であるか」などと自分を見つめ直し、自己を再構築する転機のことを示します。また、関与の度合いとは目標に向けて行動や努力をすることを示します

生活の変化	・子どもの巣立ちや老親介護などを通して心理的変化に直面しやすく、時として人生の転機となり、アイデンティティの再構築がみられることがある
燃え尽き症候群	・努力が数字やかたちとして現れず評価されなかったときなどに、仕事への意欲を失って燃え尽きたようになり、心身ともに疲れ果てた状態になること
空の巣症候群	・進学や就職、結婚などを機に子どもが巣立った後、自分の役割がなくなったと感じ、空虚感に襲われる状態のこと
夫婦間葛藤による影響	・夫婦間葛藤は、様々な領域に及ぶ子どもたちの情緒行動の問題と関連している ・母親との別居後に父親（反社会的でない父親）が子どもにより多くかかわることが、子どもの社会・情緒的発達にネガティブな影響を生じさせるということはできない
離婚による影響	・夫婦間葛藤が激しい場合、離婚しても子どもの情緒的安定はあまり変化しないか、穏やかな改善がみられることが多い ・親が離婚した子どもは、していない子どもに比べて、行動の問題、学業不振、仲間関係の問題などを含む様々な否定的影響を受けた場合、それが成人まで持続することもある

◎ 妊娠・出産・育児 ・R3後、R4前、R4後、R5前、R5後

マタニティ・ブルーズ
●出産後3日後をピークに出現する気分の落ち込みや涙もろさなどの精神症状
●ホルモンバランスの変化が原因で、約30％の女性に起こる
●多くは一過性のもので産後1カ月くらいで自然に消失するが、一部は産後うつに移行する

産後うつ
●出産後数週間〜数カ月経ってから生じることが多いといわれている
●日常生活に支障をきたすほどの極度の悲しみや罪悪感、不眠などが現れる
●産後の女性約10〜15％に起こる
●症状が2週間以上続く

マタニティ・ブルーズと産後うつは異なるものです。
混同しないように注意しましょう

妊娠・出産・育児期間に見られる心理的な問題

妊娠期の心理	・妊娠初期は、つわりなど心身両面で、適応していくことが必要となる時期であるため、自分自身に関心が向き、生活やキャリアへの不安が強まることが多い ・妊娠そのものを喜ぶことができず、受け入れることができない母親は、生まれた後の子どもとの関係性や育児態度に深刻な影響をもたらす可能性がある
妊娠中の精神医学的問題	・妊婦の抑うつや不安は、子どもの死産、早産、低体重出生などのリスクとなる可能性がある ・向精神薬を授乳中に投与しても、乳児に移行する量は、通常では母親に投与された薬物量の1％以下のため、医師の判断と本人の意向のもと、投与可能である

親になる準備	・親準備教育には、親になる直前の妊婦を対象としたものや、小中高生など若い世代を対象としたものがある ・胎動が感じられるようになると、母親は子どもの身体を具体的にイメージしたり、子どもの心の状態やパーソナリティについて様々な想像をめぐらしたりするなど、妊娠期から子どもとの相互作用に向けて心の準備を整えていく
育児不安	・親が育児に自信をなくし、育児の相談相手がいない孤立感や、何となくイライラするなど、育児へのネガティブな感情や育児困難な状態であることをいう ・育児ノイローゼや育児ストレスという表現も用いられる ・育児不安を持つことが不適切な子育てというわけではなく、抱える育児不安の深刻度や緊急度、あるいはどのような経過や背景があるかに焦点をあてて支援や援助を考えるようにする
親のうつ病	・産後うつについては、ホルモンの変動などの生物学的要因だけでなく、心理学的および社会的要因も関連している ・低出生体重児の出生やNICU入室などによる長期の母子分離は、産後うつ病の危険因子に十分になり得る ・産後うつが母親と子どもの絆の形成を遅らせ、それに伴い言葉の発達も遅れる可能性が指摘されている ・子どもの社会・情緒的発達に影響を与える。それは母親だけでなく、父親がうつ病の場合も同様である ・親がうつ病の子どもは、そうでない子どもに比べて、気分障害やその他の精神的な問題や機能障害が少なくとも3倍以上生じやすくなる
養護性(ナーチュランス)	・「小さくて弱いものを見ると慈しみ育もうという気持ち」になる心の働きをいう。養護性は女性に限らず誰もが持ちうる特性
親になったことで生じる変化	・親たちは自分の思い通りにならず、時には自分の理解を超えた子どもという存在とかかわることにより、考え方が柔軟になった ・親になることによって、自分を抑制したり、自己主張したりする自己制御ができるようになった ・親は自分自身をなくてはならない存在だと感じ、生きている張りが増した ・自分の子どもに関心が集中しても、子どもを通した世界が広がるため、親自身の視野が狭くなることはない ・子育てとは自己犠牲ではなく、育むことで親である自身も育ち、親子で育ちあいの相互性を実感することでもある

◎ 中高齢期 R4前、R4後、R5前

機能の低下	・身体機能は加齢に伴い程度の差はあるものの少しずつ低下し、聴覚では高音域の音が聞き取りづらくなる(加齢性難聴) ・老化のスピードは体質などの生得的基盤に生活・環境要因が複雑に影響を与えている
機能の発達	・身体的な健康状態が低下する一方、高齢になるほどネガティブ感情を最小にしてポジティブ感情を最大にする「心理的適応」が行われており、これを「社会情緒的選択理論(情緒的調整)」と呼ぶ ・高齢期における、人が生きていくことそのものにかかわる問題についての賢さ、聡明さといった人生上の問題に対して実践的に役立つ知識のことを「英知(wisdom)」と呼ぶ
更年期	・女性は閉経を迎えてエストロゲンの分泌が低下することにより、更年期障害と呼ばれる諸症状が現れやすい ・近年は男性にも更年期があることが知られてきている

サクセスフル・エイジング	・加齢による衰えがありつつも、歳をとってもこうでありたいという自分を保持しながら「上手に歳をとる」といった加齢への向き合い方 ・健康、生存、生活満足感の3つが結合した状態
フレイル(虚弱)	・加齢により心身が老い衰えてはいるが、適切な介護・支援により生活機能の維持向上が可能な状態 ・①体重減少、②筋力低下、③疲労感、④歩行速度の低下、⑤身体活動の低下のうち、3つ以上が該当する場合をいう ・フレイルの予防が健康寿命の延伸にかかわるといわれる

◎ 家族を理解する視点 R4後

家族ライフサイクル論	・家族の誕生から家族がなくなるまでの過程をたどる理論であり、そこには発達段階と発達課題がある
家族システム論	・家族はそれを構成する個人がいなければ成り立たないと同時に、社会とのかかわりを持たない家族も存在しない。このように、多層的に積み重なって家族は存在し、互いに影響し合うという視点に立つ
ジェノグラム	・家族を多世代にわたって把握する方法として、三世代程度の家族の関係を図で表したもの ・視覚的に家族の歴史を知ることで、家族に関する情報を得ることができる

ジェノグラムの例

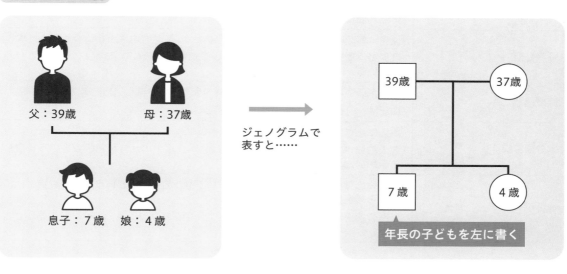

ジェノグラムで表すと……

父：39歳　母：37歳

息子：7歳　娘：4歳

年長の子どもを左に書く

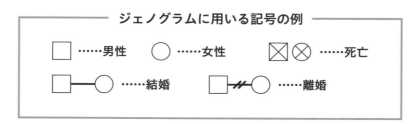

ジェノグラムに用いる記号の例

□……男性　○……女性　⊠⊗……死亡

□—○……結婚　□—〃〃—○……離婚

⑥ 子どもの身体的特徴

◎ 世界保健機関（WHO）憲章による健康の定義 R3後、R5前

健康の定義（官報訳）
完全な肉体的、精神的及び社会的福祉の状態であり、単に疾病又は病弱の存在しないことではない

健康の定義（日本WHO協会訳）
健康とは、病気でないとか、弱っていないということではなく、肉体的にも、精神的にも、そして社会的にも、すべてが満たされた状態にあること

心身だけでなく、社会的な状態についても定義に加わっていることがポイントです

◎ 子どもの生理機能 R4前、R5前

体温	・健康な乳幼児の体温は37℃で、成人よりも平熱が高い ・成人と比べ体重あたりの体表面積が広いため、環境温度に左右されやすいので、体温調節に気を付ける必要がある
呼吸機能	・乳児は鼻呼吸が主で、口で息ができないため、鼻腔をふさがないように注意する ・乳児では腹式呼吸が中心で、胸式呼吸が加わるようになるのは2歳以降といわれている
循環機能	・年齢が低いほど脈拍数は多く、安静時の乳児は1分間に120前後である ・血圧は、成長するにしたがって上昇する
水分調節機能	・成人に比べて体重あたりの水分量は多い ・成人に比べて皮膚から失われる水分が多く、尿中の水分の再吸収を行う腎機能も未熟なため、脱水症になりやすい
免疫機能	・病原体の感染予防に関与する免疫グロブリンG（IgG）という抗体が妊娠中に母親から新生児に渡される ・出産の初期に分泌される母乳を通して免疫グロブリンA（IgA）が新生児に渡される

◎ 子どもの睡眠機能 R4後

新生児の睡眠	・新生児は授乳リズムに応じて睡眠覚醒を繰り返しており、昼夜を問わず寝たり起きたりする ・月齢とともに次第に昼夜の区別が可能になると、レム睡眠とノンレム睡眠を繰り返す
レム睡眠	・身体は眠っているのに、脳は活動しており、眠りが浅い状態 ・乳児は、浅い眠りの際に夜泣きしやすい
ノンレム睡眠	・レム睡眠以外の比較的深い眠りについている状態 ・成長ホルモンは、入眠時、ノンレム睡眠の最も深い時に比較的多く分泌される

メラトニン	・睡眠リズムの調節と免疫機能の向上作用を持つ ・日中には分泌が低く、夜間に分泌量が十数倍に増加する
障害と睡眠	・自閉症や情緒障害があると睡眠と覚醒リズムが不規則になる傾向があり、眠りが安定しないことで、症状を悪化させる場合がある
生活と睡眠	・低年齢児のほうが年長児に比べて、就寝時刻が遅い傾向がある

◎ 身体測定 R5前

測定の基本	・測定する時間帯はいつも一定とし、保護者に計測の日時と項目を前もって知らせる ・年長児の場合は、羞恥心に配慮し、カーテンやスクリーンを用いる
身長・体重の測定法	・2歳未満では、仰臥位（あおむけに寝た姿勢）で身長・体重を測定する ・2歳以上では大人と同様に立位（立った姿勢）身長・体重を測定する
頭部の測定法	・前方は眉の上、後方は後頭結節（後頭部の一番でっぱっている部分）を通って測定する
カウプ指数	・生後3カ月から5歳までの乳幼児に対して、肥満や、やせなど発育の程度を表す

身体発育曲線

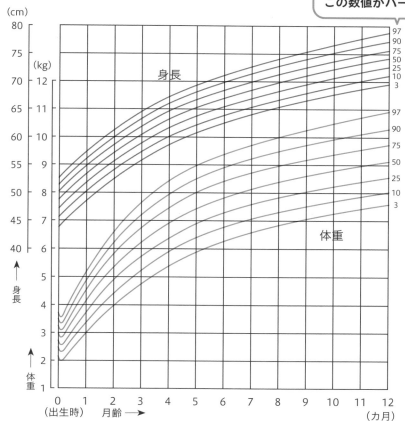

この数値がパーセンタイル

身体発育のかたよりを評価する基準のひとつとして、体重、身長、頭囲を示しているもので、こちらに近い図が母子健康手帳に掲載されています

3パーセンタイル未満、もしくは97パーセンタイルより上であれば、身体発達のかたよりがあるとされる

出所：令和2年度厚生労働行政推進調査事業費補助金成育疾患克服等次世代育成基盤研究事業（健やか次世代育成総合研究事業）「乳幼児身体発育曲線の活用・実践ガイド（令和3年3月）」

第**4**章‥‥子どもの理解

⑦ 子どもの病気

◎ 感染症の感染経路

	原因	主な病原体	対策
飛沫感染	・感染している人が咳やくしゃみ、会話をした際に、病原体が含まれた小さな水滴（飛沫）が口から飛び、これを近くにいる人が吸い込むことで感染する ・飛沫が飛び散る範囲は1～2m	・インフルエンザウイルス ・百日咳菌 ・RSウイルス	・感染者から2m以上離れる ・手洗いや、マスクで口や鼻を覆う「咳エチケット」を行う ・保育所内で発病した場合は別室に移動して保育する
空気感染	・感染している人が咳やくしゃみ、会話をした際に口から飛び出した小さな飛沫が乾燥し、その芯となっている病原体（飛沫核）が感染性を保ったまま空気の流れによって拡散し、それを吸い込むことで感染する ・感染範囲は空調が共通の部屋間なども含む空間内の全域に及ぶ	・結核菌 ・麻しんウイルス ・水痘・帯状疱しんウイルス	密閉された空間内で感染が起こるため ・発症者を隔離する ・部屋の換気を行う ・ワクチンを接種する
接触感染	・感染源に直接触れて感染する、または、汚染されたもの（手すりや遊具など）を介した間接接触で感染する ・特に乳児は床をはい、手に触れるものを何でも舐めるため注意が必要 ・傷のある皮膚から病原体が侵入して感染する場合もある	・インフルエンザウイルス ・百日咳菌 ・RSウイルス ・ノロウイルス ・ロタウイルス ・エンテロウイルス（手足口病の原因ウイルス）	・流水での手洗いを徹底する ・嘔吐・下痢が見られた際の処理手順を職員間で共有する ・タオルを共有しない ・固形石けんの使用を避ける 固形石けんは保管の際不潔になりやすい
経口感染	・病原体を含んだ食物や水分を口にすることによって、病原体が消化管に達して感染する	・腸管出血性大腸菌 ・黄色ブドウ球菌 ・サルモネラ属菌	・食材を衛生的に取り扱う ・食材を十分に加熱する ・調理器具の洗浄・消毒を適切に行う ・調理従事者が体調管理や手指の衛生管理を行う

出所：こども家庭庁「保育所における感染症対策ガイドライン（2018年改訂版　2021年一部改訂）」より作成

感染経路によって対策が異なってくるので、どの病原体がどのようにして感染するのかを知ることは大切です

◎ 子どもの病気とその特徴 R4前、R4後、R5前

疾患名	原因となる病原体	概要
かぜ症候群	RSウイルス、アデノウイルス、コロナウイルスなど多岐にわたる	・鼻水、鼻づまり、のどの痛み、咳などの呼吸器症状と発熱、頭痛、筋肉痛などの全身症状に分かれる
インフルエンザ	インフルエンザウイルス（細菌（インフルエンザ菌）ではない）	・冬に流行する。突然の高熱、悪寒、関節痛が起こる ・熱性けいれんなどの意識障害が見られることもある
新型コロナウイルス感染症（COVID-19）	新型コロナウイルス	・通常のかぜ症候群よりも重症肺炎となることが多く発熱、呼吸器症状、頭痛、倦怠感で消化器症状や味覚・嗅覚障害が見られることもある
水痘（水ぼうそう）	水痘・帯状疱しんウイルス	・軽い発熱とともに発しんが表れ、最初は小紅斑で、やがて丘しんとなり水疱ができる ・いろいろな状態の発しんが同時に見られる。痂皮になると感染性はないものと考えられる
水いぼ（伝染性軟属腫）	伝染性軟属腫ウイルス	・水いぼを左右から押すと、中央から白色の粥状の物質が排出され、この中に病原体が存在する ・プールの水ではうつらないが、タオル、浮輪、ビート板などを介してうつることがある ・自然経過で治癒することもある
突発性発しん	ヒトヘルペスウイルス6、7型	・高熱が3〜4日続き、解熱とともに全身に淡紅色の細かい発しんが出現する ・主に乳児に見られる
麻しん	麻しんウイルス	・頬粘膜に白い斑点であるコプリック斑が見られる ・高熱を発して、顔面や頸部から出現した発しんが、下降的に広がり消退するときに色素沈着を残す
風しん	風しんウイルス	・症状は麻しんに似ている。ただし、麻しんのほうが重症化しやすい ・発熱があり、顔や首のまわりに発しんが表れ、頸部のリンパ節が腫れる ・妊娠初期に感染すると胎児に影響を及ぼす
流行性耳下腺炎（おたふくかぜ）	ムンプスウイルス	・様々な合併症を引き起こすことがあり、無菌性髄膜炎が代表的な合併症である ・おたふくかぜの潜伏期間は16〜18日前後であるため、保育所では、その期間はほかの子どもたちの健康観察を入念に行う
伝染性紅斑（りんご病）	ヒトパルボウイルスB19	・秋から春にかけて流行し、両頬に赤い発しんがみられ、手足にレース様の紅斑ができる ・妊娠前半期に感染すると胎児に影響を及ぼす
咽頭結膜熱（プール熱）	アデノウイルス	・急に高熱となり、目の結膜が赤くなり目やにが出て、喉の痛みを訴える ・年間を通じて発生するが、夏季に多い

疾患名	原因となる病原体	概要
百日咳	百日咳菌	・罹患すると、特有の連続性、発作性の咳（スタッカート）が見られ、夜間に特にひどい。激しい咳が刺激となり、嘔吐してしまうこともある ・感染して5〜10日後に症状が出現する
溶連菌感染症	溶連菌	・発熱があり、のどの痛みを訴える ・手足、顔に発しんが見られ、舌が苺のように赤く腫れる
ブドウ球菌感染症	ブドウ球菌	・接触感染する病気で皮膚に広がる伝染性膿痂しん（とびひ）が見られることがある
MRSA感染症	メチシリン耐性黄色ブドウ球菌（MRSA）	・ペニシリン製剤が無効であるブドウ球菌によって起こる
マイコプラズマ肺炎	肺炎マイコプラズマ	・冬季に、小児に流行する呼吸器感染症のひとつ。初発症状は発熱、全身倦怠、頭痛などだが、3〜5日後から頑固な乾いた咳が比較的長期に続く
結核	結核菌	・初期の症状はかぜと似ているが、咳、痰、発熱（微熱）などの症状が2週間以上続くのが特徴 ・乳幼児が感染した場合、症状が現れにくく、髄膜炎など全身に及ぶ重症化を防ぐことが重要
ポリオ	ポリオウイルス	・脊髄の神経細胞が障害を受けて運動麻痺を起こす
川崎病	細菌の感染、ウイルスの感染、何らかの環境物質による刺激などが疑われているものの、今のところ特定はされていない	・5日以上の発熱、発しん、頸部リンパ節腫脹、眼球結膜の充血、口唇発赤または苺舌、手足の硬性浮腫を認める
手足口病	コクサッキーウイルスA16、エンテロウイルス71など	・感染してから3〜5日後に、口の中、手のひら、足底や足背などに2〜3㎜の水疱性発しんが出る。発熱は約3分の1に見られる ・まれに髄膜炎や脳炎などの合併症が見られることがある
RSウイルス感染症	RSウイルス	・軽症のかぜのような状から重症の細気管支炎や肺炎などの下気道疾患まで、人によって様々な症状が見られる ・乳児の場合は、生後数週〜数カ月の期間に重症な症状を起こすこともある
腸管出血性大腸菌感染症	腸管出血性大腸菌O157	・感染して4〜8日間の無症状の期間を経て、激しい腹痛をともなう頻回の水様便の後に血便が出現する場合が多い
ロタウイルス感染症	ロタウイルス	・乳幼児期（0〜6歳ごろ）にかかりやすく、5歳までにほぼすべての子どもがロタウイルスに感染するといわれている ・乳幼児が感染した場合は、急性の胃腸炎の症状が見られ、下痢（白色便）、吐き気、嘔吐、発熱、腹痛激しいなどが起こるが、大人には症状が出ない場合が多い

ノロウイルス感染症	ノロウイルス	・熱や薬品への抵抗性が非常に強いことが予防を困難にしている ・活性を失わせるためには、85℃以上で90秒以上の加熱または次亜塩素酸ナトリウムによる消毒が有効 ・次亜塩素酸ナトリウムは、揮発性で、塩素ガスが発生するため、窓を開けて換気する
てんかん	—	・3歳以下の発病が最も多く発作的にけいれん、意識障害、精神症状などを反復して起こすもので、脳に受けた外傷や腫瘍などの病変後に起こるものもあれば、原因不明のこともある ・薬の服用によってけいれん発作がおさえられていれば、日常生活において特に活動を制限する必要はない
糖尿病	—	・1型の糖尿病では、インスリン分泌の欠如が原因で起こり、子どもに多い ・2型の糖尿病は、生活習慣病ともいわれ、食生活と関連して発症することが多い ・主な合併症としては眼の合併症、腎不全、神経症(末梢部の痛みなどの感覚が鈍くなるなど)が知られている

◎ 乳幼児突然死症候群（SIDS） R3後、R5前、R5後

定義	・それまでの健康状態や既往歴からその死亡を予測できず、死亡状況調査や解剖検査によっても死因が同定されない、原則として1歳未満の子どもに突然の死をもたらす症候群 ・原因が不明のため、窒息とは異なる
発症	・主として睡眠中に発症する ・日本での発症頻度はおよそ出生6,000～7,000人に1人と推定される ・生後2～6カ月の発症が多く、まれに1歳以上で発症することもある
危険因子	・うつぶせ寝　うつぶせで寝かせてもあおむけで寝かせてもSIDSを発症するが、発症率はうつぶせ寝のほうが高い ・母乳以外の育児 ・保護者の喫煙
予防	・1歳になるまではあおむけに寝かせる ・できるだけ母乳で育てる ・保護者や周囲の人の禁煙

毎年11月は、乳幼児突然死症候群（SIDS）の対策強化月間として、厚生労働省によるキャンペーンが行われています

⑧ 疾病の予防および適切な対応

◎ 子どもの健康状態の把握　R5前、R5後

嘱託医と歯科医による
定期的な健康診断

総合的に見ることが大切

保育士などによる毎日の
子どもの心身の状態の観察

子どもの状態に関する
保護者からの情報提供

健康観察	・日々の健康観察では、子どもの心身の状態をきめ細かに確認し、平常とは異なった状態を速やかに見つけることが重要 ・一人一人の健康状態を把握することで保育所全体の子どもの疾病の発生状況の把握につながり、早期に疾病予防策を立てることに役立つ
生育歴	・一人一人の子どもの生育歴に関する情報を把握するに当たっては、母子健康手帳などの活用が有効であるが、活用の際には、保護者の了解を得る必要がある

体調不良への対応

「いつもと違う」が病気の早期発見につながる

子どもからのサイン	・親から離れず機嫌が悪い（ぐずる） ・元気がなく顔色が悪い ・便がゆるい	・睡眠中に泣いて目が覚める ・きっかけがないのに吐いた ・普段より食欲がない　など
感染症の疑いのある子どもへの対応	・医務室などの別室に移動させて体温測定などにより子どもの症状などを的確に把握し、体調の変化などについて記録する ・子どもに安心感を与えるように適切に対応する ・保護者に連絡をとり、記録をもとに症状や経過を正確に伝えるとともに、適宜、嘱託医、看護師などに相談して指示を受ける ・保護者に対して、地域や保育所内での感染症の発生状況などについて情報提供する。また、保護者から、医療機関での受診結果を速やかに伝えてもらう	感染症による発熱、下痢、嘔吐、咳などの症状で不快感や不安感を抱きやすい
状況に応じた登園	〈登園可能な例〉 ・発熱があっても、朝から食欲があり機嫌もよいなど全身状態が良好な場合 ・伝染性膿痂しん（とびひ）と診断されても、病変部を外用薬で処置し、浸出液がしみ出ないようにガーゼなどで覆ってある場合	〈登園を控える例〉 ・24時間以内に38℃以上の熱が出た場合や、または解熱剤を使用している場合 ・夜間しばしば咳のために起きる、ゼーゼー音が聞こえる症状がみられた場合 ・昨日から嘔吐と下痢が数回あり、今朝は食欲がなく水分もあまりほしがらない場合

◎ 子どもの体調不良時のケア R4後、R5前

咳き込み	・前かがみの姿勢をとらせ、背中をさするなどの対応を行う ・喘鳴がひどくなって水分がとれなくなったり、眠れなくなったりしたら医療機関を受診する
下痢	・排便をした際に水またはぬるま湯で洗うようにする。その際、排便のたびに石けんで洗う必要はない
けいれん	・意志とは関係なく筋肉に力が入る状態。意識を消失しない場合もある ・6歳までの幼児では、発熱時にひきつける熱性けいれんを起こすことがあり、5分以内におさまり、後遺症の心配がないものがほとんどである ・5分以上けいれんが続く、何回もひきつけを繰り返す、ひきつけ後に意識が戻らない、ひきつけ後に手足の麻痺があるようなときには病院を受診する ・けいれんを起こしている間は、強く揺さぶったり、無理に押さえつけたりしない ・吐いたものが気管に入らないように、顔や身体を横に向け、気道を確保する ・子どもがけいれんを起こした場合は、横向きに寝かせて衣類を緩め、けいれんの持続時間を測る ・けいれんを起こす子どもは、保育者の近くで、注意深く様子を見る必要がある
嘔吐	・何をきっかけに吐いたのか（咳で吐いたか、吐き気があったかなど）を確認する ・うがいができる子どもの場合はうがいをさせて、口の中の不快感をとる ・寝かせる場合には、嘔吐物が気管に入らないように体を横向きに寝かせる ・経口摂取を再開するときは、水分から少しずつ与える
発熱	・発熱を判定するには、その子どもの通常の体温（平熱）を把握している必要がある ・発熱が続くと、食欲が低下して水分も摂らなくなることがある ・不感蒸泄も盛んになって体の水分が奪われ、脱水に陥りやすくなる ・熱があるとき、寝ていて汗をかいた場合は体を拭いて着替えさせる
腹痛	・腹部の痛みであるが、年少幼児では痛みの局在がはっきりとしないこともあるため、全身状態の観察が重要である
乳幼児への薬の飲ませ方	・乳幼児に粉薬を与えるときは少量のぬるま湯で練ってペースト状にして、上あご、または、頬の内側にぬるか、スポイトで与える ・ミルクに薬を混ぜるとミルク嫌いになる可能性もあるため、避ける

病気の予防と対応については、保育士になった後にもなくてはならない知識なので、保育の現場を想像しながらしっかりと学習しておきましょう

第**4**章……子どもの理解

◎ 吐物や下痢便の処理のポイント

換気に十分注意

ノロウイルスにも効果がある塩素系洗剤を適切な濃度に希釈して使用

マスク・エプロン・手袋・ペーパータオルなどはすべて使い捨て袋に入れて処分する

処理役
汚染物を広げないよう注意

監視・補佐役
子どもが入らないよう注意

◎ 予防接種 R5前

ワクチンの種類

不活化ワクチン
細菌・ウイルスの毒性や感染力をなくしたもの、または細菌やウイルスの成分（タンパクなど）でつくったワクチン

生ワクチン
生きている細菌・ウイルスの毒性や感染力を弱めてつくったワクチン

定期接種と任意接種

定期接種
法律に基づき市区町村が主体となって実施するもの

任意接種
希望者が各自で受けるもの

ワクチン接種を行う間隔

接種間隔
注射生ワクチン接種後に注射生ワクチンを接種するときは27日以上で、それ以外は制限なし

同時接種
1回の診察で複数のワクチンを接種すること。複数のワクチンを一緒に混ぜて接種はできない

日本において小児が接種可能な予防接種

2種混合（DT）	**4種混合（DPT-IPV）**	**MRワクチン**
ジフテリア、破傷風の混合ワクチン	ジフテリア、百日咳、破傷風、ポリオの混合ワクチン	麻しんと風しんの混合ワクチン

	ワクチン	種類	標準的な接種年齢	接種回数
定期接種	インフルエンザ菌b型（ヒブ）	不活化	初回：生後2〜7カ月 追加：生後12〜18カ月	初回：3回 追加：1回
	肺炎球菌（PCV13）	不活化	初回：生後2〜7カ月 追加：生後12〜15カ月	初回：3回 追加：1回
	B型肝炎	不活化	生後2、3、8カ月	3回
	4種混合（DPT-IPV）	不活化	1期初回：3〜12カ月 1期追加：初回終了後6カ月おく	1期初回：3回 1期追加：1回
	2種混合（DT）	不活化	2期：11歳以上13歳未満	2期：1回
	日本脳炎	不活化	1期：3、4歳 2期：9歳	1期：3歳2回、4歳1回 2期：1回
	BCG（結核）	生	生後5〜8カ月	1回
	麻しん風しん混合（MRワクチン）	生	1期：生後12〜24カ月 2期：5歳以上7歳未満	1期：1回 2期：1回
	水痘	生	生後12〜36カ月	2回
	ロタウイルス（2020年10月〜）	生	生後2〜6カ月	1価ワクチンは2回 5価ワクチンは3回
	子宮頸がん（ヒトパピローマウイルス）	不活化	小学校6年生〜高校1年生相当の女子	2価、4価ワクチンは3回 9価ワクチンは2回
任意接種	流行性耳下腺炎（おたふくかぜ）	生	1歳以上の未罹患者	2回接種を推奨
	インフルエンザ	不活化	全年齢（B類の対象者を除く）	1〜2回

> **2020年7月までに生まれた場合は任意接種**

日本小児科学会は、生後6カ月〜17歳のすべての小児への新型コロナワクチン接種（初回シリーズおよび適切な時期の追加接種）を推奨しています

新型コロナウイルス感染症のワクチンはmRNAワクチン、または、不活化ワクチンです

◎「新型コロナウイルス感染症の"いま"についての11の知識」 R4前 （2023年4月版）（抜粋）

保育者が自らの感染防止について留意しなければならない事柄	・長時間におよぶ飲食、接待を伴う飲食、深夜のはしご酒では、短時間の食事に比べて、感染リスクが高まる ・マスクなしに近距離で会話をすることで、飛沫感染やマイクロ飛沫感染での感染リスクが高まる ・狭い空間での共同生活は、長時間にわたり閉鎖空間が共有されるため、感染リスクが高まる ・仕事での休憩時間に入った時など、居場所が切り替わると、気の緩みや環境の変化により、感染リスクが高まることがある

◎ 感染症名と出席停止期間

病名	基準
インフルエンザ	・発症した後5日を経過し、かつ解熱した後2日（幼児にあっては3日）を経過するまで ※特定鳥インフルエンザおよび新型インフルエンザなどの感染症を除く場合
百日咳	・特有の咳が消失するまで、または5日間の適正な抗菌性物質製剤による治療が終了するまで
麻しん	・解熱した後3日を経過するまで
風しん	・発しんが消失するまで
水痘	・すべての発しんが痂皮化する（かさぶたになる）まで
流行性耳下腺炎	・耳下腺、顎下腺または舌下腺の腫脹が発現した後5日を経過し、かつ、全身状態が良好になるまで
咽頭結膜熱	・主要症状が消退した後2日を経過するまで
結核・髄膜炎菌性髄膜炎	・症状により学校医、その他の医師において感染のおそれがないと認められるまで
新型コロナウイルス感染症	・発症した後5日を経過し、かつ症状が軽快した後1日を経過するまで

出席停止期間の考え方（「解熱した後3日」の例）

日曜日	月曜日	火曜日	水曜日	木曜日	金曜日	土曜日
	解熱	1日目	2日目	3日目	出席可能	

解熱した日は含まず、その翌日を第1日として数える

出席停止期間は「学校保健安全法施行規則」で定められています

◎ アレルギー対応 R3後、R4前、R4後、R5前、R5後

アレルギーの定義

アレルギー疾患とは、本来なら反応しなくてもよい無害なものに対する過剰な免疫反応のこと

アレルギー対応の基本原則

全職員を含めた関係者の共通理解の下で、組織的に対応する	医師の診断指示に基づき、保護者と連携し、適切に対応する
地域の専門的な支援、関係機関との連携の下で対応の充実を図る	食物アレルギー対応においては安全・安心の確保を優先する

出所:厚生労働省「保育所におけるアレルギー対応ガイドライン(2019年改訂版)」より作成

生活の場面	食物アレルギー・アナフィラキシー	気管支ぜん息	アトピー性皮膚炎	アレルギー性結膜炎	アレルギー性鼻炎
給食	○		△		
食物などを扱う活動	○		△		
午睡		○	△	△	△
花粉・埃の舞う環境		○	○	○	○
長時間の屋外活動	△	○	○	○	
プール	△	△	○	△	
動物との接触		○	○	○	○

○:注意を要する生活場面、△:状況によって注意を要する生活場面

出所:厚生労働省「保育所におけるアレルギー対応ガイドライン(2019年改訂版)」

乳幼児がかかりやすいアレルギー疾患	・食物アレルギー、アナフィラキシー、気管支ぜん息、アトピー性皮膚炎、アレルギー性結膜炎、アレルギー性鼻炎 など ・特に乳児期は食物アレルギーが起こりやすく、幼児期はぜん息を発症しやすくなる
アナフィラキシー	・アレルギー反応により、じんましんなどの皮膚症状、腹痛や嘔吐などの消化器症状、息苦しさや喘鳴などの呼吸器症状などが、複数同時にかつ急激に出現した状態
アナフィラキシーショック	・アナフィラキシーの中でも特に血圧が低下し意識レベルの低下や脱力などをきたすような場合のことで、直ちに対応しないと生命にかかわる重篤な状態
アレルギーマーチ	・遺伝的にアレルギーになりやすい素質の人が、年齢を経るごとに次から次へとアレルギー疾患を発症する様子
生活管理指導表	・子どものアレルギー疾患について、症状の把握や適切な対応を進めるために、保護者の依頼を受けて医師(子どものかかりつけ医)が記入するもの ・アレルギー疾患と診断された園児のうち、保育所の生活において特別な配慮や管理が必要となった場合に限って作成する

アレルギー症状への対応の手順

何らかのアレルギー症状がある （食物の関与が疑われる）	原因食物を食べた （可能性を含む）	原因食物に触れた （可能性を含む）	呼びかけに対して反応がなく、呼吸がなければ心肺蘇生を行う （表面参照）

緊急性が高いアレルギー症状はあるか？　5分以内に判断する

全身の症状
- □ぐったり
- □意識もうろう
- □尿や便を漏らす
- □脈が触れにくいまたは不規則
- □唇や爪が青白い

呼吸器の症状
- □のどや胸がしめ付けられる
- □声がかすれる
- □犬が吠えるような咳
- □息がしにくい
- □持続する強い咳き込み
- □ゼーゼーする呼吸
（喘息と区別できない場合を含む）

消化器の症状
- □持続する（がまんできない）強いお腹の痛み
- □繰り返し吐き続ける

1つでも当てはまる場合

緊急性が高いアレルギー症状への対応

① ただちにエピペン®を使用する
② 救急車を要請する（119番通報）
③ **その場で安静にする**（下記の安静を保つ体位参照）
④ **その場で救急隊を待つ**
⑤ **可能なら内服薬を飲ませる**

反応がなく呼吸がない

心肺蘇生を行う

反応がなく呼吸がない

エピペン®が2本以上ある場合
（呼びかけに対する反応がある）
エピペン®を使用し10～15分後に症状の改善がみられない場合、次のエピペン®を使用する

ない場合

内服薬を飲ませる
（　　　　　　　　　　）
（　　　　　　　　　　）

↓

安静にできる場所へ移動する

少なくとも5分ごとに症状を観察する
症状チェックシートに従い判断し対応する

緊急性の高い症状の出現には特に注意する

安静を保つ体位

ぐったり・意識もうろうの場合

血圧が低下している可能性があるため仰向けで足を15～30cm高くする

吐き気・おう吐がある場合

嘔吐物による窒息を防ぐため顔と体を横に向ける

呼吸が苦しく仰向けになれない場合

呼吸を楽にするため上半身を起こし後ろに寄りかからせる

出所：環境再生保全機構ERCA（エルカ）「食物アレルギー緊急時対応マニュアル」(https://www.erca.go.jp/yobou/pamphlet/form/00/pdf/archives_27015.pdf)

気管支ぜん息のある幼児への対応

外遊び、運動	・管理必要の場合と管理不要の場合がある ・症状のコントロールがまだ不十分な場合は「管理必要」となり、運動に対して保育所でも一定の配慮が必要となる ・軽症の場合は「管理不要」となるが、運動後に咳をする、喘鳴の症状が見られるなどした場合は、保護者に相談する
動物との接触	・「管理不要」の場合、「動物への反応が強いため不可」の場合、「飼育活動等の制限」の場合がある ・例えば、「動物との接触に関して、動物への反応が強いため不可（動物名はウサギ）」との指示がある場合、保育所で飼育しているウサギの世話係にさせることは避けるが、保護者に確認の上、金魚の餌やりは構わないと考えることができる
ダニの対応	・防ダニシーツを使用する目的は、ダニの死骸や糞などを吸い込まないようにするためである

 防ダニシーツはダニに刺されないために使うものではないため、正しい使用目的を覚えましょう

アトピー性皮膚炎のある幼児への対応

症状	・かゆみが特徴 ・皮膚を引っかくことで皮膚炎が悪化する
個別対応	・特に爪が長いと引っかいたときのダメージが大きくなるため、アトピー性皮膚炎の子どもの爪が長く伸びたままである場合は短く切ることを保護者に勧める
プール	・必ずしもアトピー性皮膚炎だからといってプールを控える必要はないが、プールの消毒の塩素はアトピー性皮膚炎の症状を悪化させることがあり、症状が強い場合には医師との相談が必要 ・プール後は充分にシャワーを使用する ・伝染性膿痂しん（とびひ）のときはプールを使用しない

 子どもの症状を見て、状況に合った対応をしましょう

 食物アレルギーのある子どもへの対応は、216ページを参照してください

⑨ 発達障害と精神疾患

◎ 発達障害 R3後、R4前、R5後

病名	自閉スペクトラム症 （ASD）	注意欠如・多動症 （注意欠陥・多動性障害）（ADHD）
特性	・言語の習得が遅い、一旦出はじめていた言葉が1歳後半から2歳頃出なくなる、相手の行動を見てまねをしないなどが見られる ・親を含めて他人に無関心であり、人とのかかわりをあまり好まない ・習慣への強いこだわりがある	・多動・衝動性、不注意といった特性があり、両方が認められる場合もいずれか一方が認められる場合もある **多動性と不注意は幼児期のASDにも見られる** ・有病率は報告によって差があるが、学齢期の小児の3〜7%程度と考えられている（遺伝的関与が強い）
子どもへの対応	・かんしゃくを引きおこしやすい要素をできるだけ取り除き、かんしゃくが起こった際は落ち着くまで焦らず待つ ・絵や写真を使ってスケジュールを伝え、見通しを持てるようにする	・必要な教材や道具は活動の前に準備する ・やるべきこと、予定、規則を視覚的に示す ・周囲からの刺激を極力少なくするようにする ・できるだけ耳の近くでゆっくりとわかるまで小さな声で何度も話す

病名	限局性学習症（学習障害）（SLD、LD）
特性	・学齢期に学習困難が始まる ・読字が不的確または速度が遅い、言葉の意味を理解することが困難、字を書くことが困難、数学的推論が困難などが見られ、複数の症状を併発することもある ・知的障害や視力障害、聴力障害などでは説明ができない。脳に何らかの障害があると考えられている
子どもへの対応	・基礎的な部分から丁寧に指導する ・本人の得意な部分を伸ばして弱い部分をカバーする

ASDとADHDは併存することがあります

有症数
・発達障害者には手帳制度がないため、正確な数はわかっていない

診断
・診断基準はDSM-5（精神疾患の分類と診断の手引第5版）によって示されている
・WISC（ウィスク）などの発達に関する検査などをもとに、医師が診断する

支援
・医師の診断確定前でも、必要があれば支援を行う
・発達障害のある子どもに対して、個人差に応じた支援が必要である

感覚統合療法

概要	・学習スキルや運動スキルの獲得よりも発達障害児の中枢神経系の機能を改善することを目的として考案された ・子どもに対して個別的な計画を立て、子どもの能動的取り組みを重視し、スイングやボールプール、平均台などの器具を用いて行う

◎ 子どもの主な精神疾患 R4前

病名	特徴や対応
パニック障害	・特に身体の病気がないのに、突然、動悸、呼吸困難、めまいなどの発作を繰り返し、そのため発作への不安が増して、外出などが制限される病気
強迫性障害	・自分の意思に反して、不合理な考えやイメージが頭に繰り返し浮かんできて、それを振り払おうと同じ行動を繰り返してしまう病気
選択性緘黙 （かんもく）	・学校などの特定の状況や場面で話ができないものの、家や本人が安心したり慣れている環境では流暢に会話ができること
分離不安障害	・愛着を持っている人物からの分離に関して、発達的に見て不適切で過剰な不安あるいは恐怖があること
抜毛症（トリコチロマニア）	・精神疾患に分類される病気で、ストレスや不安を解消するために美容目的以外で自分の髪の毛（または体毛）を抜いてしまうという症状がある
夜尿症	・治療法には「①起こさず、②焦らず、③怒らず」の3原則があり、夜間の排尿誘導は推奨されていない

◎ 乳幼児期から児童期の心的外傷（トラウマ）体験 R4前、R4後

PTSD（心的外傷後ストレス障害）を引き起こす可能性がある出来事

自然災害 津波、火事、地震、洪水など	**人為災害や暴力行為** 飛行機事故、フェリー沈没、戦争、テロ攻撃など	**交通事故や重篤な疾患への罹患やその際の医療行為**	**犯罪的行為** 虐待、レイプ、誘拐など

虐待には夫婦間暴力の目撃も含まれる

PTSDの症状の例	・「過覚醒（不眠、イライラした態度、激しい怒り、向こう見ずな自己破壊的行動、集中困難、過度な警戒心、驚愕反応、過呼吸）」がある ・虐待を受けた子どもには、怪我や栄養状態だけでなく、感情や行動面、対人関係面においても大きな変化が認められ、脳の機能的、器質的変化まで生じる

頭を揺さぶられる虐待を受けた場合などに、出血などの器質的変化が見られる場合がある

1歳児であっても、トラウマ体験により心的外傷後ストレス障害（PTSD）を発症することがあります

⑩ 児童虐待への対応

◎ 虐待による死亡事例　R3後

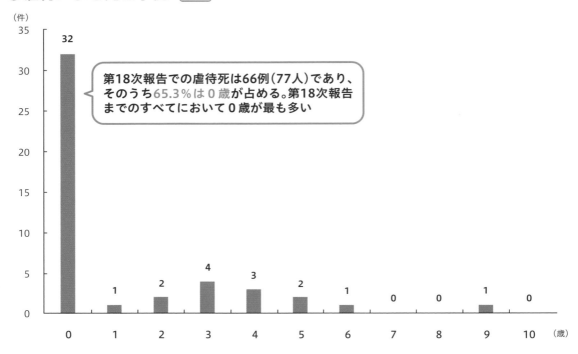

第18次報告での虐待死は66例（77人）であり、そのうち**65.3％**は**0歳**が占める。第18次報告までのすべてにおいて**0歳**が最も多い

出所：厚生労働省「子ども虐待による死亡事例等の検証結果等について（第18次報告）」より作成

◎ 虐待の影響や虐待防止・虐待対応　R4前、R4後、R5前、R5後

虐待による心身への影響	・虐待などのストレスによる心理的な原因でも成長障害をもたらすことがあり、その代表的なものに愛情遮断症候群がある ・被虐待体験は、社会・情緒的問題を生み、脳に器質的・機能的な影響も与える ・知的発達面への影響には、養育者が子どもの知的発達に必要なやりとりを行わない、年齢や発達レベルにそぐわない過大な要求をするなどにより、知的発達を阻害してしまうことがある ・心理的影響として、対人関係の障害、低い自己評価、行動コントロールの問題などがある
幼児で被虐待を疑わせる兆候	・見知らぬ大人になれなれしくする ・常に衣服が汚れている ・痩せが目立ち、給食を大量に食べる ・外傷として不自然な部位にあざがある
虐待の予防	・児童虐待の発生予防などのために、市町村が実施主体となって「乳児家庭全戸訪問事業」が行われている ・地域社会から孤立した家庭は、そうでない場合に比べて、児童虐待が起こりやすい

通告の義務は、「虐待の事実が確定した場合」でなはく、「虐待を受けたと思われる児童を発見したとき」

虐待の通告	・「児童虐待の防止等に関する法律」では、早期発見の努力義務と通告義務がある ・すべての国民に、児童虐待を受けたと思われる児童を発見した場合、通告する義務が定められている ・児童虐待の通告義務は、守秘義務より優先される ・虐待を通告した人の個人情報は法律によって守られる
虐待の現状と傾向	・児童虐待は、身体的虐待、性的虐待、ネグレクト（保護の怠慢）、心理的虐待の4つに分類される ・「令和2年度福祉行政報告例」（厚生労働省）によれば、児童相談所での虐待相談の種別で、最も多いのが心理的虐待である ・子どもへの虐待による死亡は、1歳未満が最も多い ・社会的に孤立し援助者が少ない場合、虐待は起こりやすい ・妊婦健診や乳幼児健診を受診していない場合、子どもを虐待していることが多い ・発達障害は、虐待を受ける危険因子のひとつである ・経済的困窮状態でうつ病の母親が、必ず虐待するとは限らない
反応性愛着障害および脱抑制型対人交流障害	・反応性愛着障害は、特定の養育者との適切な愛着形成できなかったことによる障害である ・脱抑制型対人交流障害を持つ子どもの行動上の特徴は、見知らぬ人を含む誰にでも見境なく接近し、接触する無差別的社交性である ・脱抑制型対人交流障害は、環境が改善しても症状が消失するわけではない ・社会的ネグレクト（乳幼児の適切な養育の欠如）が見られることが診断の必須条件になる
虐待事例への援助	・虐待のケースに合わせた対応が必要なため、すべての虐待において親子の分離を行うことが適切とはいえない ・保護者のかかえる課題を解決するための家族支援が重要となる ・子どもの安全確保が最優先である。児童相談所長が必要と認めると、保護者の同意が得られない場合も子どもを一時保護することができる ・プライバシーの保護には十分な配慮が必要だが、子ども虐待の予防や虐待の問題を解消するための支援はひとつの機関や職種のみではなしえないため、地域の関係者が協働して、予防や支援に取り組むことが何よりも大切である ・家族のもとに家庭復帰することが必ずしも子どもにとって最善とはいえない場合もあるため、施設入所後は慎重な検討が必要となる ・在宅での援助を継続する場合、保護者や子どもが適切な援助を受けられるよう、各関係機関は連携をとる必要がある ・保育士などとの間に愛着が形成されることが被虐待乳幼児の社会・情緒的発達によい影響を及ぼすと考えられる

第2章で解説している児童虐待に関する事項（72ページ参照）や社会的養護の「家庭養育と個別化」の原理（64ページ参照）とあわせて理解しておくとよいでしょう

⑪ 子どもの健康と安全

◎ 養育環境の整備

子どもの健康の保持・増進	・子どもが身体を十分に動かし、のびのびと行動できるようにする ・災害時に安全に避難できるようにする ・危険な場所がなく、安全に過ごせるようにする ・決まりを守り生活習慣が身に付けられるようにする ・戸外に出て十分に体を動かすことができるようにする

> 園庭や遊具の配置については、子どもの動線に配慮して工夫が必要

保育室の環境・換気

	夏	冬
室温（目安）	26〜28℃	20〜23℃
湿度（目安）	60%	
換気	部屋を閉め切らない。特に感染症流行時期は、1時間に1回部屋の換気を行う	

> 季節に合わせた室温や湿度を保ちながら、換気を行う

◎ 衛生面での注意　R3後、R4前、R4後、R5前

加湿器	・加湿器使用時には、水を毎日交換する
簡易的砂場消毒法	・天気のよい日に黒のビニール袋を、砂場を覆うようにシート状に1日中被せておく方法 ・シート内部の温度が60度を超えて、寄生虫卵や細菌が減少・死滅する
プール	・遊離残留塩素濃度を適切に保つため、毎時間水質検査を行う
動物の飼育	・新しい動物を飼いはじめるときには、2週間くらいの観察期間を設けて感染症を防止する
シラミへの対応	・子どもの髪の毛に付着している頭皮や髪の毛の白いかたまりは、シラミ、フケ、ヘアキャスト、角栓のいずれかと考えられる ・シラミには羽がないため、飛ぶことはない ・シラミが発生しても必ずしも痒いというわけではない ・シラミの予防として「充分にシャンプーをし、日頃から頭髪を観察する」、「タオルやブラシ、帽子や衣類などを共有しないこと」、「シーツや枕カバーなどの寝具をこまめに洗うこと」が大切 ・シラミが付いてしまった洗濯物は60℃以上のお湯に5分以上つけて死滅させる
蚊の予防	・蚊の発生予防対策として、水が溜まるような空き容器や植木鉢の皿、廃棄物などを撤去するなど、蚊の幼虫（ボウフラ）が生息する水場をなくすようにする

◎ 消毒液の種類 R3後、R4前、R4後、R5前、R5後

種類	消毒をする場所・もの	使用上の注意
次亜塩素酸ナトリウム	・調理器具、室内環境、衣類、遊具など（200ppm液） ・嘔吐物や排泄物が付着した箇所（1000ppm液）	・吸引したり、目や皮膚に付着したりすると有害 ・脱色（漂白）作用がある ・金属には使用できない
亜塩素酸水	・調理器具、室内環境、衣類、遊具など（遊離塩素濃度25ppm液） ・嘔吐物や排泄物が付着した箇所（遊離塩素濃度100ppm液）	・ステンレス以外の金属には使用できない ・酸性物質（トイレ用洗剤など）と混合すると有毒な塩素ガスが生じる ・吸引したり、目や皮膚に付着したりすると有害 ・衣類の脱色や変色に注意
逆性石けん	・手指、室内環境、家具など、用具類（1000ppm液） ・食器の漬け置き（200ppm液）	・一般の石けんと同時に使うと効果がなくなる ・誤飲に注意 ・新型コロナウイルスには効果があるが、ノロウイルスを含む大部分のウイルス、結核菌には無効
アルコール類（消毒用エタノールなど）	・手指、遊具、室内環境、家具など（製品濃度70〜80％の原液の場合）	・傷や手荒れがある手指には使用しない ・引火性に注意 ・ノロウイルス、ロタウイルスには無効

出所：こども家庭庁「保育所における感染症対策ガイドライン」より作成

消毒液の使い方

保管時の注意	・消毒薬は子どもの手の届かないところに保管する
使用時の注意	・ドアノブや手すり、照明のスイッチ（押しボタン）などは、水拭きした後、アルコールなどによる消毒を行う ・保育室内のドアノブや手すりの消毒は、0.02％（200ppm）の次亜塩素酸ナトリウムか、濃度70〜80％の消毒用エタノールを状況に応じて使用する ・消毒を行うときは子どもを別室に移動させ、消毒を行う者はマスク、手袋を使用する
希釈	・希釈するものについては、濃度、消毒時間を守り使用する ・希釈したものは時間が経つと効果が減っていくので、希釈液は保存せずその都度つくる

消毒液に関する問題は頻出です。消毒液の種類ごとに使い方、使えるもの・場所と使えないもの・場所を覚えておきましょう

◎ 熱中症予防

熱中症の特徴	・高温多湿の場所で運動を行ったとき、乳幼児では過度の厚着や炎天下の車内に放置したときなどに発症する熱性障害 ・症状の軽い順から熱けいれん、熱疲労、熱射病がある
予防	・喉が渇く前に水分補給をする
暑さ指数	・気温、湿度、日射・輻射、気流を加味した暑さ指数が参考になる

> 室内にいるときやプール活動中に起こる場合もある

> 子どもは大人に比べ暑さに弱いため、保育者が気を配る必要があります

◎ 日光・紫外線への対応　R4前

紫外線の影響	・皮膚が未熟で薄い子どもは、紫外線の影響を受けやすいとされており、紫外線の積み重ねが将来大人になってから皮膚がんを引き起こしたり、目を痛めたりする ・日光の紫外線が皮膚に作用すると、皮膚の中にある物質がビタミンDに変わり、骨へのカルシウムの沈着をすすめる。これにより、くる病の予防効果がある
保育所の対応	・直射日光を避けた外気浴でもある程度は紫外線を浴びるため、敢えて直射日光に当てさせる必要はないと考えられている
病院の受診	・日焼けで水ぶくれができたら皮膚科を受診する
対策	・子ども用の日焼け止めクリームは、皮膚の敏感な人用のものと同様の成分になっている ・毎晩その日の汚れを落とすように、日焼け止めも落とす ・日焼け止めの効果や特徴は、商品によって異なる ・汗や水、擦れで日焼け止めが落ちることがあり、また日焼け止めに含まれる紫外線吸収剤は一定量の紫外線を吸収すると効果が弱まるものがあるため、日焼け止めは2〜3時間おきに塗り直す

◎ 事故の予防　R3後、R4前、R4後、R5前、R5後

乳児に起こりやすい事故

ベッドからの転落	・6カ月ごろから寝返りをするようになるため、ベッドに1人にしておくと転落事故が起きる
転倒・打撲	・8カ月ごろになるとお座りができるが、まだ安定していないため後ろに転倒しやすい ・転倒の際ものに当たることで、打撲事故へと発展する
窒息	・睡眠中に起こる事故

年齢別の危険対応の例

0歳児	・オムツの取り替えなどで、子どもを寝かせたままにしてそばを離れない
1歳児	・椅子の上に立ったり、椅子をおもちゃにして遊んだりしないよう常に注意する
2歳児	・階段を上り下りする時は、子どもの下側を歩くか、手を繋ぐ
3歳児	・おもちゃの取り合いなどの機会をとらえて安全な遊び方を指導する
4歳児	・ハサミなど正しい使い方を指導し、使用したらすぐに片付ける

年齢によって起こりやすい事故も対応も異なります

事故の予防と対策

睡眠中の窒息	・窒息を防ぐため、敷布団やマットレスなどの寝具は硬めのものを使用する
食事中の窒息	・子どもの年齢月齢によらず、普段食べている食材が窒息につながる可能性があることを認識して、食事の介助および観察を行う ・ゆっくり落ち着いて食べることができるよう子どもの意志にあったタイミングで与える ・子どもの口に合った量で与える（1回で多くの量を詰めすぎない） ・食べ物を飲み込んだことを確認する（口の中に残っていないか注意する） ・食事中に眠くなっていないか確認する ・汁物などの水分を適切に与える ・事故が起きた場合は、異物が取れるか、反応がなくなるまで、背部叩打法や腹部突き上げ法を繰り返す ・1歳未満の乳児には腹部突き上げ法（ハイムリック法）を行ってはいけない。1歳未満の乳児には、胸部突き上げ法と背部叩打法を交互に行う
食物アレルギー	・食物アレルギーの子ども用の代替食（除去食も同様）は、人的エラーを減らすために、普通食と形や見た目が明らかに違うものにする
プール活動	・監視者は監視に専念し、動かない子どもや不自然な動きをしている子どもを見つける ・監視エリア全域をくまなく監視する ・時間的余裕を持ってプール活動を行う
事故の記録	・水性ペンやシャープペンシル、鉛筆などは避ける

汁物を頻回に与えると流し込むくせがつきやすいので注意

十分な監視体制を確保できない場合はプール活動の中止も検討する

安全計画の策定（こども家庭庁「保育所等における安全計画の策定に関する留意事項等について」）

保育所等は、安全確保に関する取組を計画的に実施するため、各年度において、当該年度が始まる前に、施設の設備等の安全点検や、園外活動等を含む保育所等での活動、取組等における職員や児童に対する安全確保のための指導、職員への各種訓練や研修等の児童の安全確保に関する取組についての年間スケジュール（安全計画）を定めること。

児童福祉施設の設備及び運営に関する基準が改正され、2023（令和5）年度から保育所などで安全計画の策定が義務化されました

◎ 教育・保育施設等における事故防止及び事故発生時の対応のためのガイドライン

内容	・特に重大事故が発生しやすい場面ごとの注意事項や、事故が発生した場合の具体的な対応方法などについて、各施設・事業者、地方自治体における事故発生の防止などや自己発生時の対応の参考となるよう取りまとめたもの ・事業所内保育事業や病児保育事業についても、ガイドラインの対象とする

施設・事業者のみでなく地方自治体も含む

ガイドラインにおける「死亡事故」には、乳幼児突然死症候群（SIDS）（171ページ参照）や死因不明とされた事例も含まれます

◎ 防災意識　R3後、R4前、R5前、R5後

保育環境に関する注意

場所	注意点
出入り口	・災害時の避難口、避難経路が確保されているか、常に意識する。非常口の近辺にはものを置かない
家具	・家具の上にものを置いていないか、引き出しは閉まっているか、落下してくるものはないか確認する
壁面	・釘や鋭利な突起物が残っていないか、落下の危険はないか確認する ・カーテン、装飾などに使う布や置物などは、防災加工してあるもの、または有毒ガスなどが発生しないものを使用する
廊下	・ものを置かない（避難経路になるため）

1 m²以上の布には防災加工が必要

出所：内閣府・文部科学省「教育・保育施設等における事故防止及び事故発生時の対応のためのガイドライン」より一部抜粋

避難訓練	・消防法で義務づけられている ・「児童福祉施設の設備及び運営に関する基準」（昭和23年厚生省令第63号）第6条第2項において、少なくとも月1回は行わなくてはならないと規定されている ・避難訓練は、全職員が実践的な対応能力を養うとともに、子ども自身が発達過程に応じて、災害発生時に取るべき行動や態度を身に付けていくことを目指して行われることが重要である
災害への備え	・施設の安全点検は、定期的に行う ・施設の出入り口や廊下、非常階段などの近くには物を置かない ・消防設備や火気使用設備は定期的に点検を行い、その結果を消防長または消防署長に報告する義務がある ・「児童福祉施設の設備及び運営に関する基準」第6条第1項には、「児童福祉施設（障害児入所施設及び児童発達支援センター（次条、第九条の四及び第十条第三項において「障害児入所施設等」という。）を除く。第十条第二項において同じ。）においては、軽便消火器等の消火用具、非常口その他非常災害に必要な設備を設けるとともに、非常災害に対する具体的計画を立て、これに対する不断の注意と訓練をするように努めなければならない」と記載がある

◎ 小児の心肺蘇生の手順 R4前、R5後

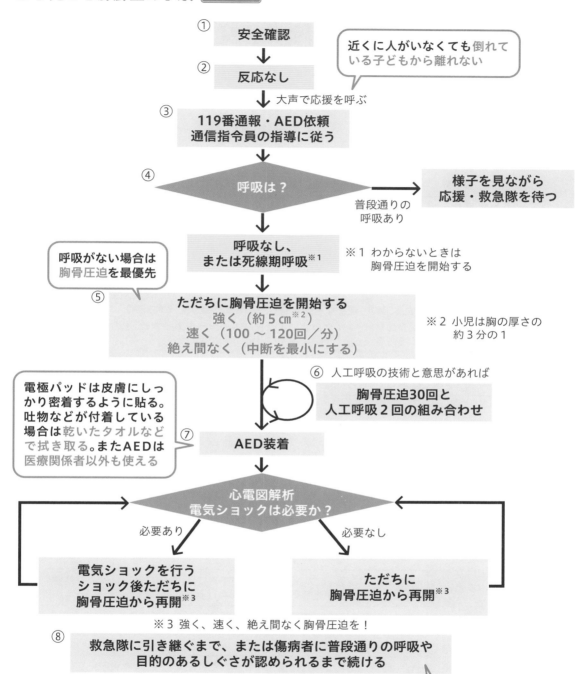

① **安全確認**

近くに人がいなくても倒れている子どもから離れない

② **反応なし**

大声で応援を呼ぶ

③ **119番通報・AED依頼**
通信指令員の指導に従う

④ **呼吸は？**

→ 普段通りの呼吸あり → **様子を見ながら応援・救急隊を待つ**

呼吸なし、または死線期呼吸※1

呼吸がない場合は胸骨圧迫を最優先

※1 わからないときは胸骨圧迫を開始する

⑤ **ただちに胸骨圧迫を開始する**
強く（約5cm※2）
速く（100～120回／分）
絶え間なく（中断を最小にする）

※2 小児は胸の厚さの約3分の1

⑥ 人工呼吸の技術と意思があれば

胸骨圧迫30回と人工呼吸2回の組み合わせ

電極パッドは皮膚にしっかり密着するように貼る。吐物などが付着している場合は乾いたタオルなどで拭き取る。またAEDは医療関係者以外も使える

⑦ **AED装着**

心電図解析
電気ショックは必要か？

必要あり ←→ 必要なし

電気ショックを行う
ショック後ただちに胸骨圧迫から再開※3

ただちに胸骨圧迫から再開※3

※3 強く、速く、絶え間なく胸骨圧迫を！

⑧ **救急隊に引き継ぐまで、または傷病者に普段通りの呼吸や**
目的のあるしぐさが認められるまで続ける

呼吸回復後も救急隊に引き継ぐまで電極パッドをはがさずAEDの電源も切らない

出所：日本蘇生協議会 監修「JRC蘇生ガイドライン2015」18ページ、医学書院、2016年

小児用電極パッドがない場合は大人用電極パッドを使用しますが、その際、2枚のパッド同士が重ならないよう注意しましょう

⑫ 食の一般知識

◎ 調理の基本 R3後、R4前、R4後

献立と調理方法

献立作成		・一般にご飯と汁物（スープ類）に主菜と副菜1〜2品をそろえると、充実した内容で栄養的にも優れた献立となる
調理方法	油抜き	・油で揚げてある材料に、熱湯をかけたりして表面の油をとる
	湯せん	・湯を入れた大きい鍋に、材料を入れた小さい鍋を入れて加熱する
	湯むき	・材料に湯をかけた後、冷水にとり、皮をむく
	湯通し	・材料を熱湯に入れて加熱し、すぐに取り出す

調理法と調理器具

加熱操作	・ゆでる、煮る、蒸す、炊くなどの水を利用する加熱操作を湿式加熱という ・電子レンジ加熱は、マイクロ波により食品中の水分を振動させ、その摩擦によって加熱する方法である
計量スプーン	・小さじ1は、調味料の重量5gを量りとることができる
食中毒の危険	・手指に化膿している傷があると、細菌による食中毒を起こす可能性がある

◎ 食品の表示 R4後

消費期限と賞味期限

消費期限	・期限を過ぎたら食べないほうがよい期限
賞味期限	・おいしく食べることができる期限 ・この時期を過ぎるとすぐに食べられないということではない

機能性表示

特定保健用食品（トクホ）	・特定保健用食品（トクホ）として販売するには、食品ごとに食品の有効性や安全性について国の審査を受け、許可を得なければならない
栄養機能食品	・すでに科学的根拠が確認された栄養成分を一定の基準量を含む食品であれば、特に届出などをしなくても、国が定めた表現によって当該栄養成分の機能を表示することができる
機能性表示食品	・科学的根拠に基づいた機能性を表示した食品であり、消費者庁長官による個別審査を受けたものではない

◎ 郷土料理と都道府県（過去に出題されたものを抜粋） R4前、R5前

三平汁	北海道		ほうとう	山梨県
せんべい汁	青森県		かきめし	広島県
深川めし	東京都		がめ煮	福岡県
さんが焼き	千葉県		ゴーヤーチャンプルー	沖縄県

◎ おせち料理の種類と意味（過去に出題されたものを抜粋） R3後

数の子	子孫繁栄		黒豆	まめまめしく働く
田作り	豊作		えび	長寿

郷土料理と都道府県、おせち料理の種類と
意味はそれぞれセットで覚えましょう

◎ 五節句と料理・食品 R4後

節句	料理・食品	節句の解説
人日の節句	粥、春の七草（せり、なずな、ごぎょう、はこべら、ほとけのざ、すずな、すずしろ）	・五節句の1番目の節句で、1月7日 ・七草粥を食べて1年の豊作と無病息災を願う ・七草の節句ともいう
桃の節句	はまぐりのお吸い物、ちらしずし、菱もち	・女の子の健やかな成長を願う節句で、3月3日 ・桃の花、白酒、ひなあられ、菱餅などをひな壇にそなえる ・上巳の節句ともいう
端午の節句	ちまき、柏餅	・男の子の無病息災を祈る日で、5月5日
七夕の節句	そうめん	・7月7日 ・七夕の行事食がそうめんであることには、古代中国の「索餅」という料理が由来している
重陽の節句	栗ご飯、きく酒	・菊に長寿を祈る日で、9月9日 ・菊の花弁を浮かべた酒を飲んだり、秋に旬を迎える栗やなすを使った料理を食べたりする

節句の「節」は季節の変わり目のこと。節句の中でも
特に大事にされたのが「五節句」です

⑬ 栄養の一般知識

◎ 6つの基礎食品群と3色食品群 R5前

6つの基礎食品群	3色食品群	主な栄養素	食品の例
1群	赤のグループ：主に体をつくるもとになる	たんぱく質	魚、肉、卵、大豆・大豆製品
2群		カルシウム	牛乳・乳製品、海藻、小魚
3群	緑のグループ：主に体の調子を整えるもとになる	カロテン	緑黄色野菜
4群		ビタミンC	その他の野菜、果物
5群	黄のグループ：主に体を動かすエネルギーのもとになる	糖質性エネルギー	米・パン・めん類
6群		脂肪性エネルギー	油脂

◎ 栄養素 R3後、R4前、R4後、R5前

炭水化物	
糖質	・主要なエネルギー源で、1gあたり4kcalのエネルギーを供給する ・体内では単糖類として吸収され、肝臓に運ばれ、ブドウ糖に変換される ・エネルギー源として利用されなかった糖質は、グリコーゲンや脂肪として体内に蓄積される
食物繊維	・ヒトの消化酵素で消化されにくい成分である ・水溶性食物繊維と不溶性食物繊維に分類される

たんぱく質
・主に水素・炭素・窒素・酸素などで構成されている ・糖質や脂質が不足した場合にエネルギーとして利用される（1gあたり4kcal） ・20種類のアミノ酸で構成され、体内で合成できないもの（必須アミノ酸）と合成できるもの（非必須アミノ酸）に分けられる ・たんぱく質の中に9つの必須アミノ酸をバランスよく含んでいるか、100を最大値とする「アミノ酸スコア」という数値で表すが、最小値を表すアミノ酸は「第1制限アミノ酸」と呼ぶ。アミノ酸スコアが100は、牛肉・豚肉・鶏肉・魚・卵・乳製品・大豆などである

脂質
・脂質を構成する脂肪酸は、炭素と酸素で構成される ・エネルギー源として利用され、1gあたり9kcalを供給する ・魚油に多く含まれる多価不飽和脂肪酸は、動脈硬化と血栓を防ぐ作用がある

ビタミン		
脂溶性ビタミン	ビタミンA	・粘膜を正常に保ち、免疫力を維持する ・欠乏症には夜盲症や発育阻害などがある
	ビタミンD	・小腸や腎臓でカルシウムとリンの吸収を促進する働きと、それによって血液中のカルシウム濃度を保ち、丈夫な骨をつくる働きがある ・欠乏症には小児ではくる病がある。成人では骨軟化症の発症リスクが高まる

脂溶性ビタミン	ビタミンE	・抗酸化作用があり、植物油や魚介類に多く含まれる ・欠乏すると溶結性貧血の要因になる
	ビタミンK	・血液凝固因子の活性化に必要なビタミンで、母乳栄養児は欠乏に陥りやすい ・特に母乳栄養児は、腸内細菌叢がビフィズス菌主体でビタミンK産生腸内細菌が少ないため、ビタミンKが不足しやすくなる ・欠乏すると新生児の頭蓋内出血症を引き起こす
水溶性ビタミン	ビタミンB1	・糖質の代謝に関与し、欠乏症には脚気がある
	ビタミンB2	・糖質、脂質、たんぱく質代謝に関与し、欠乏症には脚気、ウェルニッケ脳症がある
	ナイアシン	・エネルギー代謝、皮膚や粘膜の保護に関与し、欠乏症にはペラグラがある
	ビタミンB6	・たんぱく質代謝に関与し、欠乏症には神経障害や皮膚炎がある
	ビタミンB12	・アミノ酸代謝に関与し、欠乏症には悪性貧血がある
	葉酸	・赤血球の細胞の形成を助けたり、細胞分裂が活発である胎児の正常な発育に役立ったりするなどの大切な働きをしている ・受胎の前後に十分量を摂取すると、胎児の神経管閉鎖障害のリスクを低減できる ・欠乏症としてあげられるのは、悪性貧血（巨赤芽球性貧血）、神経管閉鎖障害、脳卒中や心筋梗塞などの循環器疾患
	ビタミンC	・コラーゲンの構築の際に補酵素として機能することや抗酸化作用など、様々な生体機能に関与している ・皮膚や細胞のコラーゲンの合成に必須で、欠乏すると壊血病を引き起こす

ミネラル（無機質）

多量ミネラル	カルシウム	・骨や歯の構成成分で、乳・乳製品や大豆製品、小魚、海藻に多く含まれる ・成長期に欠乏すると骨の発育障害を引き起こす。成人の欠乏症には骨粗鬆症がある
	リン	・骨や歯の構成成分で、エネルギー代謝に関与している ・非常に多くの食品に含まれるため、普通の食事で欠乏することはない
	カリウム	・体液の浸透圧の調節にかかわり、野菜類や骨ごと食べられる小魚に多く含まれる ・欠乏すると筋力低下、血圧上昇などを引き起こす
	ナトリウム	・体液の浸透圧の調整にかかわり、食塩、みそ、しょうゆなどに多く含まれる ・欠乏した際の主な症状としては、血圧低下、無欲、倦怠、めまい、失神などがある ・過剰症として高血圧があげられる
	マグネシウム	・骨や歯の構成成分であり、筋肉の収縮や血圧の調整も行う ・魚介類、海藻類、穀類、ナッツ類に多く含まれる ・欠乏症には成長遅延や不整脈がある ・過剰症としては下痢があげられる
微量ミネラル	鉄	・血液中のヘモグロビンを形成している ・食品ではレバーや赤身の肉に多く含まれている。また体内では合成できない ・体内の鉄分不足が原因で鉄欠乏性貧血が起こる ・鉄過剰症（ヘモクロマトーシス）として、胃腸障害や血色素症があげられる
	亜鉛	・酸素の構成成分で、インスリンの合成に必要 ・不足すると、味覚障害の一因となる
	銅	・ヘモグロビンの形成に必要で、鉄の吸収を助ける ・欠乏すると貧血を引き起こす
	ヨウ素	・甲状腺ホルモンの構成成分であり、海藻類や魚介類に多く含まれる ・欠乏症には甲状腺肥大、甲状腺腫瘍がある

⑭ 食に関する国の指針・ガイドライン

◎ 食生活指針 R4後、R5前

食事を楽しみましょう

- 毎日の食事で、健康寿命をのばしましょう
- おいしい食事を、味わいながらゆっくりよく噛んで食べましょう
- 家族の団らんや人との交流を大切に、また、食事づくりに参加しましょう

適度な運動とバランスのよい食事で、適正体重の維持を

- 普段から体重を量り、食事量に気をつけましょう
- 普段から意識して身体を動かすようにしましょう
- 無理な減量はやめましょう
- 特に若年女性のやせ、高齢者の低栄養にも気をつけましょう

ごはんなどの穀類をしっかりと

- 穀類を毎食とって、糖質からのエネルギー摂取を適正に保ちましょう
- 日本の気候・風土に適している米などの穀類を利用しましょう

食塩は控えめに、脂肪は質と量を考えて

- 食塩の多い食品や料理を控えめにしましょう。食塩摂取量の目標値は、男性で1日8g未満、女性で7g未満とされています
- 動物、植物、魚由来の脂肪をバランスよくとりましょう
- 栄養成分表示を見て、食品や外食を選ぶ習慣を身につけましょう

食料資源を大切に、無駄や廃棄の少ない食生活を

- まだ食べられるのに廃棄されている食品ロスを減らしましょう
- 調理や保存を上手にして、食べ残しのない適量を心がけましょう
- 賞味期限や消費期限を考えて利用しましょう

1日の食事のリズムから、健やかな生活リズムを

- 朝食で、いきいきした1日をはじめましょう
- 夜食や間食はとりすぎないようにしましょう
- 飲酒はほどほどにしましょう

主食、主菜、副菜を基本に、食事のバランスを

- 多様な食品を組み合わせましょう
- 調理方法が偏らないようにしましょう
- 手づくりと外食や加工食品・調理食品を上手に組み合わせましょう

野菜・果物、牛乳・乳製品、豆類、魚なども組み合わせて

- たっぷり野菜と毎日の果物で、ビタミン、ミネラル、食物繊維をとりましょう
- 牛乳・乳製品、緑黄色野菜、豆類、小魚などで、カルシウムを十分にとりましょう

日本の食文化や地域の産物を活かし、郷土の味の継承を

- 「和食」をはじめとした日本の食文化を大切にして、日々の食生活に活かしましょう
- 地域の産物や旬の素材を使うとともに、行事食を取り入れながら、自然の恵みや四季の変化を楽しみましょう
- 食材に関する知識や調理技術を身につけましょう
- 地域や家庭で受け継がれてきた料理や作法を伝えていきましょう

「食」に関する理解を深め、食生活を見直してみましょう

- 子どものころから、食生活を大切にしましょう
- 家庭や学校、地域で、食品の安全性を含めた「食」に関する知識や理解を深め、望ましい習慣を身につけましょう
- 家族や仲間と、食生活を考えたり、話し合ったりしてみましょう
- 自分たちの健康目標をつくり、よりよい食生活を目指しましょう

出所:文部科学省、厚生労働省、農林水産省「食生活指針(平成28年一部改正)」

◎ 妊娠前からはじめる妊産婦のための食生活指針 `R3後、R4前、R5前、R5後`

● 妊娠前から、バランスのよい食事をしっかりとりましょう
● 「主食」を中心に、エネルギーをしっかりと
● 不足しがちなビタミン・ミネラルを、「副菜」でたっぷりと
● 「主菜」を組み合わせてたんぱく質を十分に
● 乳製品、緑黄色野菜、豆類、小魚などでカルシウムを十分に
● 妊娠中の体重増加は、お母さんと赤ちゃんにとって望ましい量に
● 母乳育児も、バランスのよい食生活の中で
● 無理なくからだを動かしましょう
● たばことお酒の害から赤ちゃんを守りましょう
● お母さんと赤ちゃんのからだと心のゆとりは、周囲のあたたかいサポートから

「妊産婦のための食生活指針」（「健やか親子21」推進検討会報告書）（平成18年）が改定されて、「妊娠前からはじめる妊産婦のための食生活指針」ができました

出所：厚生労働省「妊娠前からはじめる妊産婦のための食生活指針」

魚介類	・魚介類を通じた水銀摂取が胎児に影響を与える可能性があるため、「妊婦への魚介類の摂食と水銀に関する注意事項」が示されている
葉酸	・神経管閉鎖障害発症のリスクを低減するために、特に妊娠を計画している人、妊娠初期の人に有用

◎ 食事バランスガイド `R5後`

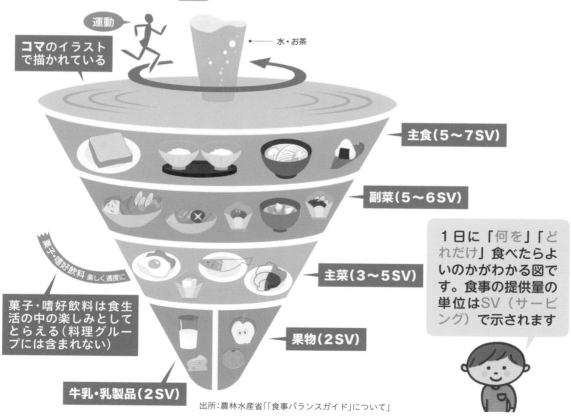

運動

コマのイラストで描かれている

水・お茶

主食（5〜7SV）

副菜（5〜6SV）

菓子・嗜好飲料 楽しく適度に

菓子・嗜好飲料は食生活の中の楽しみとしてとらえる（料理グループには含まれない）

主菜（3〜5SV）

1日に「何を」「どれだけ」食べたらよいのかがわかる図です。食事の提供量の単位はSV（サービング）で示されます

果物（2SV）

牛乳・乳製品（2SV）

出所：農林水産省「「食事バランスガイド」について」

◎ 楽しく食べる子どもに〜食からはじまる健やかガイド〜 R5前、R5後

目標とする子どもの姿
―楽しく食べる子どもに―

心と身体の健康

食の文化と環境

人との関わり

食のスキル

発育・発達過程において配慮すべき側面

発育・発達過程に応じて育てたい"食べる力"

授乳期・離乳期 ―安心と安らぎの中で食べる意欲の基礎づくり―

・安心と安らぎの中で母乳（ミルク）を飲む心地よさを味わう
・いろいろな食べ物を見て、触って、味わって、自分で進んで食べようとする

幼児期 ―食べる意欲を大切に、食の体験を広げよう―

・おなかがすくリズムがもてる
・食べたいもの、好きなものが増える
・家族や仲間と一緒に食べる楽しさを味わう
・栽培、収穫、調理を通して、食べ物に触れはじめる
・食べ物や身体のことを話題にする

学童期 ―食の体験を深め、食の世界を広げよう―

・1日3回の食事や間食のリズムがもてる
・食事のバランスや適量がわかる
・家族や仲間と一緒に食事づくりや準備を楽しむ
・自然と食べ物との関わり、地域と食べ物との関わりに関心をもつ
・自分の食生活を振り返り、評価し、改善できる

思春期 ―自分らしい食生活を実現し、健やかな食文化の担い手になろう―

・食べたい食事のイメージを描き、それを実現できる
・一緒に食べる人を気遣い、楽しく食べることができる
・食料の生産・流通から食卓までのプロセスがわかる
・自分の身体の成長や体調の変化を知り、自分の身体を大切にできる
・食に関わる活動を計画したり、積極的に参加したりすることができる

出所:厚生労働省「楽しく食べる子どもに〜食からはじまる健やかガイド〜」

◎ 日本人の食事摂取基準 R4前、R5前、R5後

策定方針

健康な個人および集団を対象として、国民の健康の保持・増進、生活習慣病の予防のために参照するエネルギーおよび栄養素の摂取量の基準を示すもの

> 生活習慣病に加え高齢者の低栄養やフレイルの予防も視野に入れている

栄養素の指標

推定平均必要量
半数の人が必要を満たす量

推奨量
ほとんどの人（97.5%）が充足している量

目安量
推定できない場合の代替指標

耐容上限量
過剰摂取による健康障害の回避

目標量
生活習慣病の発症予防

> 耐容上限量と目標量は、接種の上限を表している

出所：厚生労働省「日本人の食事摂取基準（2020年版）」より作成

栄養の指標

> PALは日常生活の平均的な活動の強度を表したもの

小児（1〜17歳）	・身体活動レベル（PAL）は**3区分**である ・カルシウムの推奨量が最も高いのは、男女とも「**12〜14歳**」である ・脂質の目標量は、男女とも「**20〜30%エネルギー**」である ・1〜2歳の基礎代謝基準値は、**3〜5歳より高い** ・幼児の給与栄養目標量は、「日本人の食事摂取基準」を用いて、1〜2歳児と3〜5歳児に分けて設定している ・乳児の給与栄養目標量は、「日本人の食事摂取基準」を用いて、乳汁と離乳食に分けて設定している ・食物繊維は**3歳以上**で目標量が示されている

◎ 国民健康・栄養調査（食品群別接種量）

乳類の摂取量（平均値）	・「1〜6歳」、「7〜14歳」、「15〜19歳」の3つの年齢階級別で比較すると、男女とも最も多いのは「7〜14歳」である
脂肪エネルギー比率（%）（平均値）	・「1〜6歳」では、男女とも20〜30%の範囲内である
炭水化物エネルギー比率（%）（平均値）	・「1〜6歳」では、男女とも55%を超えている
食塩相当量（g／日）（平均値）	・「1〜6歳」では、6g以下である

出所：厚生労働省「令和元年 国民健康・栄養調査結果の概要」より作成

> 推定エネルギー必要量は基本的に女性より男性のほうが多く、男性で15〜17歳、女性で12〜14歳が最も多いです

⑮栄養に関する調査・統計

◎ 平成27年度乳幼児栄養調査結果の概要 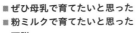 （厚生労働省）

母乳育児に関する妊娠中の考え

- ■ぜひ母乳で育てたいと思った
- ■母乳が出れば母乳で育てたいと思った
- ■粉ミルクで育てたいと思った
- ■特に考えなかった
- ■不詳

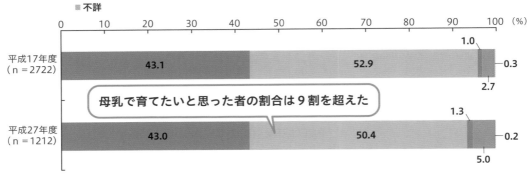

平成17年度（n＝2722）：43.1／52.9／1.0／0.3／2.7

平成27年度（n＝1212）：43.0／50.4／1.3／0.2／5.0

母乳で育てたいと思った者の割合は9割を超えた

※平成27年度は、回答者が母親の場合のみ集計

出所：厚生労働省「平成27年度乳幼児栄養調査結果の概要」

授乳について困ったこと

授乳について困ったこと	総数 (n = 1,242)	栄養方法（1カ月）別（n = 1,200）		
		母乳栄養 (n = 616)	混合栄養 (n = 541)	人工栄養 (n = 43)
困ったことがある	77.8	69.6	88.2	69.8
母乳が足りているかどうかわからない	40.7	31.2	53.8	16.3
母乳が不足ぎみ	20.4	8.9	33.6	9.3
授乳が負担、大変	20.0	16.6	23.7	18.6
人工乳（粉ミルク）を飲むのをいやがる	16.5	19.2	15.7	2.3
外出の際に授乳できる場所がない	14.3	15.7	14.4	2.3
子どもの体重の増えがよくない	13.8	10.2	19.0	9.3
卒乳の時期や方法がわからない	12.9	11.0	16.1	2.3
母乳が出ない	11.2	5.2	15.9	37.2
母親の健康状態	11.1	11.2	9.8	14.0
母乳を飲むのをいやがる	7.8	3.7	11.1	23.3
子どもの体重が増えすぎる	6.8	5.8	7.9	7.0
母乳を飲みすぎる	4.4	6.7	2.2	0.0
人工乳（粉ミルク）を飲みすぎる	3.7	1.1	6.1	7.0
母親の仕事（勤務）で思うように授乳ができない	3.5	4.2	3.0	0.0
相談する人がいない、もしくは、わからない	1.7	0.8	2.6	0.0
相談する場所がない、もしくは、わからない	1.0	0.3	1.7	0.0
その他	5.2	4.9	5.7	4.7
特にない	22.2	30.4	11.8	30.2

母乳の量に関する困りごとの割合が高い

（複数回答）

※栄養方法のうち、もっとも高い割合を示しているものに下線
※総数には、栄養方法「不詳」を含む
出所：厚生労働省「平成27年度乳幼児栄養調査結果の概要」

出産後1年未満の就業状況別 授乳期の栄養方法

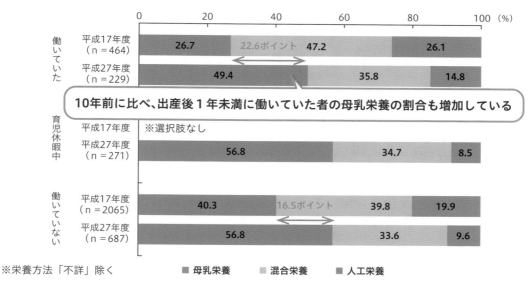

10年前に比べ、出産後1年未満に働いていた者の母乳栄養の割合も増加している

※栄養方法「不詳」除く

■ 母乳栄養　　■ 混合栄養　　■ 人工栄養

出所：厚生労働省「平成27年度乳幼児栄養調査結果の概要」

授乳期の栄養方法

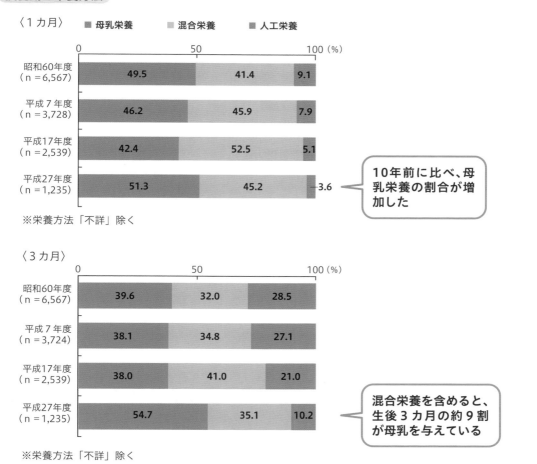

〈1カ月〉

■ 母乳栄養　　■ 混合栄養　　■ 人工栄養

※栄養方法「不詳」除く

10年前に比べ、母乳栄養の割合が増加した

〈3カ月〉

※栄養方法「不詳」除く

混合栄養を含めると、生後3カ月の約9割が母乳を与えている

出所：厚生労働省「平成27年度乳幼児栄養調査結果の概要」

離乳食の開始時期

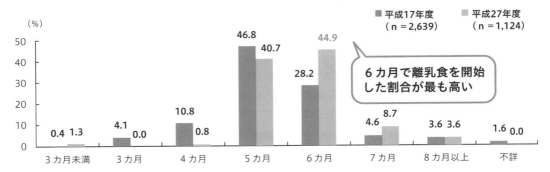

※離乳食を開始していない場合を除く
※「授乳・離乳の支援ガイド」（平成19年3月）において、離乳食の開始時期を従前の「生後5か月になった頃」から「生後5、6か月頃」と変更

出所：厚生労働省「平成27年度乳幼児栄養調査結果の概要」

離乳食について困ったこと

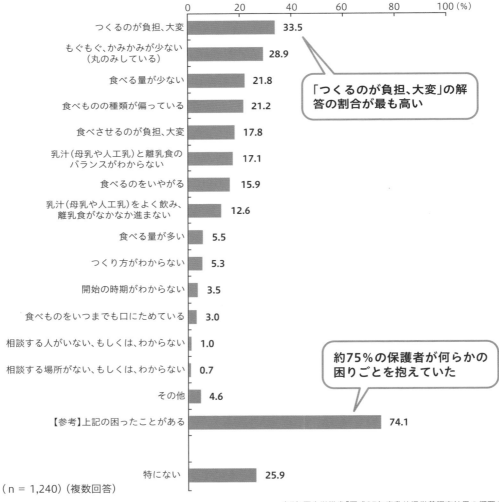

出所：厚生労働省「平成27年度乳幼児栄養調査結果の概要」

子どもの食事で困っていること

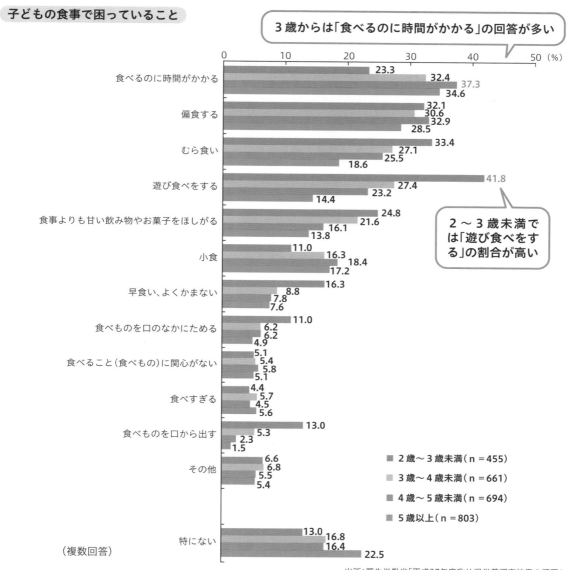

3歳からは「食べるのに時間がかかる」の回答が多い

2～3歳未満では「遊び食べをする」の割合が高い

項目	2歳～3歳未満(n=455)	3歳～4歳未満(n=661)	4歳～5歳未満(n=694)	5歳以上(n=803)
食べるのに時間がかかる	23.3	32.4	37.3	34.6
偏食する	32.1	30.6	32.9	28.5
むら食い	33.4	27.1	25.5	18.6
遊び食べをする	41.8	27.4	23.2	14.4
食事よりも甘い飲み物やお菓子をほしがる	24.8	21.6	16.1	13.8
小食	11.0	16.3	18.4	17.2
早食い、よくかまない	16.3	8.8	7.8	7.6
食べものを口のなかにためる	11.0	6.2	6.2	4.9
食べること（食べもの）に関心がない	5.1	5.4	5.8	5.1
食べすぎる	4.4	5.7	4.5	5.6
食べものを口から出す	13.0	5.3	2.3	1.5
その他	6.6	6.8	5.5	5.4
特にない	13.0	16.8	16.4	22.5

（複数回答）

出所：厚生労働省「平成27年度乳幼児栄養調査結果の概要」

むし歯の有無別 むし歯予防のための行動

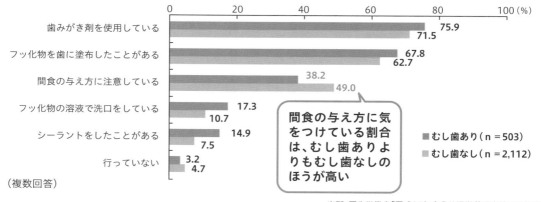

間食の与え方に気をつけている割合は、むし歯ありよりもむし歯なしのほうが高い

項目	むし歯あり(n=503)	むし歯なし(n=2,112)
歯みがき剤を使用している	75.9	71.5
フッ化物を歯に塗布したことがある	67.8	62.7
間食の与え方に注意している	38.2	49.0
フッ化物の溶液で洗口をしている	17.3	10.7
シーラントをしたことがある	14.9	7.5
行っていない	3.2	4.7

（複数回答）

出所：厚生労働省「平成27年度乳幼児栄養調査結果の概要」

朝食習慣（子ども・保護者）

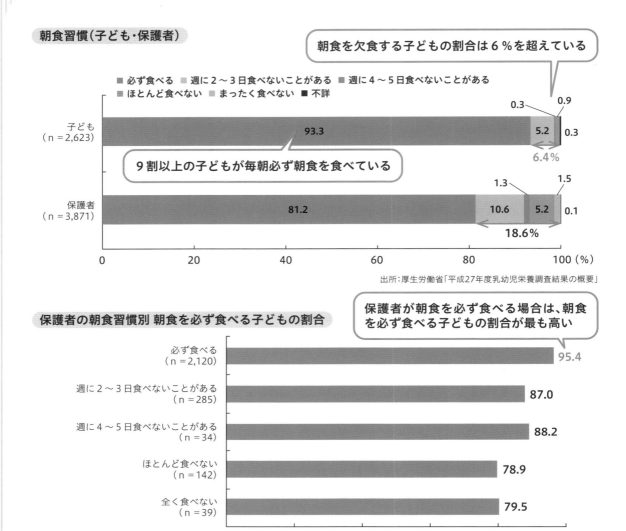

朝食を欠食する子どもの割合は6％を超えている

凡例: ■ 必ず食べる　■ 週に2～3日食べないことがある　■ 週に4～5日食べないことがある　■ ほとんど食べない　■ まったく食べない　■ 不詳

子ども（n＝2,623）: 93.3　0.3　0.9　5.2　0.3　6.4％

9割以上の子どもが毎朝必ず朝食を食べている

保護者（n＝3,871）: 81.2　1.3　1.5　10.6　5.2　0.1　18.6％

出所：厚生労働省「平成27年度乳幼児栄養調査結果の概要」

保護者の朝食習慣別 朝食を必ず食べる子どもの割合

保護者が朝食を必ず食べる場合は、朝食を必ず食べる子どもの割合が最も高い

- 必ず食べる（n＝2,120）: 95.4
- 週に2～3日食べないことがある（n＝285）: 87.0
- 週に4～5日食べないことがある（n＝34）: 88.2
- ほとんど食べない（n＝142）: 78.9
- 全く食べない（n＝39）: 79.5

出所：厚生労働省「平成27年度乳幼児栄養調査結果の概要」

子どもの共食（朝食・夕食）の状況

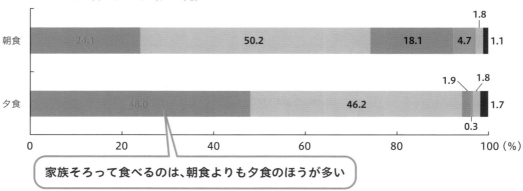

凡例: ■ 家族そろって食べる　■ おとなの家族の誰かと食べる　■ 子どもだけで食べる　■ 一人で食べる　■ その他　■ 不詳

朝食: 24.1　50.2　18.1　4.7　1.8　1.1

夕食: 48.0　46.2　1.9　0.3　1.8　1.7

家族そろって食べるのは、朝食よりも夕食のほうが多い

出所：厚生労働省「平成27年度乳幼児栄養調査結果の概要」

子どもの起床時刻・就寝時刻（平日、休日）別 朝食を必ず食べる子どもの割合

平日、休日とも午前6時前に起床する割合が最も高い

■ 平日 ■ 休日

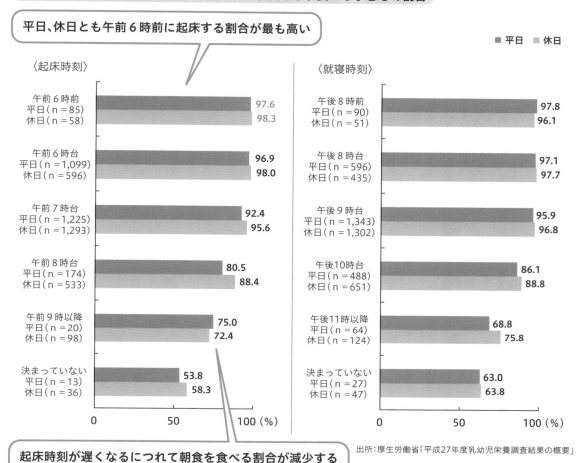

〈起床時刻〉

	平日	休日
午前6時前 平日(n=85) 休日(n=58)	97.6	98.3
午前6時台 平日(n=1,099) 休日(n=596)	96.9	98.0
午前7時台 平日(n=1,225) 休日(n=1,293)	92.4	95.6
午前8時台 平日(n=174) 休日(n=533)	80.5	88.4
午前9時以降 平日(n=20) 休日(n=98)	75.0	72.4
決まっていない 平日(n=13) 休日(n=36)	53.8	58.3

〈就寝時刻〉

	平日	休日
午後8時前 平日(n=90) 休日(n=51)	97.8	96.1
午後8時台 平日(n=596) 休日(n=435)	97.1	97.7
午後9時台 平日(n=1,343) 休日(n=1,302)	95.9	96.8
午後10時台 平日(n=488) 休日(n=651)	86.1	88.8
午後11時以降 平日(n=64) 休日(n=124)	68.8	75.8
決まっていない 平日(n=27) 休日(n=47)	63.0	63.8

起床時刻が遅くなるにつれて朝食を食べる割合が減少する

出所:厚生労働省「平成27年度乳幼児栄養調査結果の概要」

1日に平均でテレビやビデオを見る時間、ゲーム機やタブレットなどを使用する時間（平日、休日）

平日・休日とも1〜2時間の割合が最も高い

■ 平日 ■ 休日
（n=2,623）

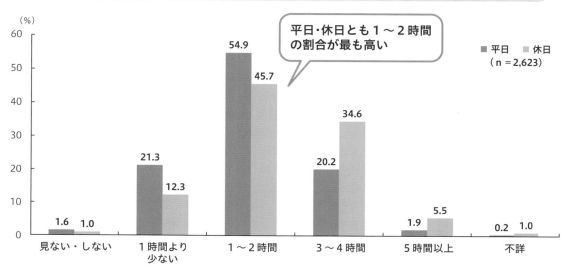

	見ない・しない	1時間より少ない	1〜2時間	3〜4時間	5時間以上	不詳
平日	1.6	21.3	54.9	20.2	1.9	0.2
休日	1.0	12.3	45.7	34.6	5.5	1.0

出所:厚生労働省「平成27年度乳幼児栄養調査結果の概要」

◎ 令和元年国民健康・栄養調査結果の概要（厚生労働省） R3後、R4後

令和４年調査の結果は2024（令和６）年３月に
公表予定です。確認しておきましょう

食生活に影響を与えている情報源（総数）

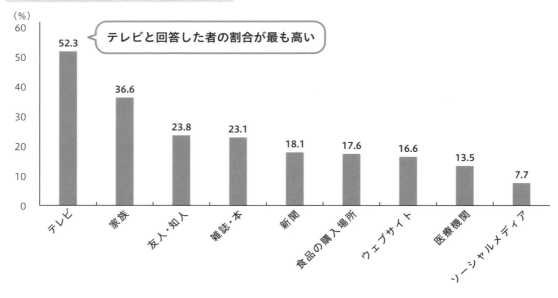

テレビと回答した者の割合が最も高い

	(%)
テレビ	52.3
家族	36.6
友人・知人	23.8
雑誌・本	23.1
新聞	18.1
食品の購入場所	17.6
ウェブサイト	16.6
医療機関	13.5
ソーシャルメディア	7.7

出所：厚生労働省「令和元年国民健康・栄養調査結果の概要」より作成

週１回以上外食を利用している割合（20歳以上、性・年齢階級別）

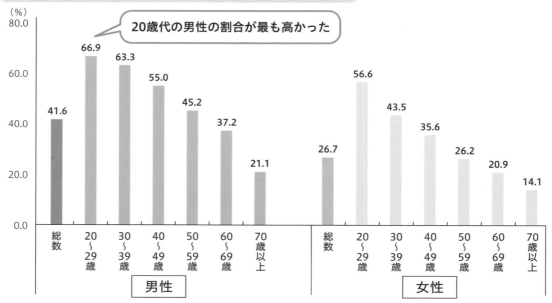

20歳代の男性の割合が最も高かった

男性：総数 41.6、20～29歳 66.9、30～39歳 63.3、40～49歳 55.0、50～59歳 45.2、60～69歳 37.2、70歳以上 21.1

女性：総数 26.7、20～29歳 56.6、30～39歳 43.5、40～49歳 35.6、50～59歳 26.2、60～69歳 20.9、70歳以上 14.1

出所：厚生労働省「令和元年国民健康・栄養調査結果の概要」より作成

生活習慣病のリスクを高める量を飲酒している者の割合（20歳以上、性・年齢階級別）

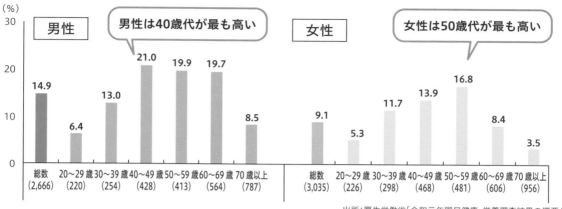

出所：厚生労働省「令和元年国民健康・栄養調査結果の概要」

健康食品を摂取している者の割合（20歳以上、性・年齢階級別）

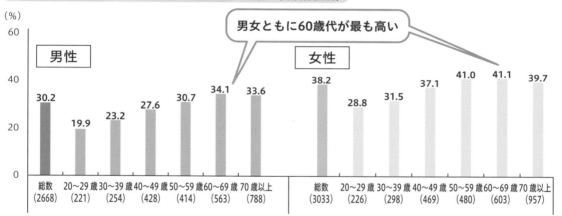

出所：厚生労働省「令和元年国民健康・栄養調査結果の概要」

健康食品を摂取している目的（20歳以上、性・年齢階級別）

		総数		20〜29歳		30〜39歳		40〜49歳		50〜59歳		60〜69歳		70歳以上	
		人数	%	人数	%	人数	%	人数	%	人数	%	人数	%	人数	%
男性	総数	805	−	44	−	59	−	118	−	127	−	192	−	265	−
	健康の保持・増進	582	72.3	19	43.2	37	62.7	70	59.3	94	74.0	155	80.7	207	78.1
	たんぱく質の補充	84	10.4	22	50.0	10	16.9	18	15.3	11	8.7	10	5.2	13	4.9
	ビタミンの補充	243	30.2	19	43.2	30	50.8	42	35.6	33	26.0	52	27.1	67	25.3
	ミネラルの補充	87	10.8	7	15.9	7	11.9	19	16.1	10	7.9	21	10.9	23	8.7
	その他	123	15.3	7	15.9	7	11.9	19	16.1	18	14.2	28	14.6	44	16.6
女性	総数	1,158	−	65	−	94	−	174	−	197	−	248	−	380	−
	健康の保持・増進	818	70.6	25	38.5	55	58.5	114	65.5	140	71.1	184	74.2	300	78.9
	たんぱく質の補充	109	9.4	11	16.9	6	6.4	15	8.6	17	8.6	29	11.7	31	8.2
	ビタミンの補充	374	32.3	45	69.2	34	36.2	74	42.5	61	31.0	66	26.6	94	24.7
	ミネラルの補充	128	11.1	10	15.4	12	12.8	21	12.1	20	10.2	28	11.3	37	9.7
	その他	192	16.6	8	12.3	23	24.5	34	19.5	36	18.3	41	16.5	50	13.2

※複数回答のため、内訳合計が100％にならない。

出所：厚生労働省「令和元年国民健康・栄養調査結果の概要」

◎ 朝食 R3後、R4後、R5前、R5後

朝食の摂取と「全国学力・学習状況調査」の平均正答率との関連

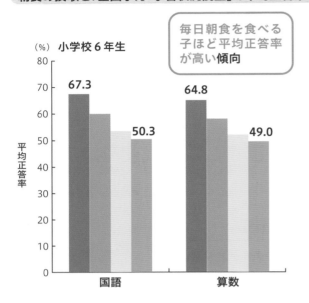

毎日朝食を食べる子ほど平均正答率が高い傾向

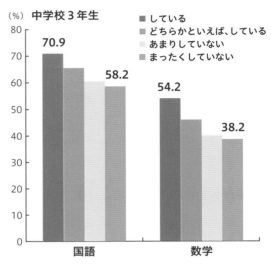

出所：文部科学省「令和4（2022）年度全国学力・学習状況調査」

朝食の摂取と「全国体力・運動能力、運動習慣等調査」の体力合計点との関連

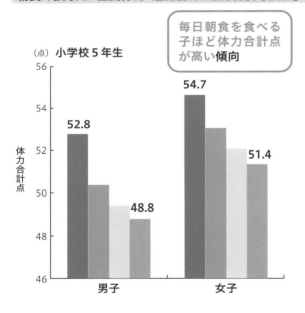

毎日朝食を食べる子ほど体力合計点が高い傾向

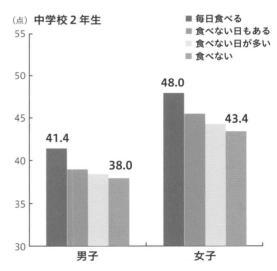

出所：スポーツ庁「令和4年度全国体力・運動能力、運動習慣等調査」

朝食の習慣	・朝食を1人で食べるのは、小学生よりも中学生、高校生のほうが多い
朝食の欠食	・朝食欠食は、就寝時刻や睡眠時間などの生活習慣と関連している ・生活の夜型化は、朝食の欠食につながりやすい
栄養	・学童期は、成長に不可欠なカルシウムや鉄の摂取に留意する

◎ 孤食の状況

1日のすべての食事を1人で食べる頻度

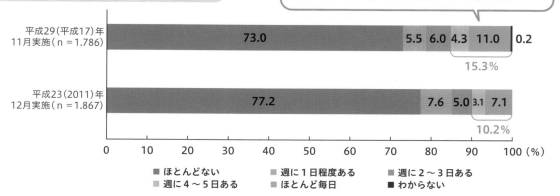

週の半分以上、1日のすべての食事を1人で食べている「孤食」の人は、約15%であった

平成29(平成17)年
11月実施(n = 1,786)
73.0　5.5　6.0　4.3　11.0　0.2
15.3%

平成23(2011)年
12月実施(n = 1,867)
77.2　7.6　5.0　3.1　7.1
10.2%

0　10　20　30　40　50　60　70　80　90　100 (%)

■ ほとんどない　　■ 週に1日程度ある　　■ 週に2〜3日ある
■ 週に4〜5日ある　■ ほとんど毎日　　　■ わからない

出所:農林水産省「平成29年度食育白書」

食育白書は令和4年版が最新ですが、孤食に関しては平成29年度版に記述があります

◎ 食料自給率(カロリーベース)

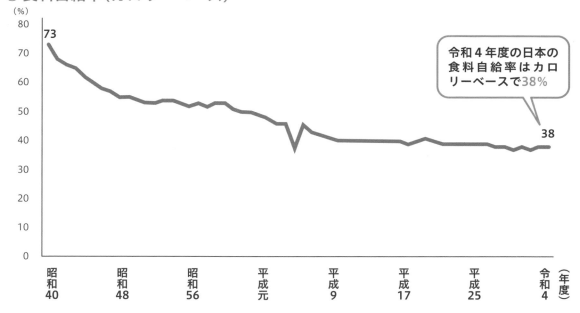

令和4年度の日本の食料自給率はカロリーベースで38%

(%)
80　70　73
60
50
40
30
20
10
0　38

昭和40　昭和48　昭和56　平成元　平成9　平成17　平成25　令和4 (年度)

出所:農林水産省ホームページより作成

日本の食料自給率は、先進国の中でも最低水準の数値です

⑯ 母乳と授乳

◎ 母乳による授乳 R4後、R5前

母乳栄養の意義

● 栄養効率がよく、乳児の未熟な消化能力に適した組成である。また、人工乳に比べてアレルギーを起こしにくい

● IgGなどの感染防御因子を多く含み、病気にかかりにくくする効果がある

● スキンシップにより母子関係が深まりやすいことがある

母乳栄養の注意点

● 妊娠・授乳中の喫煙、受動喫煙、飲酒は、胎児や乳児の発育、母乳分泌にも影響を与えるため推奨されていない

● 冷凍母乳の解凍では、母乳中の免疫物質を破壊しないように自然解凍、もしくは流水解凍する

● 母乳栄養児はビタミンKが産生されにくく乳児ビタミンK欠乏性出血症が起こりやすくなる

母乳のしくみ	・妊娠中は胎盤や卵巣から分泌されるエストロゲン（卵胞ホルモン）とプロゲステロン（黄体ホルモン）の作用で妊娠が維持され、乳房や乳腺の発達がみられる ・分娩が終わるとエストロゲンとプロゲステロンに代わってプロラクチン（催乳ホルモン）とオキシトシン（射乳ホルモン）が分泌され、母乳分泌が開始される ・プロラクチンは母乳分泌を刺激し、オキシトシンは乳汁を乳管に送り出す働きをする
冷凍母乳	・電子レンジは母乳の栄養成分が破壊される恐れがあるため、冷凍母乳は40℃前後のぬるま湯を入れた容器に入れて湯せんしたり、流水をあてるなどして解凍する ・母乳を介して感染する感染症もあるため、保管容器には名前を明記して、ほかの子どもに誤って飲ませることがないように十分注意する

◎「母乳育児成功のための10のステップ（2018年改訂）」 R3後
　（WHO／UNICEF共同発表）

母親に対する支援	・出産後できるだけすぐに、直接かつ妨げられない肌と肌の触れ合いができるようにし、母乳育児をはじめられるよう母親を支援する ・母親に哺乳瓶やその乳首、おしゃぶりの利用やリスクについて助言する ・母親が乳児の授乳に関する合図を認識し、応答できるよう母親を支援する ・母親と赤ちゃんがそのまま一緒にいられるよう、24時間母子同室を実践する
新生児への対応	・新生児に対して、医療目的の場合を除き、母乳以外には食べ物や液体を与えない

◎ 母乳以外の授乳 R4前

乳児用調製粉乳

- 原料の牛乳の組成を母乳に近づけるために、栄養成分を置換、強化、過剰なものを減らすなど、改善してある
- 「特別用途食品」とは、乳児、幼児、妊産婦、病者などを対象に、発育、健康の保持・回復などの特別の用途に適する旨を表示して販売されるものであり、乳児用調製乳は「特別用途食品」に位置づけられている
- 乳児用調製液状乳（液体ミルク）は、未開封であれば常温保存が可能である

フォローアップミルク

- 母乳や乳児用調製粉乳から牛乳に移行するまでの橋渡し的な役割をするミルクで、生後9カ月以降から使用する
- たんぱく質、鉄、ビタミンなどを多く含んでいる
- 乳児用調製粉乳とは異なり、母乳の代替となるミルクではない
- 「授乳・離乳の支援ガイド」（2019年 厚生労働省）では、「フォローアップミルクは母乳代替食品ではなく、離乳が順調に進んでいる場合は、摂取する必要はない」としている

ペプチドミルク

- 乳児の未熟な腸管機能を考慮して牛乳のたんぱく質を消化吸収しやすいように小さく分解し（ペプチド）、アレルゲンの濃度を下げてアレルギー性を低くしたミルク
- アミノ酸混合乳などのアレルギーを発症している乳児用のミルクではない

アミノ酸混合乳

- 牛乳たんぱく質を含まないアレルギー児用ミルクである
- 精製アミノ酸をバランスよく配合し、ビタミンや無機質を添加したもので、重篤なアレルギーの場合に用いられる

低出生体重児用粉乳

- 消化吸収に負担の少ない中鎖脂肪（MCT）が用いられている
- 調乳濃度を高めてあり、たんぱく質と糖質は高めに、脂質は消化吸収が未熟な乳児のために低めにしてある。また、カルシウム、リン、鉄などのミネラルも、体内蓄積量が少ない乳児のために高めてある

◎ 調乳の方法 R5前

無菌操作法	・煮沸消毒した哺乳瓶に一度沸騰させた70℃以上のお湯を入れて粉ミルクを溶かし、流水などによって体温程度まで冷やす方法で、家庭で一般的に行われる ・湯は、粉ミルク中の病原菌（サカザキ菌）を殺菌するために、70℃以上を保つ ・調乳後2時間以内に使用しなかった乳は廃棄する
終末殺菌法	・調合したミルクを哺乳瓶に入れ、哺乳瓶ごと加熱殺菌した後に冷やす方法 ・授乳時には適温に温めて使用する ・病院や施設などの大量調乳する場合に用いる

⑰ 発育と食生活

◎ 離乳食の進め方の目安 R3後、R4前、R5前

あくまで目安として、子どもの食欲や成長発達に応じて調節する	離乳初期 生後 5～6カ月ごろ	離乳中期 生後 7～8カ月ごろ	離乳後期 生後 9～11カ月ごろ	離乳完了期 生後 12～18カ月ごろ
食べ方の目安	・子どもの様子を見ながら1日1回1さじずつはじめる ・母乳やミルクは飲みたいときだけ与える	・1日2回食で、食事のリズムをつけていく ・いろいろな味や舌触りを楽しめるように食品の種類を増やしていく	・食事のリズムを大切に、1日3回食に進めていく ・共食を通じて食の楽しい体験を積み重ねる	・1日3回の食事のリズムを整える ・手づかみ食べにより自分で食べる楽しみを増やす
調理形態	なめらかにすりつぶした状態	舌でつぶせる固さ	歯ぐきでつぶせる固さ	歯ぐきで噛める固さ
1回の目安量 穀類	つぶしがゆからはじめる。すりつぶした野菜なども試してみる。慣れてきたら、つぶした豆腐・白身魚・卵黄などを試してみる	全粥50～80g	全粥90～軟飯80g	軟飯90～ご飯80g
野菜・果物		20～30g	30～40g	40～50g
魚		10～15g	15g	15～20g
または肉		10～15g	15g	15～20g
または豆腐		30～40g	45g	50～55g
または卵		卵黄1～全卵1／3個	全卵1／2個	全卵1／2～2／3個
または乳製品		50～70g	80g	100g
歯の萌出の目安	―	乳歯が生えはじめる	1歳前後で前歯が8本生えそろう。離乳完了期の後半ごろには奥歯（第一乳臼歯）が生えはじめる	
摂食機能の目安	口を閉じて取り込みや飲み込みができるようになる	舌と上あごでつぶしていくことができるようになる	歯ぐきでつぶすことができるようになる	歯を使うようになる

食べているときの口唇は左右非対称に動く

出所：厚生労働省「授乳・離乳の支援ガイド」より作成

卵については、卵黄からはじまり、徐々に白身も含む全卵へと移行していくことがわかります。その理由は、卵白にオボムコイドというアレルゲンが含まれており、卵白のほうがアレルギーを引き起こしやすいからです

食べ方の目安、調理形態についてよく出題されています。表のいちばん下の「摂食機能の目安」と連動しながら覚えるとよいでしょう

◎ 幼児期の健康と食生活 ◀R3後、R5後

身体の特徴	・消化機能が十分に発達していないため、1回（食）に消化できる量などに配慮が必要である ・感染に対する抵抗力が弱い
歯	・一般的に、2～3歳ごろまでに乳歯が生え揃う
食生活	・正しい食習慣を身につけさせる第一歩という大切な時期である ・身体は小さいが、体重1kgあたりが必要とする栄養素は成人よりも多い ・幼児期には、偏食する、むら食い、食欲不振などが起きやすい

◎ 間食 ◀R4前、R5後

役割	・幼児は胃の容量が小さく消化機能も未熟であり、間食は1日3回の食事では摂りきれないエネルギー、栄養素、水分の補給の場である ・おにぎり、野菜蒸しパン、干し芋、果物などが適している
与え方	・回数は、1・2歳ごろは午前と午後に1回ずつ、3～5歳ごろは午後に1回が基本である ・間食は幼児の生活に休息を与え、気分転換の場となる役割を果たす ・1・2歳児では1日の推定エネルギー量の10～15%（約100～150kcal）、3～5歳児では10～20%（約150～250kcal）が目安といわれている ・間食で市販のお菓子を与える場合、薄味で脂肪の少ないものを選ぶ ・「平成27年度乳幼児栄養調査結果の概要」（厚生労働省）のむし歯の有無別に間食の与え方をみると、「甘いものは少なくしている」と回答した者の割合は、「むし歯なし」に多くみられた ・むし歯予防のためにも時間を決めて、規則的に与える

◎ 肥満の幼児の食生活の特徴 ◀R3後

肉を中心とした、たんぱく質摂取が多い

食物繊維の摂取が少ない

ジュースや牛乳などを水がわりに飲む

1回の食事の品数が少ない割には摂取エネルギーが多い

外食の回数が多い

出所：厚生労働省「保育所における食事の提供ガイドライン」

幼児の肥満の65％は学童肥満に、思春期の肥満の約70％は成人肥満になるといわれているため、幼児期の肥満の予防も大切です

⑱ 家庭や児童福祉施設における食事と栄養

◎ 子どもの健やかな発育・発達を目指した食事・食生活支援　R5前

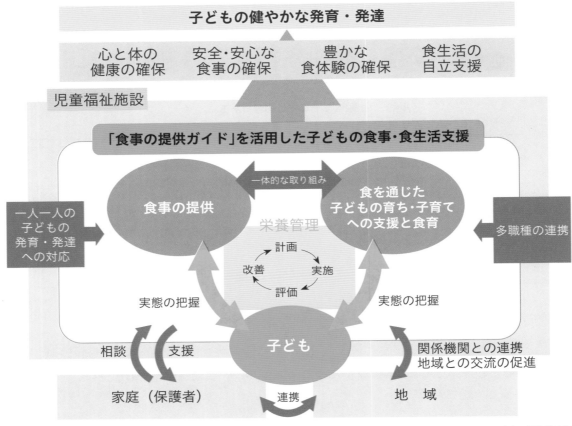

出所：厚生労働省「児童福祉施設における食事の提供ガイド」

◎ 保育所における食事の提供　R4後

給与栄養目標量	・乳児の給与栄養目標量は、「日本人の食事摂取基準」を用いて、乳汁と離乳食に分けて設定している ・幼児の給与栄養目標量は、「日本人の食事摂取基準」を用いて、1～2歳児と3～5歳児に分けて設定している
間食	・1～2歳児では、基本的には、昼食および1～2回の間食を給与する ・3～5歳児では、基本的には、昼食および1回の間食を給与する
調乳	・調乳室は清潔に保ち、調乳時には清潔なエプロンなどを着用する ・調乳後、2時間以内に使用しなかった乳児用調製粉乳は廃棄する ・乳児用調製粉乳は、使用開始日を記入し、衛生的に保管する ・乳児用調製粉乳にはサカザキ菌やサルモネラ菌が混じっているため、70℃以上のお湯で調乳する

◎ 食事の評価 R4後

保育所の理念、目指す子どもの姿に基づいた「食育の計画」を作成しているか	調理員や栄養士の役割が明確になっているか
乳幼児期の発育・発達に応じた食事の提供になっているか	子どもの生活や心身の状況に合わせて食事が提供されているか
子どもの食事環境や食事の提供の方法が適切か	保育所と関係機関との連携がとれているか
食育の活動や行事について、配慮がされているか	保育所の日常生活において、「食」を感じる環境が整っているか
地域の保護者に対して、食育に関する支援ができているか	食を通した保護者への支援がされているか

「保育所における食事の提供ガイドライン」（厚生労働省）に記載されている事項です

◎ 食中毒の種類と原因 R4後、R5前、R5後

原因菌	原因食品
サルモネラ菌	加熱不足の卵・肉・魚料理など
ノロウイルス	二枚貝（カキなど）
腸管出血性大腸菌（O157など）	牛レバーなど
ウェルシュ菌	カレーなどの大量加熱調理品
ボツリヌス菌	容器包装詰め食品（瓶詰、自家製の缶詰など）、はちみつ

乳児ボツリヌス症を発症することがあるため、1歳未満の子どもにはちみつを与えてはいけない

ボツリヌス菌は熱に強く、通常の加熱や調理では死滅しないという特徴があります。腸内環境が整っていない1歳未満の赤ちゃんにはリスクの高い食品です

じゃがいもに含まれるソラニンによる食中毒など、病原菌に由来しない食中毒もあります

◎ 食中毒の予防 R3後、R4後、R5前、R5後

食品の購入
・肉、魚、野菜などの生鮮食品は、新鮮なものを購入する
・表示のある食品は、消費期限などを確認して購入する　など

家庭での保存
・冷蔵や冷凍の必要な食品は、持ち帰ったらすぐに冷蔵庫や冷蔵庫に入れる
・冷蔵庫内は10℃以下、冷凍庫は−15℃以下を目安に維持する　など

下準備
・ゴミは捨ててあるか、タオルやふきんは清潔か、調理台の上はかたづけて広く使えるようになっているかなど、台所をよくチェックする　など

調理
・下準備で台所が汚れていないか確認する
・加熱して調理する食品は十分に加熱する　など

食事
・清潔な手で、清潔な器具を使い、清潔な食器に盛り付ける
・調理前の食品や調理後の食品を、室温に長く放置しない　など

残った食品
・早く冷えるように浅い容器に小分けして保存する
・時間が経ち過ぎたら、思い切って捨てる　など

出所：厚生労働省「家庭でできる食中毒予防の6つのポイント」より作成

食中毒菌を「付けない、増やさない、やっつける（殺す）」が食中毒予防の三原則です

準備段階	・原材料受入れ（検収の実施と記録）および下処理段階における管理を徹底する ・調理前の手洗いだけではなく、事前の衛生面での指導、食材、清潔な服装、調理器具の洗浄、消毒なども大切である
加熱調理	・加熱をする場合には十分に行い、中心温度計で、計測、確認、記録を行う ・中心部を75℃で1分間以上（ノロウイルス汚染の危険がある場合は85〜90℃で90秒間以上）加熱する ・加熱調理後の食品および非加熱調理食品の二次汚染防止を徹底する
調理後	・調理後の食品は2時間以内に食べる ・食中毒菌が付着した場合に菌の増殖を防ぐため、原材料および調理後の食品の温度管理を徹底する
調理実習での留意点	・調理実習の際に体調不良や、下痢、手指に傷があるなどの子どもの状態を確認し、状況に応じては、該当する子どもの作業は控えることが望ましい ・調理実習の際の献立については、年齢、発達段階に応じた構成とし、衛生管理の観点からも、十分な加熱を基本とし、容易に加熱できる献立とすることが望ましい

「児童福祉施設における食事の提供ガイド」（厚生労働省）に記載されている事項です

◎ 窒息・誤嚥事故の防止 `R4前、R5前`

豆やナッツ類など硬くてかみ砕く必要のある食品は、小さく砕いた場合でも気管に入りこんでしまうと肺炎や気管支炎になるリスクがあるため、5歳以下の子どもには食べさせない

食べているときは姿勢をよくし、食べることに集中させる。ものを口に入れたまま走ったり、笑ったり、泣いたり、声を出したりすると、誤って吸引し、窒息・誤嚥するリスクがある

ミニトマトやブドウなどの球状の食品を乳幼児に与える場合は、4等分する、調理して軟らかくするなどして、よく噛んで食べさせる

節分の豆まきは個包装されたものを使用するなど工夫して行い、子どもが拾って口に入れないように、後片付けを徹底する

出所:消費者庁「食品による子どもの窒息・誤嚥事故に注意！」より作成

奥歯が生え揃わず、かみ砕く力や飲み込む力が十分でない子どもは特に注意が必要です

◎ 疾病および体調不良の子どもへの食事 `R4前`

体調不良時の食事の基本	・豆腐や白身魚などの消化のよいものを与える ・油を使った料理を控え、味付けは薄味とする
下痢がある場合の対応	・かゆ、豆腐すり流し、大根のやわらか煮、卵豆腐などが適している ・食物繊維を多く含むものや脂質の多いものは消化がよくないため、避ける ・香辛料や酸味の強いものは、腸を刺激するので控える
嘔吐がある場合の対応	・嘔吐がある場合、様子を見ながら母乳は与えてよい ・嘔吐後に吐き気がなければ、様子を見ながら経口補水液などの水分を少量ずつ摂らせる ・嘔吐物の処理に使用した物(手袋、マスク、エプロン、雑巾など)は、ビニール袋に密閉して、廃棄する
脱水対策	・脱水症を予防するために、水分を補給する ・水分補給には、白湯、ほうじ茶や、小児用電解質液などを用いる

脱水症では排尿間隔が長くなり尿量が減るなどの症状が見られる

乳児は、胃の形状から嘔吐しやすい

嘔吐がある場合の対応は吐物や下痢便の処理のポイント（174ページ参照）も参照してください

⑲特別な配慮を要する子どもの食と栄養

◎ 食物アレルギー R3後、R4前、R4後、R5前、R5後

食物アレルギーの有症率は乳児期が最も高く、**幼児期以降は減少する**

子どもに多い食物アレルギー	・乳幼児の食物アレルギーの原因食物として卵、牛乳、小麦が多く、この3つで原因食品の4分の3以上を占めている ・乳児の食物アレルギーの新規発症の主要原因物質は、鶏卵が最も頻度が高く、牛乳、小麦がそれに続く
食物アレルギーによる影響	・乳幼児期に食物アレルギーを発症した子どもは、その後、ぜん息、アレルギー性鼻炎、アトピー性皮膚炎などを高頻度に発症する、いわゆる**アレルギーマーチ**(177ページ参照)をたどるリスクが高いといわれている

◎ 食物アレルギーに対する保育所・幼稚園・学校の対応 R4前

食物アレルギーがあっても原則的には給食を提供する

安全性を最優先に対応する

食物アレルギー対策委員会などで組織的に対応する

ガイドラインに基づき、医師の診断による生活管理指導表を提出する

完全除去対応を原則とし、過度に複雑な対応は行わない

出所:厚生労働科学研究班「食物アレルギーの栄養食事指導の手引き2022」より作成

食事での配慮	・離乳開始前の子どもが入園し、食物アレルギー未発症、食物未摂取という場合も多くあるため、保育所で初めて食べる食物がないように保護者と十分に連携する ・子どもが安全に保育所生活を送るという観点から、原因食品の「完全除去」か「解除」の両極で対応を進めるべきである
食事以外での配慮	・原因物質を食べるだけでなく、吸い込むことや触れることも食物アレルギー発症の原因となるため、食事以外での食材を使用する場合は、それぞれの子どもに応じた配慮が必要である 小麦粉粘土を使った遊び、豆まきなど
除去を解除する際の対応	・除去していた食品を解除する際、口頭のやりとりのみで済ますことはせず、必ず保護者と保育所の間で、所定の書類を作成して対応する必要がある

◎ 特定原材料の表示

安全な食事の提供を目的として、アレルギー源となる食品の一部には表示が義務づけられています

アレルギー表示が義務づけられている特定原材料（義務品目）8品目

卵／乳／小麦／そば／落花生（ピーナッツ）／海老／蟹／くるみ

> 容器包装された加工食品には特定原材料の表示義務がある

特定原材料に準ずるもの（推奨品目）20品目

アーモンド／鮑／イカ／いくら／オレンジ／カシューナッツ／キウイフルーツ／牛肉／胡麻／鮭／鯖／大豆／鶏肉／バナナ／豚肉／松茸／桃／山芋／りんご／ゼラチン

◎ 栄養成分の表示 R4後

国民の健康を守ることを目的として、「食品表示法」において栄養成分表示が義務づけられています

表示が義務づけられている栄養成分

エネルギー（カロリー）／たんぱく質／脂質／炭水化物／食塩相当量

> 飽和脂肪酸と食物繊維は表示が推奨されている

任意の表示成分

飽和脂肪酸／食物繊維／糖質／脂質／コレステロール／ビタミン・ミネラル類など

◎ 障害のある子どもの食事 R3後

食器の工夫	・カットコップは、傾けても鼻にあたりにくく、飲みやすく工夫されている ・食器は、縁の立ち上がっているもののほうがすくいやすい ・スプーンのボール部の幅は、口の幅より小さいものを選ぶとよい
食事の援助	・食事の援助をする場合は、子どもと同じ目の高さで行うことが基本である

嚥下障害がある子どもの食事では、誤嚥を防ぐためにとろみを調整した食事を提供することもあります

⑳ 食育の基本

◎ 日本の食をめぐる現状

食生活	・日本型食生活は、ごはんを中心に多様な副食などを組み合わせることができるため、栄養バランスに優れている ・日本の食生活は飽食の時代といわれ、大量の食品を廃棄している
遺伝子組み替え食品	・遺伝子組み替え食品とは、ほかの生物から有用な性質を持つ遺伝子を取り出し、その性質を持たせたい植物などに組み込む技術を利用してつくられた食品であり、農作物や食品添加物に利用されている

◎ 食育基本法 R3後

前文に記載されている

「食育」の定義	・生きる上での基本であって、知育、徳育及び体育の基礎となるべきものと位置付けるとともに、様々な経験を通じて「食」に関する知識と「食」を選択する力を習得し、健全な食生活を実践することができる人間を育てる
目的	・国民が生涯にわたって健全な心身を培い、豊かな人間性をはぐくむための食育を推進することが緊要な課題となっていることにかんがみ、食育に関し、基本理念を定め、及び国、地方公共団体等の責務を明らかにするとともに、食育に関する施策の基本となる事項を定めることにより、食育に関する施策を総合的かつ計画的に推進し、もって現在及び将来にわたる健康で文化的な国民の生活と豊かで活力ある社会の実現に寄与すること

◎ 食育の5項目 R5後

ねらい	内容
いのちの育ちと食	自分たちで育てた野菜を食べる
料理と食	食材の色、形、香りなどに興味を持つ
食と健康	保育所生活における食事の仕方を知り、自分たちで場を整える
食と人間関係	同じ料理を食べたり、分け合って食事することを喜ぶ
食と文化	食事にあった食具（スプーンや箸など）の使い方を身につける

出所：厚生労働省「保育所における食育に関する指針」より作成

食育では、好き嫌いをなくすことよりも食に興味を持ち、楽しむことで、自ら健全な食生活を送るための基礎的な力をつけることが**重要視**されています

◎ 食育推進基本計画 R4後、R5前、R5後

食育推進基本計画とは

・「食育基本法」に基づき、食育の推進に関する基本的な方針や目標について定めている

第４次食育推進基本計画（令和３年）

・第４次食育推進基本計画は、３つの重点事項を柱に、SDGsの考え方を踏まえ、食育を総合的かつ計画的に推進する
・第４次食育推進基本計画は、令和３～７年度までの計画である

重点事項①

**生涯を通じた心身の
健康を支える食育の推進**

多様な暮らしに対応した健全な食生活の実現を目指す

重点事項②

持続可能な食を支える食育の推進

健全な食生活を送るための基礎を築く

重点事項③

**「新たな日常」やデジタル化に
対応した食育の推進**

デジタル技術の活用などで新しい広がりを創出する

新型コロナウイルス感染症による
「新たな日常」に対応

出所：農林水産省「第４次食育推進基本計画」より作成

◎ 保育所保育指針における食育 R3後、R4前、R4後、R5前、R5後

食育の推進	・乳幼児期にふさわしい食生活が展開され、適切な援助が行われるよう、食事の提供を含む食育計画を全体的な計画に基づいて作成し、その評価及び改善に努めること ・保育所における食育は、健康な生活の基本としての「食と営む力」の育成に向け、その基礎を培うことを目標とすること ・子どもが自らの感覚や体験を通して、自然の恵みとしての食材や食の循環・環境への意識、調理する人への感謝の気持ちが育つように、子どもと調理員等との関わりや、調理室など食に関わる保育環境に配慮すること ・体調不良、食物アレルギー、障害のある子どもなど、一人一人の子どもの心身の状態等に応じ、嘱託医、かかりつけ医等の指示や協力の下に適切に対応すること ・栄養士が配置されている場合は、専門性を生かした対応を図ること

◎ 学校給食実施基準の一部改正について R4後

学校給食における食品構成について

食品構成については、「学校給食摂取基準」を踏まえ、多様な食品を適切に組み合わせて、児童生徒が各栄養素を
バランス良く摂取しつつ、様々な食に触れることができるようにすること。また、これらを活用した食に関する
指導や食事内容の充実を図ること。なお、多様な食品とは、食品群であれば、例えば、穀類、野菜類、豆類、果実類、
きのこ類、藻類、魚介類、肉類、卵類及び乳類などであり、また、食品名であれば、例えば穀類については、精白米、
食パン、コッペパン、うどん、中華めんなどである。また、各地域の実情や家庭における食生活の実態把握の上、日
本型食生活の実践、我が国の伝統的な食文化の継承について十分配慮すること。さらに、「食事状況調査」の結果
によれば、学校給食のない日はカルシウム不足が顕著であり、カルシウム摂取に効果的である牛乳等についての
使用に配慮すること。なお、家庭の食事においてカルシウムの摂取が不足している地域にあっては、積極的に牛
乳、調理用牛乳、乳製品、小魚等についての使用に配慮すること。

学校給食の食事内容の充実等について

（１）学校給食の食事内容については、学校における食育の推進を図る観点から、学級担任や教科担任と栄養教諭
　　　等とが連携しつつ、給食時間はもとより、各教科等において、学校給食を活用した食に関する指導を効果的
　　　に行えるよう配慮すること。また、食に関する指導の全体計画と各教科等の年間指導計画等とを関連付けな
　　　がら、指導が行われるよう留意すること。

（２）献立作成に当たっては、常に食品の組合せ、調理方法等の改善を図るとともに、児童生徒のし好の偏りをな
　　　くすよう配慮すること。

（３）学校給食に使用する食品については、食品衛生法（昭和22年法律第233号）第11条第１項に基づく食品中の
　　　放射性物質の規格基準に適合していること。

（４）食器具については、安全性が確保されたものであること。また、児童生徒の望ましい食習慣の形成に資する
　　　ため、料理形態に即した食器具の使用に配慮するとともに、食文化の継承や地元で生産される食器具の使用
　　　に配慮すること。

（５）喫食の場所については、食事にふさわしいものとなるよう改善工夫を行うこと。

（６）給食の時間については、給食の準備から片付けを通して、計画的・継続的に指導することが重要であり、その
　　　ための必要となる適切な給食時間を確保すること。

（７）望ましい生活習慣を形成するため、適度な運動、調和のとれた食事、十分な休養・睡眠という生活習慣全体を
　　　視野に入れた指導に配慮すること。また、ナトリウム（食塩相当量）の摂取過剰や鉄の摂取不足など、学校給
　　　食における対応のみでは限界がある栄養素もあるため、望ましい栄養バランスについて、児童生徒への食に
　　　関する指導のみならず、家庭への情報発信を行うことにより、児童生徒の食生活全体の改善を促すことが望
　　　まれること。

出所：文部科学省「学校給食実施基準の一部改正について」（令和３年）より作成

食物アレルギーなどのある子どもへの対応は、「校長、学級担任、栄
養教諭、学校栄養職員、養護教諭、学校医等による指導体制を整備し、
保護者や主治医との連携を図りつつ、可能な限り、個々の児童生徒
の状況に応じた対応に努める」とあります

第5章
・・・・・・・・・

保育に関する技術
（音楽、造形、言語）

保育実習理論の科目で出題される音楽、造形、言語についてまとめています。

出題内容や出題パターンが決まっている問題も多く、

ポイントを押さえて学習することで確実に得点につなげていきましょう。

1. 音楽に関する技術
　　① 音楽の基礎知識
　　② コード・調号
　　③ 演奏
　　④ 代表的な歌曲・作曲家・作詞家

2. 造形に関する技術
　　⑤ 色、描画に関する知識
　　⑥ 工作・遊びに関する知識

3. 言語に関する技術
　　⑦ 絵本、言葉遊び、表現遊び

1. 音楽に関する技術

① 音楽の基礎知識

◎ 音階

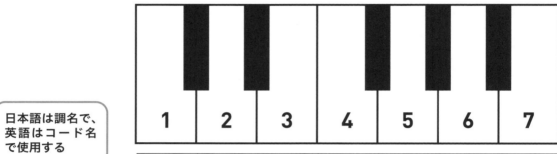

日本語は調名で、英語はコード名で使用する

	1	2	3	4	5	6	7
イタリア語	Do(ド)	Re(レ)	Mi(ミ)	Fa(ファ)	Sol(ソ(ソル))	La(ラ)	Si(シ)
日本語	ハ	ニ	ホ	ヘ	ト	イ	ロ
英語	C	D	E	F	G	A	B

音名(音の名前)	・各音につけられた調に関係のない音そのものの名前 ・「ドレミファソラシド」はイタリア語の音名であり、国によって表し方が異なる
階名(音の役割の名前)	・音階の中での名前で、調によって読み方が変わる ・「ドレミファソラシド」はイタリア語の音名であると同時に、階名としても用いられる

◎ 半音・全音

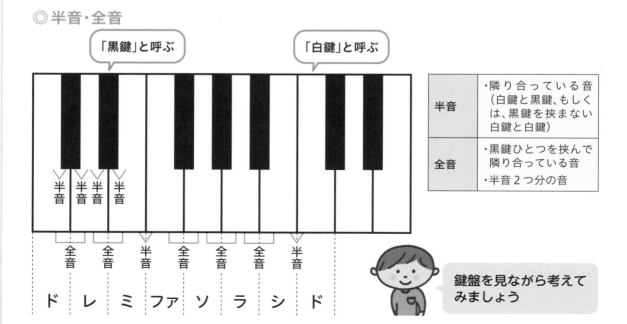

「黒鍵」と呼ぶ

「白鍵」と呼ぶ

半音	・隣り合っている音(白鍵と黒鍵、もしくは、黒鍵を挟まない白鍵と白鍵)
全音	・黒鍵ひとつを挟んで隣り合っている音 ・半音２つ分の音

鍵盤を見ながら考えてみましょう

◎ 音程

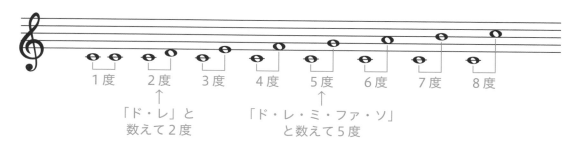

| 1度 | 2度 | 3度 | 4度 | 5度 | 6度 | 7度 | 8度 |

↑
「ド・レ」と
数えて2度

↑
「ド・レ・ミ・ファ・ソ」
と数えて5度

音程	・音と音との距離（へだたり）のことで、単位は「〜度」で示す
完全音程型	・濁りのないクリアなハーモニーに聞こえる音の組み合わせ ・1度、4度、5度、8度の音程で完全○度と表される ・完全○度より半音低い音程を減○度、半音高い音程を増○度という
長短音程型	・少し濁りがある音の組み合わせ ・2度、3度、6度、7度の音程で、音の組み合わせにより短○度、長○度となる ・短○度より半音低い音程を減○度、長○度より半音高い音程を増○度という

2度の場合

| 長 | 長 | 短 | 長 | 長 | 長 | 短 |

・長短音階型なので、短2度or長2度
・鍵盤の数で表すと、短2度は2個、長2度は3個

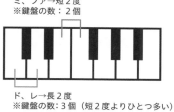

ミ、ファ→短2度
※鍵盤の数：2個

ド、レ→長2度
※鍵盤の数：3個（短2度よりひとつ多い）

3度の場合

| 長 | 短 | 短 | 長 | 長 | 短 | 短 |

・長短音階型なので、短3度or長3度
・鍵盤の数で表すと、短3度は4個、長3度は5個

レ、ミ、ファ→短3度
※鍵盤の数：4個

ド、レ、ミ→長3度
※鍵盤の数：5個（短3度よりひとつ多い）

4度の場合

| 完 | 完 | 完 | 増 | 完 | 完 | 完 |

・完全音階型なので、基本は完全4度
・鍵盤の数で表すと、完全4度は6個、増4度は7個

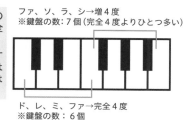

ファ、ソ、ラ、シ→増4度
※鍵盤の数：7個（完全4度よりひとつ多い）

ド、レ、ミ、ファ→完全4度
※鍵盤の数：6個

> 完全5度は根音から鍵盤8個分の音です。コードネームを考えるときに必要になるので覚えておきましょう

② コード・調号

◎ コード　R3後、R4前、R4後、R5前、R5後

三和音	・和音の中でも、1つの音（根音）と、その3度上の音、さらに3度上という3つの音を組み合わせたもの。根音から見ると、根音と3度上の音、5度上の音で構成されている
コードネーム	・三和音、四和音を根音の英語音名を使って表したもの ・根音、長3度と完全5度で構成される三和音をメジャーコード、根音、短3度と完全5度で構成される三和音をマイナーコードという ・根音、長3度と増5度で構成される三和音をオーギュメントコード、根音、短3度と減5度で構成される三和音をディミニッシュコードという
セブンスコード	・三和音の上に根音から見て短7度の音を重ねた4つの音で構成される和音のことをセブンスコードという ・三和音の上に根音から見て長7度の音を重ねた4つの音で構成される和音のことをメジャーセブンスコードという

メジャーコード

C（ド　ミ　ソ）

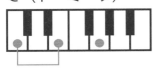

根音から第2音が長3度（鍵盤の数：5個）、根音から第3音が完全5度の3つの音で構成された和音

マイナーコード

Cm（ド　♭ミ　ソ）

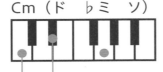

根音から第2音が短3度（鍵盤の数：4個）、根音から第3音が完全5度の3つの音で構成された和音

セブンスコード

C7（ド　ミ　（ソ）♭シ）

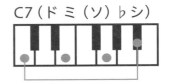

Cコードの三和音にさらに根音から短7度の音を重ねた和音

オーギュメントコード

Caug（ド　ミ　♯ソ）

Cコードの第3音を「ソ」から「♯ソ」へ半音上にした和音

第1音から見て、「ソ」は完全5度なので、その半音上の「♯ソ」は増5度となる

ディミニッシュコード

Cdim（ド　ミ　♭ソ）

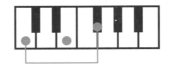

Cコードの第3音を「ソ」から「♭ソ」へ半音下にした和音

第1音から見て、「ソ」は完全5度なので、その半音下の「♭ソ」は減5度となる

和音の転回形

【基本形】【第1転回形】【第2転回形】

どれもCコードであるが、第1転回形では根音の「ド」が転回（移動）していちばん上の音になり、第2転回形では「ミ」が転回していちばん上の音になっている
→いずれの場合も基本形の「ドミソ」に戻すと考えやすい

短7度は完全5度（メジャーコード、マイナーコードの第3音）から短3度上（鍵盤4個分）の音と考えると覚えやすいです

次のコードネームにあてはまる鍵盤の位置として正しい組み合わせを選びなさい。（平成31年（前期）改）

E7： ②⑧⑩
　　　⑩⑬⑳

Gm： ④⑦⑬
　　　⑬⑯⑳

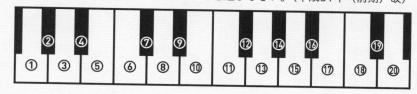

E7：セブンスコードなので根音と長3度、完全5度、短7度の4音でつくられる和音。根音がE（ミ）であるから、ミ、#ソ、シ、レで構成される

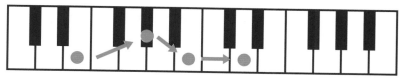

問題文の番号でいうと、ミ：⑩、#ソ：②⑭、シ：⑤⑰、レ：⑧⑳であり、②⑧⑩が正しい

Gm：マイナーコードなので根音と短3度、完全5度の3音でつくられる和音。根音がG（ソ）であるから、ソ、♭シ、レで構成される

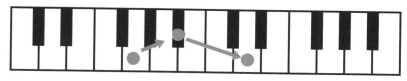

問題文の番号でいうと、ソ：①⑬、#シ：④⑯、レ：⑧⑳であり、⑬⑯⑳が正しい

次の楽譜のうち、マイナーコードを選びなさい。（令和3年（後期）改）

①：ド（根音）＋♭ミ（根音から短3度）＋ソ（根音から完全5度）のCmコード

> マイナーコード（短3和音）は根音、短3度、完全5度

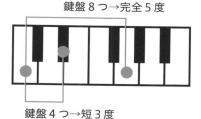

鍵盤8つ→完全5度

鍵盤4つ→短3度

②：転回して根音がいちばん上にあるので、戻して考える。ド（根音）＋ミ（根音から長3度）＋ソ（根音から完全5度）のCコード

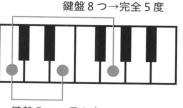

鍵盤8つ→完全5度

鍵盤5つ→長3度

転回形と第3音の省略

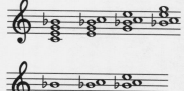

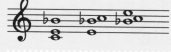

上の和音はいずれもド、ミ、ソ、♭シで構成されているC7コードだが、転回形と第3音の「ソ」の省略形で、多くのバリエーションがあるように見えるため注意

第5章‥‥保育に関する実技（音楽、造形、言語）

◎ 調号 R3後、R5前

♯の数	1	2	3	4	5	6	7
♯のつく順番	ファ	ド	ソ	レ	ラ	ミ	シ

♯も♭も4つまでの
調号の出題が多い

♭の数	1	2	3	4	5	6	7
♭のつく順番	シ	ミ	ラ	レ	ソ	ド	ファ

右ページにある移調問題の大切なポイントにもなるため、調号はしっかり覚えましょう

シャープ系早見表

調の名称	ハ	ト	ニ	イ	ホ	ロ	嬰ヘ	嬰ハ
♯の数	0	1	2	3	4	5	6	7
♯がつく音名	—	ファ	ファ、ド	ファ、ド、ソ	ファ、ド、ソ、レ	ファ、ド、ソ、レ、ラ	ファ、ド、ソ、レ、ラ、ミ	ファ、ド、ソ、レ、ラ、ミ、シ

フラット系早見表

調の名称	ハ	ヘ	変ロ	変ホ	変イ	変ニ	変ト	変ハ
♭の数	0	1	2	3	4	5	6	7
♭がつく音名	—	シ	シ、ミ	シ、ミ、ラ	シ、ミ、ラ、レ	シ、ミ、ラ、レ、ソ	シ、ミ、ラ、レ、ソ、ド	シ、ミ、ラ、レ、ソ、ド、ファ

シャープ系は「ハ、ト、ニ、イ、ホ、ロ、ヘ（嬰ヘ）、ハ（嬰ハ）」の順に♯が増えていきますが、フラット系は逆の順番「ハ、ヘ、ロ（変ロ）、ホ（変ホ）、ニ（変ニ）、ト（変ト）、ハ（変ハ）」の順に♭の数が増えていきます

◎ 移調問題の解き方の手順 ◂R3後、R4前、R4後、R5前、R5後▸

曲全体を別の調に移す、つまり主音の位置を変えることを移調と呼び、カラオケでキーを調整するのと同じイメージです

解き方check!

この曲を長2度下の調に移調することにした。その場合A、B、Cの音は鍵盤の①から⑳のどこを弾くか正しい組み合わせを一つ選びなさい。（平成23年）

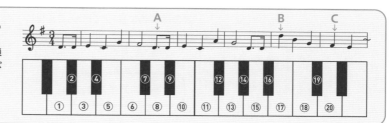

① 元の楽譜をすべて長2度下げて書き写す

> 「長2度下」は鍵盤3つ分下がる

② 調号から、元の楽譜の「調名」「主音」を考える ◂ ♯がひとつなのは「ト長調」で、主音は「ト」

③ 主音の長2度下の音、つまり移調後の主音を探す

> 「ト」から長2度下に移動＝鍵盤3つ分下の「ヘ」が主音となる

④ 左ページの表から「ヘ」が主音となるのは「ヘ長調」であるため、①の楽譜にヘ長調の調号を記入する

> ヘ長調の調号は「シに♭」

⑤ ①の楽譜と元の楽譜を照らし合わせて、A、B、Cの音で弾く鍵盤を解答する

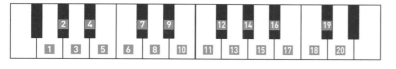

> Aはレ（⑧）→ド（6）、Bは高いレ（⑳）→高いド（⑱）、Cはファ♯（⑫）→ミ（⑩）となる

移調の問題は毎年必ず出題されています。解き方を理解しておきましょう

③ 演奏

◎ 反復記号 R5前、R5後

Da Capo (D.C.)	ダ・カーポ	曲のはじめに戻ってFineまたはフェルマータのところで終わる
Dal Segno (D.S.)	ダル・セーニョ	曲の途中にあるセーニョ（𝄋）の記号に戻ってからFineまたはフェルマータのところで終わる
coda	コーダ	途中に記されていたらD.C.やD.S.をするまではコーダは無視して演奏し、その後、くり返しの演奏時に次のコーダ（⊕）まで飛ばして進む

演奏順：アイウエアイ

演奏順：アイウエオイウ

演奏順：アイウイエ

◎ 強弱記号 R3後、R4前、R4後、R5後

弱く弾く	ppp	ピアニッシシモ	できるだけ弱く
	pp	ピアニッシモ	とても弱く
	p	ピアノ	弱く
	mp	メゾピアノ	やや弱く
強く弾く	mf	メゾフォルテ	少し強く
	f	フォルテ	強く
	ff	フォルティッシモ	とても強く
	fff	フォルティッシシモ	できるだけ強く
部分的な変化	sforzando (sf)	スフォルツァンド	特に強く
次第に変化	crescendo (cresc.)	クレッシェンド	だんだん強く
	decrescendo (decresc.) / diminuendo (dim.)	デクレッシェンド／ディミヌエンド	だんだん弱く

同じ意味を示す記号もある

◎ 速度記号 〔R3後、R4前、R4後、R5前、R5後〕

最も遅いもの	grave	グラーヴェ	重々しくゆっくりと
遅いもの	largo	ラルゴ	幅広くゆるやかに
	lento	レント	ゆるやかに
	adagio	アダージョ	ゆるやかに
	andante	アンダンテ	ゆっくり歩くような速さで
	andantino	アンダンティーノ	アンダンテよりやや速く
中くらい〜速いもの	moderato	モデラート	中ぐらいの速さで
	allegro moderato	アレグロモデラート	やや快速に
	allegretto	アレグレット	やや速く
	allegro	アレグロ	快速に
	vivace	ヴィヴァーチェ	活発に速く
最も速いもの	presto	プレスト	急速に
部分的な変化	accelerando	アッチェレランド	だんだん速く
	ritardando／rallentando	リタルダンド／ラレンタンド	だんだんゆっくり
	allargando	アラルガンド	強くしながらだんだん遅くする
	piu mosso	ピウ・モッソ	今までより速く
	meno mosso	メノ・モッソ	今までより遅く
	subito	スービト	急に、すぐに
	a tempo	ア・テンポ	もとの速さで
	tempo primo	テンポプリモ	最初の速さで

> ピウは「もっと」という意味

> 一度変化した速さを戻すのが「ア・テンポ」、何度かの変化を経て最初の速さに戻すのが「テンポプリモ」

音楽に関する記号はほぼ毎年出題されています。
まぎらわしい記号もしっかり覚えておきましょう

◎ 奏法を表す標語 R4後、R5後

molto	モルト	非常に
poco a poco	ポコ・ア・ポコ	少しずつ
sempre	センプレ	つねに
8va alta	オッターヴァ・アルタ	8度(1オクターブ)高く

◎ 曲想を表す標語 R5後

a capella	アカペッラ	教会風に、無伴奏で
agitato	アジタート	せきこんで、激しく
alla marcia	アッラ マルチャ	行進曲風に
amabile	アマービレ	愛らしく
animato	アニマート	元気に
appassionato	アパッショナート	情熱的に
brillante	ブリランテ	華やかに
cantabile	カンタービレ	歌うように
comodo	コモド	気楽に
con brio	コンブリオ	生き生きと
con moto	コンモート	動きをつけて
dolce	ドルチェ	甘くやわらかに

fine	フィーネ	終わり
espressivo	エスプレッシーヴォ	表情豊かに
grazioso	グラツィオーソ	優雅に
legato	レガート	なめらかに
leggiero	レッジェーロ	軽く
maestoso	マエストーソ	荘厳に
marcato	マルカート	はっきりと
risoluto	リゾルート	決然と
scherzando	スケルツァンド	おどけて
simile	シーミレ	前と同様に、続けて
tranquillo	トランクイッロ	静かに

通常イタリア語で表記されるため、基本の読み方はローマ字読みです

◎ 曲の速さを表す記号

メトロノーム記号	・「1分間に基準となる音符がいくつ打たれるか」で曲の速さを表す

例えば「♩＝60」は「1分間に4分音符を60個打つ速さ」という意味

◎ 楽器の種類 R3後、R5前

楽器	種類
金管楽器	トランペット、コルネット、ホルン、トロンボーン、ユーフォニウム（ユーフォニアム）、チューバ
木管楽器	サックス（サクソフォーン）、ピッコロ、フルート、オーボエ、クラリネット、ファゴット、ケーナ　　**ケーナは南米ペルーやボリビア発祥の民族楽器**
弦楽器	ヴァイオリン、ビオラ、チェロ、コントラバス、ハープ、ギター
打楽器	ドラム、ティンパニー、シロフォン、グロッケン、マリンバ、ハンドベル、カウベル、ウィンドチャイム、カホン、ギロ、クラベス、拍子木、シンバル、スルド、トライアングル、マラカス　など

 マラカスは打楽器です。過去に分類を問われたことがありました

◎ 楽曲の種類 R3後、R4後、R5前

2拍子の曲	マーチ（行進曲）	・行進の伴奏曲（4拍子の場合もある）
	ポルカ	・ボヘミア発祥の軽快な舞曲
	フラメンコ	・スペインの音楽。歌と踊りとギターが一体化しているのが特徴
	チャチャチャ	・中南米の踊りのリズムを持った現代舞曲
3拍子の曲	ワルツ	・ドイツ発祥の優雅な舞曲。速度はゆるやかなものと軽快なものがある
	ボレロ	・スペイン発祥で、生き生きとしたリズムを持つ舞曲
	メヌエット	・フランス発祥の上品で優雅な舞曲
4拍子の曲	タンゴ	・アルゼンチン発祥の舞踏音楽

 ワルツの拍子の正誤に関する出題がありました。どんな曲が何拍子なのか、覚えておきましょう

1. 音楽に関する技術

④ 代表的な歌曲・作曲家・作詞家

◎ 歌曲の種類・教育法・人名 R4後、R5前

唱歌	・学校の音楽の時間に教わる歌。かつての音楽教科名であるとともに、楽曲の総称でもある ・明治維新以降、主に小中学校の音楽教育のためにつくられた歌で、明治以降につくられた日本の唱歌には外国曲に詞をつけたものが多数ある
赤い鳥童謡運動	・鈴木三重吉が教育目的でつくられた唱歌を批判し、子どもの感性を育むための話や歌を掲載した『赤い鳥』を刊行した ・『赤い鳥』は鈴木三重吉が北原白秋らとともに1918（大正7）年に創刊した子ども向け雑誌であり、芸術性に重きを置いた童謡が多く掲載された ・その後、『赤い鳥』に影響され、童謡を掲載した多くの子ども向け雑誌が刊行された
小林宗作	・日本にリトミックを普及させた人物
リトミック	・スイスの作曲家であるダルクローズによって考案された音楽教育法 ・音楽を感じたままに表現することで幼児期の心的・身体的活動を高める効果が期待できる
コダーイシステム	・ハンガリーの作曲家であるコダーイ・ゾルタンによって提唱された音楽教育法、幼児教育法 ・自国のあそびうたを基本においたソルフェージュ（楽譜を読む、音を聞き取るなどといった音楽の基礎訓練）やハンドサインが特徴的
オイリュトミー	・ドイツの思想家・哲学者であるシュタイナーが考案した教育方法 ・聞いている音楽を体を使って表現する
童謡	・児童向けに作詞作曲された歌のこと ・一般的に、赤い鳥童謡運動以降に創作されたものを指す
わらべうた	・子どもが遊びながら歌う、古くから歌い継がれてきた歌のこと ・日本のわらべ歌は「ファ」と「シ」をぬかしたドレミソラでできている
声明	・「しょうみょう」と読む ・日本の仏教音楽の一種
ソーラン節	・北海道発祥の民謡
カンツォーネ	・イタリア語で「歌」という意味 ・日本では一般的に、1860～1970年代に日本で流行したイタリアの大衆音楽のことを指す
サンバ	・ブラジルの民族音楽

> 乳幼児向けのわらべうたは2音や3音が多く、2音でできているものは上の音で終わることが多い

一般的に、あそびうたとして歌い継がれてきた作者不詳のものをわらべうた、子どものために作詞・作曲されたものを童謡といいます

◎ 覚えておきたい童謡の作曲家・作詞家 R3後、R4前、R4後、R5前、R5後

曲名	作詞	作曲
かなりや	西條八十	成田為三
赤い鳥小鳥	北原白秋	成田為三
里ごころ	北原白秋	中山晋平
青い眼の人形	野口雨情	本居長世
十五夜お月さん	野口雨情	本居長世
七つの子	野口雨情	本居長世
赤い靴	野口雨情	本居長世
シャボン玉	野口雨情	中山晋平
てるてる坊主	浅原鏡村	中山晋平
肩たたき	西條八十	中山晋平
赤とんぼ	三木露風	山田耕筰
くつがなる	清水かつら	弘田龍太郎
うれしい ひなまつり	山野三郎 (サトウハチロー)	河村光陽
ちいさい秋 みつけた	サトウハチロー	中田喜直
夏の思い出	江間章子	中田喜直
かわいい かくれんぼ	サトウハチロー	中田喜直

曲名	作詞	作曲
どんぐりころころ	青木存義	梁田貞
ゆりかごの歌	北原白秋	草川信
夕焼け小焼け	中村雨紅	草川信
さっちゃん	阪田寛夫	大中恩
いぬの おまわりさん	さとうよしみ	大中恩
おつかいありさん	関根榮一	團伊玖磨
ぞうさん	まどみちお	團伊玖磨
おはなしゆびさん	香山美子	湯山昭
あめふりくまのこ	鶴見正夫	湯山昭
桃太郎	不詳	岡野貞一
手を たたきましょう	小林純一	チェコスロ バキア民謡
あめふりくまのこ	鶴見正夫	湯山昭
桃太郎	不詳	岡野貞一

童謡の拍子に関する問題が出題されたこともあります。
「おつかいありさん」は「4分の2拍子」です

童謡のはじまり

当初は童謡詩に旋律をつける ことは考えていなかった

芥川龍之介、有島武郎、北原白秋、 西條八十らも寄稿した

1918（大正7）年に 童話と童謡の子ども向け 雑誌『赤い鳥』が刊行 → 読者の要望で「かなりや」 の楽譜が掲載され、 大評判となる → 多くの作家が寄稿し、 『赤い鳥』は次々と 作品を掲載

「かなりや」が日本で最初の童謡となる

⑤ 色、描画に関する知識

◎ 色彩に関する用語 R4前、R4後、R5前、R5後

12色相環

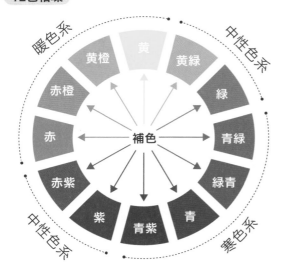

明度 色の明るさの程度を表す

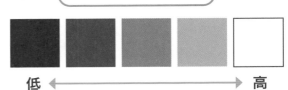

低 ◀──────▶ 高

彩度 色の鮮やかさの程度を表す

低 ◀──────▶ 高

色料の三原色

赤と青と混ぜると紫になる

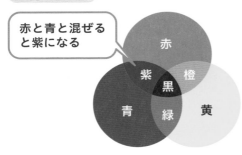

色光の三原色

空気中にある無数の水滴によって太陽光線が分光されると虹ができる

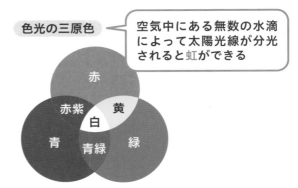

色相	・赤み、青み、緑みなどの色合い（色み）のことで、有彩色が持っている性質のひとつ
12色相環	・基本となる12色を環状に配置したもので、暖色系、寒色系、中性色系に分類される
同系色	・色相環で隣り合う色や近い位置にある色同士のこと ・色相環で同系色を並べて組み合わせると、調和しやすく穏やかな印象となる
補色	・色相環で180°離れた位置にある色同士のこと ・色相環で反対側の色（補色）を選んで並べると、元気で楽しく、目立った印象になる ・補色の関係にある絵の具を混ぜ合わせるとにごった色になる

赤の補色は青ではなく青緑なので注意

◎ 描画材

描画材	主成分	特徴
クレヨン	木ロウ、顔料	・硬質で、線を描くことに適している ・水に溶かすと水彩絵の具のような表現になる
パス	顔料、油脂	・広い面を塗ることに適しており、淡い色の表現をしたいときに使うとよい
コンテ	顔料、水性糊	・描いたところを指でこするとぼかしたような感じになる
パステル	顔料、水性糊	・顔料の割合が高く、粉っぽい ・網でこすって粉状にして指につけ紙に描いたり、指でこすってぼかしたりすることができる
ボールペン	―	・ペン先に入った小さなボールが回転することで内部のインクを紙に送り出して線を描く ・筆圧によって線の幅が変わりにくいため、継続して線を描くことが容易
鉛筆	―	・「H」は芯が硬くて描くと薄い、「B」は芯がやわらかくて濃く描ける ・一般的に幼児の場合は、筆圧によって線の表情が変化しやすい「B」、つまりやわらかい芯を使うことが望ましい

 コンテとパステルは定着スプレーでの処理が必要です

◎ 幼児期の描画方法の発達過程 〈R3後、R4後、R5後〉

ある時期の特徴的な様相をもとに区分したもので、日本では美術教育学者ローエンフェルドらの研究に基づいたものが一般的

発達段階	時期	描き方の特徴
なぐりがき期 （錯画期、乱画期）	1歳～2歳半	・無意識の表現で、腕全体を動かしてむやみにこすりつけるようにして描く ・クレヨンを握り持ったり指の間にはさんだりして描き、点、縦線、横線、波線、渦巻き円形などが見られる。この描線をなぐりがき（スクリブル）と呼ぶ
象徴期 （命名期、記号期、意味づけ期）	2歳～3歳半	・渦巻きのように描いていた円から、1つの円を描けるようになる ・描いたものに意味や名前をつける
前図式期 （カタログ期）	3～5歳	・そのものらしいかたちが現れる ・人物でも木でも一定の図式で表現され、頭に浮かぶままに羅列的・断片的な空間概念で描く ・頭足人が見られるのもこの時期
図式期 （知的リアリズム期）	4～9歳	・見えるものを描くのではなく、知っていることを描く ・次第に目的をもって、もしくは実在のものとの関係において記憶を再生させ、覚え書きのような図式で表現する

 発達段階の視点を持つことで成長にふさわしい指導内容を組み立てることができ、経験の差を考慮した個人差の尊重にも役立ちます

第5章‥‥ 保育に関する実技（音楽、造形、言語）

◎ 幼児の表現方法 R3後

1歳〜2歳半ごろ

なぐりがき（スクリブル）

無意識の表現。手の運動の発達によって点、縦線、横線、波線、渦巻き円形など次第に描線が変化する

2〜5歳ごろ

頭足人

丸に手足のように見えるものを描く特徴的表現。頭から直接手足が出ており、体は描かない

4〜9歳ごろ

並列表現

花や人物を基底線（画面の位置関係を表す線）の上に並べたように描く表現

この考え方をピアジェは「アニミズム」ととらえた

アニミズム的表現（擬人化表現）

すべてのものに命があり感情や意志をもっているという考え方に基づき、動物以外のものにも目や口を描く表現

レントゲン描法（透視表現）

家の中の様子やポケットの中身など、外からは見えないものまで透けたように描く表現

拡大表現

自分の興味や関心のあるものを大きく描く表現

展開図描法（転倒式描法）

道の横の街路樹や家が横に倒れているように描くなど、展開図のような表現

積み上げ式表現

遠近の表現がうまくできないため、ものを上に積み上げたように描くことで遠くを表す

視点移動表現（多視点表現）

横から見たところと上から見たところなど、多視点から見たものを一緒に描く表現

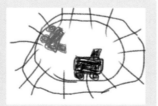

異時同存表現

異なる時間の出来事や、連続して進行するお話のそれぞれの場面を1枚の絵の中に描く表現

◎ 描画技法 R3後、R4前、R5後

スタンピング	・「型押し」のことで、段ボールや野菜の断面、木片やプラスチックのフタなど身の回りにあるものに絵の具をつけて、紙などに型押しをして楽しむ技法 ・手型、足型もこの仲間である
ステンシル	・ある形を紙に型抜きし、その型の中に絵の具を刷り込む内塗りと、型の周りに絵の具を刷り込む外塗りの技法
マーブリング	・平らな容器に水を張り、墨汁または油性絵の具を油で薄めたものや、専用の絵の具などを水の表面に浮かせて、水の上にできた模様を紙に写し取る技法
はじき絵	・クレヨンなどの油分を含む描画材で描いた線を水彩絵の具がはじく性質を楽しむ技法 ・画用紙にクレヨンで模様を描いてから絵の具を塗ると、油が水をはじく仕組みによってクレヨンで描いた模様が浮き出てくる ・力を入れてクレヨンを濃く塗ると、絵の具をはじきやすい ・多めの水で薄めた水彩絵の具を塗るようにすると、クレヨンで描いた模様が浮き出てきやすい
スクラッチ	・あらかじめ下塗りした色の上に違う色を塗り重ね、その後、上の色を引っかいて削り取り、下の層の色を出す絵画技法のこと ・下塗りした色の線を使い自由に絵を描いたり、花火や昆虫などの表現に応用することもでき、幼児の造形活動でよく用いられている
転写	・絵の具を塗った面が乾かないうちに、紙などを押し当てて写し取る技法 ・紙を剥がしたときに現れる思いがけない模様が効果的に活かされている
フロッタージュ	・凸凹のある物の上に紙を置き、鉛筆などでこすって形や模様を浮き立たせる技法
コラージュ	・紙などを台紙にのりで貼り付ける技法 ・様々な種類の紙の特性を活かしながら情景を豊かに表現できる ・技法名はフランス語に由来し、日本語では「こすること」を意味する ・凹凸のあるものに紙を押し当てて、鉛筆などでこする ・すり出す紙は、薄手のコピー用紙やトレーシングペーパーが適している ・身近なものに様々な模様を見つけることができる

絵本で用いられている描画技法を問われたことがあります。右はその一例です

レオ・レオーニ（Leo Lionni）の絵本と描画技法

・『ひとあしひとあし』：フロッタージュ
・『フレデリック』：コラージュ
・『スイミー』の背景：転写

⑥ 工作・遊びに関する知識

◎ 紙の種類

画用紙	造形活動全般で使用される。絵の具をよく吸い、発色がよい
白ボール紙	厚紙の一種で、表面になる白い紙に再生紙などを貼り合わせている
鳥の子紙	表面がなめらかで、にじみやしみこみが少ない
ケント紙	表面がつるつるとしていてなめらか
和紙	水をよく吸う。破れにくい
半紙	習字などで使用する薄い紙
クラフト紙	褐色で丈夫なものが多い。包装紙や紙袋に使用される
新聞紙	丸めたり折ったりものを包んだりでき、縦方向は破れやすく、横方向は破れにくい性質を持つ

> 版画などに使用される

> 染め絵などに使用される

> 製図などに使用される

それぞれ厚さや質感が違うため、用途によって紙を使い分けます

◎ 土を使ってできる活動 R3後

泥団子	・土を丸めてから繰り返し手で磨き、さらに細かい土や砂で磨き、最後は布で磨いて仕上げるとぴかぴかになる
絵を描く	・土にのりを混ぜれば、絵の具のようにもなる
陶芸	・土が粘土質であれば可能

陶芸の制作工程

①土を練る　　　　　　　②土を成形する（電動ろくろ、手びねり、タタラ、型など）
③乾燥させ、高台を削る　　④乾燥させて700 ～ 800度くらいの温度で素焼きする
⑤絵付けをする　　　　　　⑥釉薬（ゆうやく）を掛ける
⑦1200度～ 1300度程度の高温で本焼きをして、完成

◎ 粘土 R4前

水分を多く加えると泥遊びにも使用できる

粘土の種類	主な成分	特徴
土粘土	土の粉	・水分量によってやわらかさを調整することができる ・乾かすと固まり、焼くと硬化する
油粘土	油脂	・乾燥せず硬くなりにくい ・繰り返して使用可能で、保管しやすい
小麦粉粘土	小麦粉	・やわらかくて伸びがよい ・食紅などで着色したものは口に入れても安全なので、低年齢から使用できる ・絵の具を使って着色もできるが、その場合は口に入れないよう注意して見守る
紙粘土	パルプ	・微小中空球樹脂というプラスチック製の非常に細かな粉を混ぜた軽い粘土もあり、伸びやすく、絵の具を練りこんだ着色も容易なため、子どもたちのごっこ遊びの道具づくりや、自由な造形に適している ・乾燥すると固まって、表面に着色することができる。乾燥後の再使用は不可である

粘土は可塑性に優れているので、かたちをつくりやすいです

◎ 紙を使用した工作 R4前、R4後

張り子	・保育現場でも実践できる造形技法で、型になるものと紙と糊を使用する ・郷土玩具の「赤べこ」は張り子技法で制作されており、つり合いを用いた仕組みで首が動く
紙の制作	・牛乳パックを材料として、紙を手づくりすることができる

紙の制作方法
①牛乳パックを2、3日、水に漬け、パックをやわらかくすると同時に、表面の防水のコーティング（シート）を剥がす
②牛乳パックを取りだして細かくちぎり、水と一緒にミキサーにかけてドロドロにする
③ドロドロを、水の入った広めの容器の中に入れてよく混ぜ、巻きすの上に置いたすき型枠に流し入れてすく
④これを平らな板の上に置き、すき型枠をはずし、巻きすごと裏返す
⑤水気をしぼり、巻きすをはずす。タオルで水気をきって、その上からアイロンを当てて乾燥させる

いろいろなつくり方があり、これはその一例です

◎ つくる表現の発達段階 R5前

もてあそび期
- 1歳～2歳半ごろに見られる
- いろいろなものに触れて材料を知り、素材の感触を楽しむ
- 触れる、握るなどの行為そのものを楽しむ

意味づけ期
- 2歳～3歳半ごろに見られる
- できた形を何かしらに見立てて名前をつけて遊ぶ
- 意識的に並べる、積むなどの遊びが出現する

つくりあそび期
- 3～9歳ごろに見られる
- 「○○をつくりたい」といった目的をもってつくるように
  なり、それを達成するために工夫をするようになる

年齢によって遊び方も変わっていきます

積み木遊びの例

積み木をもてあそんだり、
積み木同士をぶつけたりして音などを楽しむ

> もてあそび期に見られる遊び方

ひとつの積み木を見立てて車として遊んだり、
象徴的に意味づけしたりする

> 意味づけ期に見られる遊び方

積み木を組み合わせて、
家などをつくるようになる

> つくりあそび期に見られる遊び方

見通しや構想を持って友達と協同しながら、
町などをつくるようになる

◎ いろいろな用具 R4前、R5前、R5後

つける	接着剤	・でんぷんのり、液体のり、セロハンテープ、両面テープ、木工用ボンドなどがあり、用途や材料によって使い分ける ・揮発性の高い有機溶剤などを含むものもあるが、これは幼児の体内に有害な物質が吸収される可能性があり、好ましくない
切る	はさみ **幼児がよく使う道具**	・丸く切るときは紙を回しながら切るとよい ・一般的なはさみは右利き用で、左利き用（総左型）のはさみは左手で自然に握る力で切ることができる。右利き用はさみの刃のまま持ち手を左手用に変えただけの足左型のものもある
	両刃のこぎり	・横挽き刃（木目を断つようにして切るときに使用）と縦挽き刃（木目に沿って切るときに使用）がついているのこぎりのこと
穴をあける	千枚通し	・針が細長く、重ねた紙の穴あけなどに使用する
	目打ち	・針が短く太く、厚みのあるものや布などの穴あけや糸さばきに使う
	キリ	・主に木に穴をあけるときに使用する
その他	金づち	・主にくぎ打ちに使う ・両面とも平らだが片方がやや曲面になっていて最後の打ち込みに使う「げんのう」や片面が平らでもう片面は尖っていて穴あけなどに使う「先切り金づち」、くぎ抜き付き金づちなどがある
	合成繊維製の テープ紐	・水に溶けにくく、薄くて強度と幅の広さがある ・新聞紙や雑誌などをくくる際に使うことができる。また、長手方向に簡単に裂くことができ、踊りや応援などで用いるポンポンをつくることができる ・ポリエチレン（PE）製のものは腐敗や自然分解が起きないため、放置しているとそのままとどまる。使用後には適切な処理が必要である

保育の現場で使うもののつくり方も知っておくとよいでしょう

運動会
・ポンポン
・お面　など

発表会
・お面
・ペープサート
・影絵　など

行事や遊び
・七夕の飾り
・誕生日カード
・おみこし　など

竹とんぼや張り子のつくり方が問われたこともある

⑦ 絵本、言葉遊び、表現遊び

◎ 絵本の読み聞かせ R4後、R5後

0〜1歳
色合いがはっきりとした作品や、同じ言葉が繰り返される作品で、目や耳への刺激を楽しめる絵本

1〜2歳
身近で見慣れているものや親しみのあることを題材にしたもので、ストーリーが簡単な絵本

3〜4歳
子どもが主人公になって話の中に入り込むことができる絵本

5〜6歳
空想的な作品、長めの作品も楽しめるようになる

> 特に3〜4歳は話し言葉の基礎ができて知的好奇心が高まる**時期**

絵本の選び方	・読み手自身が感動し、楽しめるものを選ぶ ・年齢に適した内容の絵本を選ぶ
読み聞かせ前	・読み手は絵本のストーリーや展開をあらかじめ理解しておく ・スムーズにページをめくれるように、絵本に開きぐせをつけておく、指サックをつけるなどの準備をする ・子どもたち全員に絵がよく見えるように席を配置する ・子どもが絵本に集中できるように、読み手の背景はシンプルなものにする
読み聞かせ中	・子どもたちがイメージをふくらませながら聞けるよう、必要以上の声色や大げさな抑揚は使わない ・表紙や裏表紙、表紙をめくったところにも物語が含まれることがあることを理解しておき、それらも子どもに見せる ・ページをめくるときに、読み手の腕や手が絵本を覆わないようにする ・視覚・聴覚・集中力が高まるように配慮する
読み聞かせ後	・読み聞かせの余韻を味わえるように、すぐに感想を聞かない ・子どもたちの表情から、楽しめたか、つまらなかったかを判断する

> 絵本や物語などに親しむことで、豊かな表現や想像する楽しさを味わったり、言葉を豊かにして保育士や友達と心を通わせたりすることが大切です

◎ 読み聞かせの目的と絵本の例

目的	絵本のタイトル
自分でズボンをはこうとする気持ちが育ってほしい	『はけたよ はけたよ』(作／神沢利子　絵／西牧茅子)
オノマトペや体の動きを使った表現遊びがさらに広がってほしい	『いっぽんばしわたる』(作／五味太郎)
クラスの友だちと一緒に遊ぶことの楽しさをさらに感じてほしい	『ぽんたの　じどうはんばいき』(作／加藤ますみ　絵／水野二郎)
日々の生活の中で障害のある子どもに対してどのようにかかわればよいか、考えて行動する態度が育ってほしい	『ぼくのだいじな　あおいふね』(作／ピーター＝ジョーンズ　絵／ディック＝ブルーナ　訳／なかがわけんぞう)
きょうだい関係によっておこる生活の変化や心の葛藤、またそれらを通して成長する姿を見せたい	『ティッチ』(作・絵／パット・ハッチンス　訳／石井桃子)、『ちょっとだけ』(作／瀧村有子　絵／鈴木永子)

◎ 言葉遊び R4前

名称	特徴	例
回文	上から読んでも下から読んでも同じになる文句のこと	「しんぶんし」、「たけやぶやけた」など
しりとり	前の人が言った言葉の最後の文字をとってその文字から始まる別の言葉をいい、これを続けていくこと	「りんご→ごま→まきば→バナナ」など
連想ゲーム	前の人が言ったものから連想する別のものをいい、これを続けていくこと	「さよなら　さんかく　また　きて　しかく」など
早口言葉	急いではいいにくい言葉を早口でいうこと	「なまむぎ　なまごめ　なまたまご」など
数え歌	「数えること」をテーマとした和歌や歌謡のこと。1から数字の順を追って歌われる	「ちゅう　ちゅう　たこかいな」など

> 「ちゅう　ちゅう　たこかいな」のリズムに合わせて2ずつ数えると、ちょうど10になる

◎ 表現の教材 R3後

ペープサート	・舞台部分から割りばしが2cmほど見えている高さに保つように注意する ・実演中は、登場人物のだれが話している場面か、子どもにわかりやすいように動かし方を工夫する ・登場人物が速く走っている場面では、上下に動かしながら進めていき躍動感を表現する ・割りばしが抜けてしまうと演じることが難しくなるので、接着面を確認しておく　**これをジグザグ走法という**
パネルシアター	・登場人物や背景などは大きめの箱に入れて準備しておき、子どもが気になってお話に集中できなくなることがないようにする ・演じる前に話の内容をもう一度確認し、貼る順番をよく整理しておく ・演じる際は舞台や台本ばかりに目が行ってしまわないように、また貼ったものが子どもからよく見えるように、気をつける
エプロンシアター **パネルシアターを簡略化したもの**	・しっかりと前を向いて立つようにし、子どもにお話がきちんと伝わるようにすることを心掛ける ・子どもに見せるときには、腕を伸ばし左右の子どもにもしっかりと見えるようにする ・自分の手の可動範囲を考えて、ポケットやマジックテープの位置が、適切かどうかを確認し、場合によっては、取り付け位置を少し動かす
影絵	・手や紙などで人や動物のかたちをつくり、その影をスクリーンに投影して演じる ・紙などでつくる場合は色セロファンなどを使用するといろいろな色をつけることができる
紙芝居	・紙の絵を見せながら演じ手が表現豊かに語ってお話をする

紙芝居のポイントは「表現豊かに」語ることで、ここが絵本の読み聞かせと異なる点です

① 日本における保育・福祉の歴史

科目や項目に関係なく、出来事を年代順に見ることは全体像の理解に役立ちます。また、法制度の制定順を問う問題も出題されていますので。しっかりと整理しておきましょう。

1710年	・貝原益軒が『和俗童子訓』を記す
1805年	・広瀬淡窓が咸宜園を開く
1838年	・緒方洪庵が適々斎塾（適塾）を開く
1856年	・吉田松陰が松下村塾を開く
1874(明治7)年	・恤救規則（日本初の福祉の法律とされている）
1876(明治9)年	・東京女子師範学校附属幼稚園が設立される
1887(明治20)年	・石井十次が岡山孤児院を設立
1889(明治22)年	・アメリカ人宣教師ハウが頌栄幼稚園を設立
1890(明治23)年	・赤沢鍾美が新潟静修学校を設立
1891(明治24)年	・石井亮一が滝乃川学園を設立
1899(明治32)年	・留岡幸助が東京の巣鴨に家庭学校を設立 ・幼稚園保育及設備規程
1900(明治33)年	・野口幽香・森島峰が二葉幼稚園を設立
1909(明治42)年	・石井十次が愛染橋保育所を設立
1916(大正5)年	・二葉幼稚園が二葉保育園へ名称を変更する
1918(大正7)年	・鈴木三重吉が『赤い鳥』を刊行
1926(大正15)年	・幼稚園令
1946(昭和21)年	・日本国憲法の公布 ・糸賀一雄が近江学園を設立
1947(昭和22)年	・児童福祉法 ・教育基本法
1948(昭和23)年	・保育要領 ・児童福祉施設の設備及び運営に関する基準が厚生省令として制定 ・学校教育法 ・民生委員法 ・里親等家庭養育運営要綱
1949(昭和24)年	・身体障害者福祉法
1950(昭和25)年	・新生活保護法
1951(昭和26)年	・児童憲章
1958(昭和33)年	・国民健康保険法
1960(昭和35)年	・精神薄弱者福祉法（現在の知的障害者福祉法）
1961(昭和36)年	・児童扶養手当法
1963(昭和38)年	・老人福祉法 ・糸賀一雄がびわこ学園を設立
1964(昭和39)年	・母子福祉法（現在の母子及び父子並びに寡婦福祉法） ・特別児童扶養手当法等の支給に関する法律

1965(昭和40)年	・保育所保育指針が作成される(6領域の保育内容が示される) ・母子保健法
1970(昭和45)年	・障害者基本法
1971(昭和46)年	・児童手当法
1983(昭和58)年	・少年による刑法犯の検挙数が戦後最高となる(約32万人)
1990(平成2)年	・福祉関係八法改正(老人福祉法等の一部を改正する法律) ・保育所保育指針改定(5領域の保育内容が示される)
1994(平成6)年	・児童の権利に関する条約(日本が批准) ・エンゼルプラン(少子化対策のための子育て支援策)
1998(平成10)年	・社会福祉基礎構造改革について(中間まとめ)
1999(平成11)年	・新エンゼルプラン
2000(平成12)年	・児童虐待の防止等に関する法律 ・保育所保育指針改定(乳幼児の最善の利益の考慮等が追加される)
2001(平成13)年	・配偶者からの暴力の防止及び被害者の保護等に関する法律
2002(平成14)年	・少子化対策プラスワン(父親の育児参加等への支援)
2003(平成15)年	・次世代育成支援対策推進法 ・保育士が名称独占の国家資格となる
2004(平成16)年	・発達障害者支援法 ・子ども・子育て応援プラン(チルドレン・ファーストの考え方)
2006(平成18)年	・障害者自立支援法
2007(平成19)年	・放課後子ども教室推進事業(文部科学省の推進する事業) ・放課後児童クラブガイドラインの設定
2008(平成20)年	・保育所保育指針改定(法的拘束力をもった指針となる) ・ファミリーホームの開始
2010(平成22)年	・子ども・子育てビジョン
2011(平成23)年	・障害者基本法
2012(平成24)年	・障害者虐待防止法 ・子ども・子育て関連3法が施行される
2013(平成25)年	・障害者総合支援法(障害者自立支援法を改正)
2014(平成26)年	・放課後子ども総合プラン(厚生労働省と文部科学省の一体的な事業)
2015(平成27)年	・子ども・子育て支援新制度が本格的に開始
2016(平成28)年	・障害者差別解消法 ・児童福祉法改正(原理の明確化、児童相談所の体制強化など)
2017(平成29)年	・保育所保育指針改定(平成30年4月施行) ・幼稚園教育要領改定(平成30年4月施行) ・幼保連携型認定こども園教育・保育要領(平成30年4月施行)
2019(令和元)年	・幼児教育・保育の無償化が開始される
2022(令和4)年	・成人年齢が20歳から18歳に引き下げ ・こども家庭庁設置法(令和5年4月施行) ・こども基本法(令和5年4月施行)
2023(令和5)年	・こども家庭庁発足 ・こども大綱 ・「異次元の少子化対策」表明 ・「こども未来戦略」策定

② 試験で出題される人物名

試験では、人物名とその業績を結びつける問題がよく出題されています。スキマ時間などを使って覚えておきましょう。

日本の偉人

赤沢鍾美	・様々な事情で教育を受けられない貧しい子どもたちに私塾である新潟静修学校を開く ・日本最初の保育所とされる新潟静修学校附設の託児所(守孤扶独幼稚児保護会)を創設した。生徒が子守りから解放されて勉強できるように生徒の幼い弟妹を校内で預り世話をした
石井十次	・現在の児童養護施設にあたる岡山孤児院を創設した。小舎制による養育や里子委託などの先駆的な実践方法を展開した
石井亮一	・濃尾大震災で親を失った少女を引き取り孤女学院を開設。その中に知的障害を持つ少女がいたことから障害児教育に専念するために滝乃川学園と改称した
石田梅岩	・江戸時代の思想家で、町人社会における実践哲学である石門心学を創始した ・子どもの教育の可能性、子どもの善性を説く大人の役割についても言及した ・著書に『都鄙問答』があり、町人への実践哲学を説いた
糸賀一雄	・知的障害児施設「近江学園」を創設し、後に重症心身障害児施設「びわこ学園」を設立 ・有名な言葉に「この子らを世の光に」がある
大原幽学	・農民生活の指導者として、子どもの発達過程に即した教育の在り方を説いた ・子どもの心と身体の成長を「実植えしたる松」「二葉極りたる頃」「萌したる才智の芽のふき出」など松の生長に例えた
小河滋次郎	・民生委員・児童委員制度の前身とされる方面委員制度を設置
貝原益軒	・江戸前中期の儒学(朱子学)者・本草学者。江戸時代に幼児教育や家庭教育の大切さを指摘した ・人の性は本善であるという性善説の立場であった ・著書に『和俗童子訓』があり、年齢段階に応じた子どもの学習方法を示した
城戸幡太郎	・昭和初期の心理学者・教育学者。「子どもは大人が導く」という社会中心主義を提唱し、社会協力の訓練を保育の目的、指導原理として明示した ・保育問題研究会を結成し会長に就任。研究者と保育者の共同による幼児保育の実証的研究を推進した ・著書である『幼児教育論』の中で「幼稚園や保育所もかかる意味で、もとより学校であるが、それが子どもの生活環境を改造していくための教育的計画であるからには、何よりもまず子どもの自然である利己的生活を、共同的生活へ指導していく任務を負わねばならない。したがって幼稚園、保育所の保育案は社会協力ということを指導原理として作製されなければならないもので、幼稚園と保育所との教育はこの原理によって統一されるのである」と説いた
空海	・平安前期の真言宗の開祖 ・京都に、階級や僧俗を問わず、一般庶民の子弟にも門戸を開いた綜芸種智院を創設し、総合的な人間教育を目指した

倉橋惣三	・児童心理学者で、日本の幼児教育の先駆けとなった東京女子高等師範学校附属幼稚園（現・お茶の水女子大学附属幼稚園）で主事（園長のような仕事）を務めた ・著書に『幼稚園教育法真諦』などがある ・「生活を、生活で、生活へ」がという言葉が有名で、「子どもは生活する中で自ら学び生活をつくる」という思いのもと誘導保育を実践した
小林宗作	・海外留学でリトミックを学び、日本に紹介し普及させた
澤柳政太郎	・東北帝国大学や京都帝国大学の総長を務めたのち、成城小学校を創設した ・小原國芳が中心となって刊行された機関紙『教育問題研究』の中で、実践例などを紹介した
関信三	・欧州を数年旅した後、1875（明治8）年に東京女子師範学校の創設とともに英語教師として招かれ、翌年、東京女子師範学校附属幼稚園（現・お茶の水女子大学付属幼稚園）の開設に伴い初代園長に任命
高木憲次	・肢体不自由児のための施設「整肢療護園」を設立した
土川五郎	・幼児にふさわしい遊戯の創作を目指した ・大正期にリズミカルな歌曲に動作を振り付けた律動遊戯と童謡などに動作を振り付けた律動的表情遊戯を創作・発表した
徳永恕	・高等女学校在学中に二葉幼稚園を知り卒業後保母となり、「二葉の大黒柱」と呼ばれ、その後、二葉幼稚園の二代目園長となった ・二葉保育園と改称された同園の分園を設立し、保育にとどまらず社会事業に尽力した。特に母の家は日本で初の母子寮として有名
留岡幸助	・私立の感化院（現在の児童自立支援施設）である家庭学校を東京の巣鴨に創設した
豊田芙雄	・東京女子師範学校附属幼稚園（現・お茶の水女子大学付属幼稚園）において日本初の保母となる ・主席保母であった松野クララとともにフレーベル主義の保育を展開した
中江藤樹	・江戸前期の陽明学者で知行合一説を唱え、子育てについて具体的なたとえ話をまじえながら庶民にもわかりやすく説いて近江聖人と呼ばれた ・著書に『翁問答』がある
野口幽香	・華族女学校附属幼稚園に勤めていたが、貧しい子どもたちを対象とする幼児教育の必要性を感じ、森島峰とともに託児・保育事業の先駆けである二葉幼稚園（のちの二葉保育園）を創設。フレーベル教育を実施した
橋詰良一	・露天保育を提唱し家なき幼稚園を創設した。自然の中で子どもたちを自由に遊ばせるために、自動車で郊外に連れ出して保育を行った
東基吉	・東京女子高等師範学校の助教授兼附属幼稚園批評係となる ・恩物中心主義の保育を批判し、遊戯を中心に据えた幼児の自己活動を重視した ・著書に、日本で最初の体系的保育論の書『幼稚園教育法』や『幼稚園保育法』がある
松野クララ	・東京女子師範学校附属幼稚園（現・お茶の水女子大学付属幼稚園）」の創設時の主任保母として保母たちの指導にあたり、日本の幼稚園教育の基礎を築いた
森島峰（美根）	・野口幽香とともに二葉幼稚園を設立し、フレーベル教育を実施

海外の偉人

アイゼンバーグ (Eisenberg, N.)	・児童期における、道徳性、思いやりの発達、自発的な行動を向社会的行動と呼び、発達段階を提唱した ・向社会的行動の判断の理由づけは、自分の快楽に結びついた理由づけから、相手の立場に立った共感的な理由づけを経て、強く内面化された価値観に基づいた理由づけへと発達するとした
イリイチ (Illich, I.)	・『脱学校の社会』で、学校制度を通じて「教えられ、学ばされる」ことにより、自ら学ぶなど、学習していく動機をもてなくなる様子を学校化として批判的に分析した
ヴィゴツキー (Vygotsky, L. S.)	・子どもの発達には、他者の援助がなくても独力で達成できる領域と、まったく達成できない領域の間に、他者の援助があれば達成できる領域（発達の最近接領域）があり、他者とのかかわり合いの中で発達は促されていくと指摘した ・子どもの概念は、日常の生活経験を通して自然に獲得する生活概念と、主に学校で教育される科学的概念が相互に関連をもちながら発達していくと指摘した ・子どものひとりごと（内言）は、他者に向かうコミュニケーションのための言葉が、自分に向かう思考のための言葉（外言）となっていく過程で現れると指摘した
ウェンガー (Wenger, E.)	・レイヴ（Lave, J.）とともに「正統的周辺参加は、それ自体は教育形態ではないし、まして教授技術的方略でも教えるテクニックでもないことを強調しておくべきである。それは学習を分析的にみる一つの見方であり、学習というものを理解する一つの方法である」という論を展開した
エインズワース (Ainsworth, M. D. S.)	・アタッチメント（愛着）の個人差を調べるために、ストレンジ・シチュエーション法を考案した ・アタッチメント（愛着）は主体的な過程であって、受動的ではないとした ・アタッチメント（愛着）は相手の感情を喚起する双方向的過程であるとした
エリクソン (Erikson, E. H.)	・発達は漸次的に展開するととらえ、乳児期から老年期に至る8つの発達期それぞれに危機があると考える発達段階説を提唱した ・どの発達段階でも、肯定的な経験をすることが理想なのではなく、否定的な経験を上回って肯定的な経験をすることが発達課題の克服となると考えた
エレン・ケイ (Key, E.)	・児童中心主義の立場にたち、著書『児童の世紀』を刊行した ・エレン・ケイの思想は、児童の権利のためのジュネーブ宣言に引き継がれるなど、今日の児童福祉にも影響を与えている
オーエン (Owen, R.)	・イギリスの実業家で、イギリス産業革命期にスコットランドのニュー・ラナークの自ら経営する紡績工場の中に幼児の自発的で自由な活動を重視する幼児学校「性格形成学院」を創設 ・性格形成学院内に今日の保育所的機能を果たす幼児学校を設けて労働者の子どもを1歳から預かり、これが、世界で最初の保育園といわれている ・著書に『新社会観』がある
オーズベル (Ausubel, D. P.)	・学習者にあらかじめ関連した情報を与えることで、学習が効率的に進む概念「先行オーガナイザー」を提唱した ・文化の継承として知識をそのまま受け容れて身に付けることが大切であると主張し、そのためには機械的に知識を覚えさせるのではなく、学習者の認知構造に意味のある変化をもたらすように教えなくてはならないと説いた
ギッターマン (Gitterman, A.)	・ジャーメイン（Germain, C. B.）とともに、利用者の適応能力の向上と利用者を取り巻く環境の改善を行い、生活の変容を試みるエコロジカルアプローチを体系化した

ギブソン (Gibson, J. J.)	・人は環境内にある情報を知覚し、それによって行動を調整しているという**アフォーダンス論**を提唱した ・人間が運動するためには知覚が必要であり、知覚するためには運動が必要であると述べた
キルパトリック (Kilpatrick, W. H.)	・デューイの経験主義に基づき、実践的な作業を通して問題解決をしていく**プロジェクト・メソッド**を提唱した
ゲゼル (Gesell, A. L.)	・生得的に内在する能力が、時期に応じて自然に展開し、発達すると考える**遺伝論**の立場をとった ・一卵性双生児の階段登りの実験で**レディネス**(準備)の重要性を示し、発達は基本的に神経系の成熟によって規定されるとした
コールバーグ (Kohlberg, L.)	・アメリカの心理学者で、道徳性を正義と公平さであると規定し、その観点にたって児童から成人をも含む道徳性の発達段階を提起した。道徳的判断の発達について研究するために**モラルジレンマ**と呼ばれる方法を採用した ・道徳性は児童期を通じて**前慣習的段階**から**慣習的段階**、**脱慣習的段階**を経て発達するとした
コダーイ (Kodaly, Z.)	・ハンガリーの作曲家で、民俗音楽による音楽教育法はのちに**コダーイ・システム**などにまとめられ、幼児教育にも活用された
コメニウス (Comenius, J. A.)	・主著である『**大教授学**』ではあらゆる人が学べる学校として統一学校構想を述べ、6歳くらいまでの乳幼児を対象とする学校として母親学校を構想した ・汎知(pansophia)を確立した ・子どものラテン語教育のための挿し絵付きの本である『**世界図絵**』は最初の絵入り教科書といわれ、その後の絵本や教科書に影響を与えた
コルチャック (Korczak, J.)	・ポーランドの医師、教育者、作家で、自ら孤児院を運営した ・子どもには人としての権利があると考えており、その思想は**児童の権利に関する条約**の制定に大きな影響を与えた
ジェンセン (Jensen, A. R.)	・個々の特性が表れるのに必要な環境的要因には、特性ごとに固有の最低限度(閾値)があるという**環境閾値説**を提唱した
ジャーメイン (Germain, C. B.)	・ジャーメインとギッターマン(Gitterman, A.)は、利用者の適応能力の向上と利用者を取り巻く環境の改善を行い、生活の変容を試みる**エコロジカルアプローチ**を体系化した
シュタイナー (Steiner, R.)	・人智学に基づくシュタイナー教育の創設者で、ドイツに**自由ヴァルドルフ学校**を創設した
シュテルン (Stern, W.)	・発達における社会的・文化的環境の影響を重視しており、発達は環境の持つ社会、文化、歴史的な側面が個人との相互作用によって個人の中に取り入れられる過程であるとした**輻輳説**を提唱した
スキナー (Skinner, B. F.)	・アメリカの心理学者であり、行動主義心理学の立場で、刺激を与えれば反応が生起するという理論(S-R理論)をもとに**プログラム学習**を構想した ・プログラム学習に用いる**ティーチング・マシーン**という専用のデバイスを考案した
スターン (Stern, D. N.)	・乳児の情動表出に対して、保育者が別の様式で対応することを**情動調律**と呼んだ
スピッツ (Spitz, R. A.)	・見慣れた人と見知らぬ人を区別し、見知らぬ人があやそうとすると視線をそらしたり、泣き叫ぶなど不安を示す乳児期の行動を**8カ月不安**と呼んだ

セリグマン (Seligman, M. E. P.)	・一般に、失敗の原因を努力に帰属させると動機づけが高まるといわれているが、行動しても期待した結果が得られない状態が続くと「何をやっても無駄だ」とやる気をなくしてしまうこともある。これを学習性無力感と呼んだ
デューイ (Dewey, J.)	・アメリカの哲学者、教育思想家で、主著『学校と社会』において、子どもを中心とする教育への変革の必要性をコペルニクスにたとえて主張した ・1907年に子どもの家の指導の任に就き、独自に開発した障害児の教育方法を幼児に適用した
トマス (Thomas, A.)	・子どもの行動を観察し、その行動スタイルの違いから、現象面に基づいて気質を測定した ・気質を分類する際に、活動水準、順応性、反応の強さなどを含めた9次元について観察し、その程度によって気質を「扱いやすい子」「扱いにくい子」「立ちあがりが遅い子」の3つのタイプに分類した ・気質の分類によると、「扱いやすい子」のタイプは全体の約40%だった ・気質は変化しうるものであり、乳児期と青年期との関連性は極めて弱いとしている
ノールズ (Knowles, M. S.)	・子どもに対する教育学であるペダゴジー(pedagogy)に対して、成人の学習を支援する教育学としてアンドラゴジー(andragogy)という造語で成人教育学を提唱した
パーテン (Parten, M. B.)	・子どもの遊びの形態とその発達過程について、「一人遊び」「傍観」「平行遊び」「連合遊び」「協同遊び」に分類した。そして、「傍観」は他者に関心が向いているので「一人遊び」より発達した形態であり、「連合遊び」は仲間とやりとりをして一緒に遊ぶが「組織化」されておらず、4～5歳から見られるとした ・その後の遊びの形態とその発達過程の研究において、「一人遊び」は5歳児でも活動内容によってはみられることから、未熟な形態というより、子どもの選択であるとの考えが示されている
パールマン (Perlman, H. H.)	・ケースワークの4つの構成要素として4つのP(人、問題、場所、過程)を示した ・診断主義アプローチと機能主義アプローチを折衷し、問題解決アプローチを示した
ハウ (Howe, A. L.)	・アメリカの婦人宣教師で、神戸の頌栄幼稚園、頌栄保母伝習所の創立者となり、フレーベル保育理論の普及に力を注いだ
ハッチンス (Hutchins, R. M.)	・成人の教育の目的を、人間的になることとして、すべての制度をその実現のために方向づけるように価値の転換に成功した社会を学習社会(learning society)と呼んだ
バルテス (Baltes, P. B.)	・受胎から死に至る過程の行動の一貫性と変化をとらえ、生涯発達の一般的原理や発達の可塑性と限界を明らかにした生涯発達理論を提唱した ・ヒトの発達は、個人と社会との相互作用過程であり、文化および歴史の中に埋め込まれていると仮定した ・高齢期のQOLを向上させるための方略(SOC理論)を構築した
バンク・ミケルセン (Bank-Mikkelsen, N. E.)	・障害の有無にかかわらず、誰もが地域で普通に暮らせる社会を目指すという理念であるノーマライゼーションを提唱した
バンデューラ (Bandura, A.)	・観察学習を中心として社会的学習理論を提唱した ・観察学習は、他者の行動を見ることにより行動を習得することから、モデリングともいわれる

ピアジェ (Piaget, J.)	・スイスの児童発達心理学者で、子どもと大人の思考構造の違いを研究し、認知発達を、同化と調節によるシェマ（認知の枠組み）を獲得していくプロセスであると提唱。子どもの発達段階を4つ（感覚運動期、前操作期、具体的操作期、形式的操作期）に分け、この発達段階を経て育つとした ・観察した他者の動作を直後に再現することを即時模倣、目の前には存在しなくても以前に見た他者の動作を再現することを延滞模倣と呼んだ。延滞模倣では、他者の行為をある期間、記憶を保持し、それを自分の中にイメージできる表象能力が必要となり、これは象徴遊びにも必要な能力である ・子どもの道徳的判断は、「コップがあると知らずにコップを15個割った」場合と「お菓子を盗み食いしようとしてコップを1個割った」場合とでは、被害の大きい前者を悪いと判断する結果論的判断から、悪い意図のある後者を悪いと判断する動機論的判断へと発達するとした。また、8〜9歳ごろを境に、行為の結果による判断から行為の動機による判断へと移行するとした ・子どもの道徳性は、大人に依存する人間関係の中で、既存の道徳を受容する他律的道徳から、仲間との対等な関係の中で、ルールをつくり出す自律的道徳へと発達するとした
ヒル (Hill, P. S.)	・アメリカの進歩主義的保育を代表する指導者で、形式化したフレーベル主義を批判し、のちに自身の名前が付けられる大型積み木を考案した
ブルーナー (Bruner, J. S.)	・子どもに学習の本質である「構造」を自ら発見させ、その発見によって学習の仕方を学ぶことができるという発見学習を提唱した ・どの教科でも、発達のどの段階のどの子どもにも効果的に教えることができるとした
フレイレ (Freire, P.)	・著書『被抑圧者の教育学』で、学校を通じて子どもに知識が一方的に授けられる様子を銀行型教育と批判し、これに代わって教育では対話が重視されるべきだとした
フレーベル (Fröbel, F. W. A.)	・ドイツの思想家・教育者で、世界で最初の幼稚園を創設 ・著書『人間の教育』の中で「かれらと共に生きよう。かれらを われわれと共に生きさせよう。」と記した ・幼児のための遊具「恩物（ガーベ）」を考案。ガーベはドイツ語で「神からの贈り物」という意味である
ブロンフェンブレンナー (Bronfenbrenner, U.)	・発達を環境との相互作用としてとらえ、人を取り巻く環境を4つのシステムと考えた後に、時間の影響・時間経過をつけ加え、5つのシステムとした生態学的システム論を提唱した
ペスタロッチ (Pestalozzi, J. H.)	・孤児院を設立し、孤児たちの救済に尽力した ・教育は家庭生活において育まれるとして「生活が陶冶する」という言葉を残した ・メトーデという直観教授法に基づいた教育方法を確立した ・著書に『隠者の夕暮』『シュタンツだより』がある
ヘルバルト (Herbart, J. H.)	・明瞭、連合、系統、方法という順番による4段階教授法を提唱した
ボウルビィ (Bowlby, J.)	・幼児期に母親との愛着を持つことが、後の人格形成の基礎となるというアタッチメント理論（愛着理論）を展開した ・幼児期における愛着形成が十分でなく阻害されている状態を、母性剥奪（マターナル・デプリベーション）と呼んだ

ホフマン (Hoffman, M. L.)	・道徳性の発達の段階を「あいまいな共感」「自己中心的な共感」「他者の感情への共感」「他者の生活状況への共感」の4つに分類し、「共感喚起理論」を提唱した ・1歳ごろまでは自他の区別が未分化であり、他児が転んで泣くのを見て、自分も泣きそうになるなど、他者に起こったことが自分自身に起こったことのように振る舞う
ホリス (Hollis, F.)	・ソーシャルワークが対象としている人と環境および両者の相互作用の連関性に着目した心理社会的アプローチを確立した。その中で、ソーシャルワークが対象としている人のことを状況の中の人と呼んだ
ポルトマン (Portmann, A.)	・哺乳動物は、比較的長い妊娠期間を経て脳が発達した状態で生まれ、生まれてすぐに親と同じ行動がとれる離巣性と妊娠期間が比較的短く脳が未成熟で生まれてくる就巣性に分けられる。一方で、ヒトは長い妊娠期間を経て感覚器官はよく発達しているものの、運動能力が未熟な状態で生まれてくる。そのようなヒトの特性を二次的就巣性と呼んだ
ムーア (Moore, M. K.)	・メルツォフ(Meltzoff, A. N.)とムーアは、生まれて間もない新生児期において、視覚的にとらえた相手の顔の表情を、視覚的にとらえられない自己の顔の表情に写しとる新生児模倣が見られるとした
マーシア (Marcia, J. E.)	・アイデンティティの状態を4つの類型に分けて考えるアイデンティティ・ステイタスを提唱した ・4類型のなかのひとつである「早期完了」は、これまでに危機を経験していることはなく、自分の目標と親との目標の間に不協和がなく、どんな体験も、幼児期以来の信念を補強するだけになっているという、融通のきかなさが特徴的であるとした
マズロー (Maslow, A. H.)	・アメリカの心理学者で、人間の健康的な側面を重視した人間性心理学を確立した ・人間の内面的欲求は5段階の階層に分かれており、低次の欲求が満たされると順々により高次の欲求を求めるようになるという自己実現の理論(欲求階層説)を説いた。低次なものから順に、「生理的欲求」「安全への欲求」「集団や愛情への所属の欲求」「承認や尊敬への欲求」「自己実現の欲求」と定義している
メルツォフ (Meltzoff, A. N.)	・メルツォフとムーア(Moore, M. K.)は、生まれて間もない新生児期において、視覚的にとらえた相手の顔の表情を、視覚的にとらえられない自己の顔の表情に写しとる新生児模倣が見られるとした
モンテッソーリ (Montessori, M.)	・イタリア初の女性医学博士で、ローマのスラム化した地区において、アパートの一棟に昼間仕事をしている母親の児童を預かるための施設として子どもの家を設立した ・セガン(Seguin, E.)が知的障害の子どもの教育のために開発した教具に修正を加え、独自の教具をつくり、それが後のモンテッソーリ教具と呼ばれるものとなった ・著書に、子どもの自発的な活動の援助の重要性を書いた『子どもの発見』、敏感期の教育の重要性を書いた『幼児の秘密』がある
ラングラン (Lengrand, P.)	・ユネスコ(UNESCO)の成人教育推進国際会議において、生涯にわたって統合された教育を提唱した
メアリー・リッチモンド (Richmond, M. E.)	・ケースワーク論を理論的に体系化し、ソーシャルワークの科学化を推進したことから、ケースワークの母と呼ばれている
ルイス (Lewis, M.)	・誕生直後に3つの感情「満足(快)・苦痛(不快)・興味(関心)」をもち、生後3カ月後には、喜び、驚き、悲しみなどの基本的な感情が出そろうとした ・1歳半～2歳ごろには自己意識が発達し照れ・妬み・共感が感じられるようになり、2～3歳ごろには他者の認識が生まれ、誇り・恥・罪悪感が生じるとした

ルソー (Rousseau, J.-J.)	・スイスで生まれフランスで活躍した思想家で著書に『人間不平等起源論』や『社会契約論』、『エミール』がある ・『エミール』では、人間は、自然、事物、人間という3種類の先生によって教育されるとし、これら3者のうちで人間の力ではどうすることもできないのは自然の教育であるため、優れた教育のためには「人間の教育」と「事物の教育」を自然の教育に合わせなければならないと主張した。また、人間の本来の性は善であるが、伝統、歴史、社会、政治などにより悪くなっていくと主張した ・『エミール』で示された、「美徳や真理を教えることではなく、心を不徳から、精神を誤謬からまもる」という教育の考え方は消極教育(消極的教育)と呼ばれ、子どもの内発的な力を重視する教育の源流となった考え方である ・子どもと大人の本質的な差異を認め、「子どもの発見者」と呼ばれる
レイヴ (Lave, J.)	・ウェンガー(Wenger, E.)とともに「正統的周辺参加は、それ自体は教育形態ではないし、まして教授技術的方略でも教えるテクニックでもないことを強調しておくべきである。それは学習を分析的にみる一つの見方であり、学習というものを理解する一つの方法である」という論を展開した
ローリス・マラグッツィ (Malaguzzi, L.)	・イタリアのレッジョ・エミリア市で行われているレッジョ・エミリア保育の創設者の1人である ・プロジェクトと呼ばれるテーマ発展型の保育方法が特徴で、大人が協同して子どもの表現活動を支えている
ロック (Locke, J.)	・子どもを白紙(タブラ・ラサ)のようなものととらえて、人との関りや経験によって発達していくと説いた
ワイナー (Weiner, B.)	・ある出来事の原因を何に求めるかという原因帰属について、統制の位置と安定性という2つの次元から説明しようとした
ワトソン (Watson, J. B.)	・環境論の立場から、人間の発達は、生まれた後の環境・経験・後天的な学習によって徐々に形成されていくとした

③ 児童福祉法の改正（2024（令和6）年4月施行）

2024（令和6）年4月に施行となる改正児童福祉法では、里親支援センターが新たに児童福祉施設として位置づけられるなど、保育士試験に関連が深い事柄が多くあります。本文で紹介している事柄もありますが、一覧できるようにこちらでもまとめています。

改正の趣旨

児童虐待の相談対応件数の増加など、子育てに困難を抱える世帯がこれまで以上に顕在化してきている状況等を踏まえ、子育て世帯に対する包括的な支援のための体制強化等を行う。

> 妊産婦や子育て、里親養育などについては、様々な機関や窓口が存在するなど、ひとつの機関で切れ目なく包括的な支援を行うことが難しいという課題があった

改正の主な内容

子育て世帯に対する包括的な支援のための体制強化及び事業の拡充
【関連する法律：母子保健法】

・市区町村は、全ての妊産婦・子育て世帯・子どもの包括的な相談支援等を行うこども家庭センターの設置や、身近な子育て支援の場（保育所等）における相談機関の整備に努める。こども家庭センターは、支援を要する子どもや妊産婦等への支援計画（サポートプラン）を作成する。

> こども家庭センターは、すでにある子ども家庭総合支援拠点と子育て世代包括支援センターを見直す形で設置される

・訪問による家事支援、児童の居場所づくりの支援、親子関係の形成の支援等を行う事業をそれぞれ新設する。これらを含む家庭支援の事業について市区町村が必要に応じ利用勧奨・措置を実施する。

> 児童福祉法に基づく子ども子育て支援事業に子育て世帯訪問支援事業、児童育成支援拠点事業、親子関係形成支援事業が新設される

・児童発達支援センターが地域における障害児支援の中核的役割を担うことの明確化や、障害種別にかかわらず障害児を支援できるよう児童発達支援の類型（福祉型、医療型）の一元化を行う。

> 児童発達支援、医療型児童発達支援の区別がなくなり、児童発達支援に一元化される

一時保護所及び児童相談所による児童への処遇や支援、困難を抱える妊産婦等への支援の質の向上

・一時保護所の設備・運営基準を策定して一時保護所の環境改善を図る。児童相談所による支援の強化として、民間との協働による親子再統合の事業の実施や、里親支援センターの児童福祉施設としての位置づけ等を行う。

> 親子再統合の事業は、親子再統合支援事業として都道府県（および政令市、児童相談所設置市）の事業として位置づけられる。児童虐待の防止につながる保護者支援プログラムや心理カウンセリングなどを行う

・困難を抱える妊産婦等に一時的な住居や食事提供、その後の養育等に係る情報提供等を行う事業を創設する。

> 妊産婦等生活援助事業として都道府県（および政令市、児童相談所設置市）の事業として位置づけられる。住居や食事などの日常生活の支援のほか、養育に関する相談・助言、母子生活支援施設などの関係機関との連絡調整、特別養子縁組の情報提供などを行う

社会的養育経験者・障害児入所施設の入所児童等に対する自立支援の強化

・児童自立生活援助の年齢による一律の利用制限を弾力化する。社会的養育経験者等を通所や訪問等により支援する拠点を設置する事業を創設する。

> 児童自立生活援助事業は従来、原則として18歳、場合によっては22歳に達する年度の末日まで（一般的に大学を卒業するまでの年齢）が対象であったが、その要件を緩和し都道府県知事が認めた時点までの事業の実施が可能となる

・障害児入所施設の入所児童等が地域生活等へ移行する際の調整の責任主体（都道府県・政令市）を明確化するとともに、22歳までの入所継続を可能とする。

児童の意見聴取等の仕組みの整備

・児童相談所等は入所措置や一時保護等の際に児童の最善の利益を考慮しつつ、児童の意見・意向を勘案して措置を行うため、児童の意見聴取等の措置を講ずることとする。都道府県は児童の意見・意向表明や権利擁護に向けた必要な環境整備を行う。

> 児童の権利に関する条約やこども基本法の趣旨とも合致した方向に変更となる

子ども家庭福祉の実務者の専門性の向上

・児童虐待を受けた児童の保護等の専門的な対応を要する事項について十分な知識・技術を有する者を新たに児童福祉司の任用要件に追加する。

索引

■ 監修者プロフィール

汐見 稔幸（しおみ としゆき）

1947年大阪府生まれ。2017年度まで白梅学園大学・同短期大学学長。現在は、東京大学名誉教授・白梅学園大学名誉学長。

専門は教育学、教育人間学、保育学、育児学。自身も3人の子どもの育児を経験。保育者による本音の交流雑誌『エデュカーレ』編集長でもある。持続可能性をキーワードとする保育者のための学びの場「ぐうたら村」村長。NHK E-テレ「すくすく子育て」など出演中。

〈最近の保育・幼児教育関係の主な著書〉

『保育者論』、『よく分かる教育原理』、『〈平成30年施行〉保育所保育指針 幼稚園教育要領 幼保連携型認定こども園教育・保育要領 解説とポイント』（以上、ミネルヴァ書房）、『汐見稔幸 こども・保育・人間』『教えて！ 汐見先生 マンガでわかる「保育の今、これから」』（学研）、『さあ、子どもたちの「未来」を話しませんか：2017年告示 新指針・要領からのメッセージ』（小学館）、『こどもの「じんけん」、まるわかり』（共著）（ぎょうせい）、『これからのこども・子育て支援』（共著）（風鳴舎）、『教えから学びへ；教育にとって一番大切なこと』（河出新書）、『汐見先生と考える 子ども理解を深める保育のアセスメント』（中央法規出版）など。

- Book Design　　　　　　ハヤカワデザイン　早川いくを　高瀬はるか
- カバー・本文イラスト　　はった あい
- 本文デザイン・DTP　　　竹崎真弓（株式会社ループスプロダクション）
- 図版作成　　　　　　　　大連拓思科技有限公司
- 編集協力　　　　　　　　関根孝美（株式会社ループスプロダクション）

福祉教科書

保育士 完全合格ビジュアルノート

2024年 2 月20日　初版第 1 刷発行

編集　　　　　SE編集部
監修者　　　　汐見 稔幸
　　　　　　　しおみ　としゆき
発行人　　　　佐々木 幹夫
発行所　　　　株式会社翔泳社 （https://www.shoeisha.co.jp）
印刷・製本　　株式会社シナノ

ISBN978-4-7981-8422-7

Printed in Japan